CATOLICISMO MIDIÁTICO

BRENDA CARRANZA

CATOLICISMO MIDIÁTICO

DIRETOR EDITORIAL:
Marcelo C. Araújo

EDITORES:
Avelino Grassi
Edvaldo Manoel de Araújo
Márcio F. dos Anjos

COORDENAÇÃO EDITORIAL:
Ana Lúcia de Castro Leite

REVISÃO:
Lessandra Muniz de Carvalho

DIAGRAMAÇÃO:
Junior Santos

CAPA:
Alfredo Castillo

Coleção *Sujeitos e Sociedade* coordenada por Brenda Carranza

© Idéias & Letras, 2011

Editora Idéias & Letras
Rua Pe. Claro Monteiro, 342 – Centro
12570-000 Aparecida-SP
Tel. (12) 3104-2000 – Fax (12) 3104-2036
Televendas: 0800 16 00 04
vendas@ideiaseletras.com.br
http//www.ideiaseletras.com.br

Dados Internacionais de Catalogação na Publicação (CIP)
(Câmara Brasileira do Livro, SP, Brasil)

Carranza, Brenda
Catolicismo midiático / Brenda Carranza. – Aparecida, SP: Idéias & Letras, 2011.

Bibliografia
ISBN 978-85-7698-078-0 (impresso)
ISBN 978-85-7698-099-5 (e-book)

1. Comunicação de massa – Aspectos religiosos – Igreja Católica 2. Igreja e comunicação de massa 3. Igreja Católica – Brasil 4. Política de comunicação – Brasil I. Título.

10-11990
CDD-261.52

Índices para catálogo sistemático:

1. Comunicação eclesial católica: Teologia social 261.52
2. Igreja Católica e comunicação: Teologia social 261.52

A Yolanda e Leonel Carranza,
a Kátia Landwehrkamp,
a Luiz Roberto Benedetti e Vera Maria Candau,
a Alberto Antoniazzi e Otavio Ianni, *in memoriam*.
Ao Brasil e aos brasileiros.

SUMÁRIO

Agradecimentos 11
Apresentação 13
Introdução 17
    Caminho proposto 20

1. Itinerários de sucesso 25
    Crise cultural e religiosa 27
    Concorrência religiosa 30
    Biografia entretecida 32
    Fama construída 39
    Sonhos e aspirações 42
    Corporeidade e subjetividades contemporâneas 45
    Espírito de época 52

2. Mecanismos midiáticos de ascensão 57
    Padre cantor e performático 58
    Codificações mediatizadas 60
    Comunicabilidade e fruição 63
    Padre escritor e empresário 66
    Fluxos de retroalimentação 68
    Logomarca espiritual 71
    Padre das multidões 75
    Transformação das ofertas religiosas 78
    Gosto e sensibilidade espetacular 81

3. Criativa (re)institucionalização 85
  Mística, novidade, tradição 86
  A oração do coração.. 89
  Ressemantizando o passado 92
  Tempo, templos, desinstituição 96
  Deslocamento de significância... 100
  A conquista de legitimidade 104
  Peregrinos, devotos, fervorosos.. 107
  Fervorosa emotividade 111

4. A construção midiática do carisma 117
  Fiéis seguidores 118
  Carisma midiático.. 124
  Um papado de multidões 128
  Mudança cultural, negociações religiosas 134

5. A graça nas ondas da rádio.. 141
  Mídia *versus* religião 145
  Adversários necessários 148
  Como a bênção começou 152
  Oralidade mediatizada: adesão.. 155
  A voz que atinge os corações... 161
  A alma do programa 164
  Autoajuda no ar 168
  Criatividade ritual: semelhanças discursivas....................... 170
  A rádio: epicentro de projeção 177

6. Imagem, religião, imaginários... 179
  Trajetórias televisivas 180
  Televisão religiosa 183
  Ofertas telerreligiosas.. 188

Visibilizar e confirmar 191
Impacto e pertença institucional 196
Dramaturgia da aflição 200
Melodrama exitencial 206
Banalização do milagre 209
Demonização da vida cotidiana 212
Subjetividades religiosas e práticas sociais 216
Semelhantes porque diferentes 221

7. Meios digitais, conteúdos doutrinais 225
Cultura da virtualidade real 226
Púlpitos virtuais 230
Padre espiritual on-line 233
Cibercatequese 237
Promessas, estrelas, disputas 242
A imagem que transforma os corações 244
Estar na mídia sem ser da mídia 247

8. A força da utopia conservadora 251
Retrospectiva do instransigentismo contemporâneo 254
Modernização antimoderna 261
Catolicismos brasileiros 269
Novos rumos dos movimentos eclesiais 273
Os outros catolicismos 277

9. Guerra de posições, guerra de imagens 283
Entre pares 284
Vozes dissonantes 293
Pastores de rebanhos midiáticos 296
Modelos e identidades conflitantes 305
Liturgia como arena do poder 311
Sou feliz por ser católico 316

Anexos.. 323
Considerações Finais 329
Referências 339
   Documentos 350
   Outras fontes utilizadas 352

AGRADECIMENTOS

Devo expressar meus agradecimentos a tantas pessoas e instituições que contribuíram no longo percurso de elaboração deste livro. À Coordenação de Aperfeiçoamento de Pessoal de Nível Superior (CAPES), pelo apoio financeiro concedido para a realização da pesquisa que subjaz ao trabalho aqui exposto.

Agradeço a José Mário Ortiz Ramos, com quem aprendi sobre a generosidade intelectual e o prazer de pesquisar associados à autonomia que ele estimula em seus alunos, o que nos torna profissionais. Ao amigo Luiz Roberto Benedetti agradeço as excelentes interlocuções, os questionamentos, o exemplo de seriedade e criatividade intelectual. Nosso diálogo é antigo e só tem produzido bons frutos! A Tom Dwyer, exemplo de paixão pelo mundo acadêmico, sou grata por assinalar caminhos e apontar direções. Nossos encontros foram sempre desafiadores e estimulantes. A Manuel Godoy, amigo de todas as horas, por suas orientações bibliográficas, críticas perspicazes e por facilitar-me contatos de difícil acesso; sua ajuda foi de inestimável valor.

Tenho de agradecer aos integrantes do grupo de estudos de literatura estrangeira e teoria da comunicação do IFCH/UNICAMP, a Arthur Autran, Camilo Toro, Juliane Odinino, Paulo Henrique Dias e Zuleika Bueno, nossas leituras partilhadas e longas discussões, devo a esse "tempo comum" o amadurecimento de tantos argumentos contidos neste trabalho. A Deise Tintore Pioli nossas leituras conjuntas e valiosos comentários a textos imprescindíveis à produção desta pesquisa. A Andrea Damacena sua tonificante crítica e sugestão de ideias a serem pesquisadas. A Daniel Medeiros de Almeida, Silvana Antonio, Fernando Rodrigo da Silva, Vanessa e Vânia Pires, jovens pesquisadores que, generosa e desinteressadamente, colaboraram comigo na coleta de dados, seu entusiasmo e sua vitalidade fizeram do trabalho de campo uma tarefa prazerosa e estimulante.

Devo agradecer ao amigo José Benedito de Almeida David seu incondicional apoio para realizar meus sonhos e aspirações, e a Márcio Fabri, fiel incentivador a produzir com exigência e publicar com assiduidade meu trabalho. A Osvaldo López-Ruiz nossos diálogos estimulantes, o apoio incondicional e sua amizade em momentos de desespero durante a reelaboração deste texto.

Agradeço ainda a João Batista Cesário o apoio afetivo manifestado ao longo de minhas pesquisas, a Maria de Lourdes Pinheiro a colaboração no fornecimento de materiais pertinentes e as dicas sempre oportunas. A Silma Araújo Monteiro seu apoio e carinho demonstrados nesses anos de trabalho. Às amigas Rita e Vilma Pompei, sou grata por sua solidariedade e apoio, sobretudo, na fase final de redação do texto. Aos amigos Dimitrios Bonzinis e Pedro Garcez Ghirardi pela crítica do manuscrito e acertadas observações.

Sou extremamente grata ao Centro Universitário Poveda, e nele à imensa constelação de amigos que acompanharam com delicada expectativa o desenvolvimento cotidiano deste texto. Em especial a Guadalupe de la Concha Leal por seu constante estímulo e presença afetiva, e a Eva Lucas por sua dedicação em manter as condições ideais de trabalho intelectual. Sou grata a Zilda Santesso, Marilupe Pedrero Sánchez, Mariza Borges e Maria Concepção Piñero pela preocupação e interesse por meu trabalho. A Susana Sacavino por seu apoio em todos os momentos; a Vera Maria Candau, interlocutora sagaz e exemplo estimulante de produtividade intelectual. E, finalmente, a Kátia Landwehrkamp meu agradecimento mais profundo, sempre presente, primeira leitora de cada texto, crítica perspicaz, suporte afetivo e efetivo, coautora deste longo processo que aqui termina e das ideias que aqui são discutidas.

APRESENTAÇÃO

Constitui quase um lugar-comum dizer que a vida imita a arte. Ou inverter dizendo que a arte imita a vida. De modo mais rigoroso, teóricos da arte foram além do termo imitação e viram na atividade artística a capacidade de detectar as força e tendências profundas que habitam a história e a vida pessoal dos homens. Esses pensamentos vêm à lembrança quando leio o trabalho cuidadoso e, por que não dizer, marcado pelo desejo apaixonado de, à luz das teorias da comunicação, entender a linguagem do mundo e ir além do saber adquirido, forjando novas explicações e caminhos de intervenção no complexo mundo da mídia. Ao mesmo tempo revia o cinema de Peter Watkins, pouco conhecido no Brasil, arguto em sua análise da relação entre mídia, religião e totalitarismo.

A linguagem religiosa sempre se constituiu como a expressão mais acurada das relações sociais. Sua cristalização. Parafraseando Marx, sua suma mais profunda. O próprio termo *suma* remetia à grande síntese do saber medieval. Ela se constrói como uma linguagem sobre o mundo. Manifesta ou esconde um conteúdo. As formas de expressá-lo eram veículos de transmissão de um saber – erudito ou popular. Mesmo a "contestação" do mundo expressava-se em símbolos religiosos, sob a forma de irreverência ou profanação, como nos sugere Huizinga. Mas o que acontece quando o conteúdo, esvaziado de si mesmo, transforma-se em uma linguagem que se fecha sobre si mesma e se expressa no próprio meio que a comunica? Quando o meio é mensagem? E a mensagem, agora aberta a qualquer informação – não se fala de conteúdos –, cria uma forma peculiar de universalidade? Para responder há que percorrer um longo caminho. E, se atentos às ideias de Brenda Carranza, formular perguntas novas.

E quando Habermas, em seu diálogo com Ratzinger, funda um novo agir ético embasando-o na ação comunicativa, não estará pensando na criação de relações sociais novas no mundo da ação mecânica, acrítico e sem forma? E então teríamos uma nova chave para entender McLuhan e sua concepção de aldeia global. Numa aldeia há uma consciência coletiva; a força do grupo se impõe sobre os indivíduos. Sequer existe a ideia de individualidade. Mundo restrito e fechado sobre si mesmo. Nada mais distante que a sociedade em seu estágio atual. Mas se pensarmos num individualismo que vá alem do interesse de cada um apenas em si próprio e se o pensarmos no interior de uma linguagem destituída de qualquer conteúdo, porque inscrita no próprio aparato tecnológico que a transmite, então a ideia de uma aldeia global faz sentido. Mundo de uma linguagem unidimensional, no dizer de Marcuse, homem da escola de Frankfurt. Fica por responder a questão da busca da diversidade, da valorização do local. Também são marcas do mundo globalizado. Não cabe discutir nos limites desta apresentação, embora presente nas inquietações que o livro levanta.

Aqui o leitor atento descobrirá a perspicácia de Carranza ao ver num pensador alemão, Simmel, tanto a antecipação dessa universalidade, quanto a ameaça – melhor seria dizer desafio – à religião, latente ou manifesta, embutida nesse processo. Ao mesmo tempo, Simmel valorizava a experiência religiosa profunda. Esta transparecia ao longo de seus textos. A ligação entre esta universalidade esvaziada de conteúdo e a religião está presente quando analisa a obra de Rembrandt e constata que os homens são subjetivamente cada vez mais religiosos em um mundo objetivamente cada vez mais indiferente. São indícios de inquietações e preocupações intelectuais.

E a arte antecipatória de que falava no início? Em 1967, Peter Watkins escreveu e dirigiu o filme *Privilege*. Nele, Steve Shorter, um cantor pop, manipulado por seus agentes de marketing, suscita histeria coletiva. Dramatiza suas performances de modo a provocar catarse social. Ele, "produto", vende qualquer outro produto, material ou simbólico. Seu grande produto é criar o conformismo social. O ápice de sua capacidade comunicativa chega quando seu agente descobre o produto maior a vender: Deus. E ele vende. Numa dramatização coletiva – Christian Cruzade Week –, no Estádio Nacional de Londres, passado e presente se misturam. As lembranças de um passado doloroso – nazismo – mesclam-se às do presente – conflitos raciais – para configurar um futuro novo.

No mundo atual as pessoas são guiadas por "dangerous primitive emotions" (emoções primárias e perigosas), e é preciso gerar "a fruitfull conformity" (um conformismo frutuoso) como um "better way of life" (melhor modo de viver). Só Steve é capaz. E ele, a contragosto, moído pela máquina, inclusive eclesiástica, se dobra. Numa só manifestação quarenta mil pessoas, em clima de histeria coletiva, se convertem. O ídolo é Steve. Os bispos e padres são coadjutores de um espetáculo destinado a vender o produto gerador de homens novos, a religião criadora do conformismo que apaga os instintos naturais estimulados pelo liberalismo da sociedade inglesa da época.

Mas a arte de Watkins tem um limite. Traduz em imagens as teorias da escola de Frankfurt. Para esta, a arte mercantilizada era linguagem que esvaziava conteúdos críticos. Alienava. Seus teóricos davam ênfase ao conteúdo. Carranza dá um passo além. Convida-nos a ir mais longe e ver no veículo a própria mensagem "inscrita". E nos incita a perguntarmos: que será de um mundo informe? Política, religião, filosofia – e mesmo a ciência – transformadas em técnicas de marketing e receitas de bem viver!

E as igrejas como se comportarão? Qual sua aposta? Reduzir a religião e seu mistério a *happenings* festivos? E dentro deles embutir verdades prontas e códigos de conduta intransigentes? As perguntas de novo remetem a Watkins: Steve Shorter, catalisador de emoções multitudinárias, acaba sozinho. Frente a si tem um caminho que não sabe aonde o levará. Para aonde ir no momento em que seu papel de messias de um mundo marketizado se confronta dolorosamente com um "self" vazio, que odeia a multidão?

A tecnologia de comunicação constitui-se em um motor, na bela metáfora do filósofo francês Paul Virilio. Ela se move por si ao mover o mundo.

E o faz porque não tem interrogações fora de seu próprio motor móvel e movente. Pode-se utilizá-la sem, no mesmo gesto, destruir o que se quer formular e transmitir? Falando num linguajar religioso que todos entenderão: sem destruir o mistério do mundo?

Luiz Roberto Benedetti

INTRODUÇÃO

O processo de desinstitucionalização da Igreja católica, entendido como a perda de capacidade de transmissão coletiva da memória e do legado tradicional, aflige não só o episcopado brasileiro, mas, também, inquieta o Vaticano, que se esforça em implementar diretrizes que façam frente a essa diminuição de sua hegemonia religiosa e cultural. Entre essas estratégias encontram-se o apoio maciço, nos últimos anos, aos Movimentos Eclesiais e à Renovação Carismática Católica (RCC) – essa última nascida nos anos 60 nos EUA, com forte influência do pentecostalismo protestante –; ambos recuperam um determinado catolicismo emocional de massas. Constituída no baluarte da neocristandade, a RCC retoma a utopia de disseminar os valores cristãos para uma ordenação socioespiritual terrena, o que não deixa de ser uma saudosista pretenção de hegemonia cultural e política, outrora sustentada pela Igreja no Ocidente.

É lugar-comum entre os acadêmicos, a mídia e a própria Igreja atribuir ao avanço do pentecostalismo brasileiro a diminuição do rebanho católico, revelado no último censo do IBGE/2000, que sinalizou o crescimento de 15% de pentecostalismo e o decréscimo do percentual católico de 83,3% para 73,9%. Consoante argumenta-se que o apoio dado por certos setores eclesiais à Renovação Carismática constitui-se em ação-reação, estímulo--resposta, numa tentativa de investimento na sobrevivência e visibilidade social da catolicidade em crise.

Não obstante, o declínio do catolicismo brasileiro não é um dado novo. No censo de 1940, registrou-se que 2,6% da população eram protestante, e em 1970, esse percentual tinha dobrado para 5,7%, de lá para cá a curva só cresceu; portanto, a novidade não está no aumento, mas na rapidez com que, na década dos anos noventa, isso aconteceu. Mesmo que o avolumar pentecostal protestante seja uma realidade e colabore com a demografia declinante do catolicismo, também é certo que na sociologia da religião, sobretudo de perspectiva weberiana, o declínio das grandes religiões tradicionais sempre foi uma tendência histórica, quase "genética". Explica-se.

Quando as religiões tradicionais se estabelecem como maioria social, ou seja, que mantêm o controle de corpos, consciências, processos sociais e culturais, elas tendem a relaxarem internamente e a diminuírem sua influência na massa de fiéis. Simultaneamente, novas propostas religiosas cooptam adeptos por meio da novidade e de sua força carismática, enquanto grupos minoritários erguem-se como fontes alternativas de respostas significativas às perguntas existenciais dos indivíduos.

De mais a mais, as razões desses declínios inserem-se em fatores que ultrapassam a esfera religiosa, integrando processos de mudanças culturais mais amplos. Consequentemente, cristaliza-se a tendência sociológica que afeta os tradicionais sistemas religiosos; portanto, dilata-se o horizonte interpretativo do declínio das narrativas dominantes da religião e, neste caso concreto, permite-se releituras do catolicismo à sombra dos câmbios substanciais que acontecem para além dos âmbitos tidos como estritamente religiosos. Em outras palavras, quem quiser compreender as mutações do contexto religioso terá de aguçar seu olhar para o que acontece nas profundezas da sociedade.

São esses múltiplos pressupostos que, nos últimos tempos, têm preocupado os estudiosos da religião no Brasil. Debruçando-se na análise dos fatores que aceleraram o ascenso do pentecostalismo protestante, eles sinalizam para fatores pentecostalizantes que redesenham a nova cartografia religiosa, entre outros: o papel decisivo que joga o pentecostalismo na política representativa da esfera pública, a liderança que exerce na expansão da mídia religiosa e as mutações internas que provoca dentro do protestantismo tradicional e suas repercussões institucionais.

Mais instigante ainda, desvendam os estudos, como no processo de neopentecostalização – caracterizada, grosso modo, por sua criatividade ritual, interpretação beligerante da Bíblia, teologia da prosperidade, discursos emulatórios contra as religiões afro-brasileiras – o catolicismo continua a ser a matriz religiosa que nutre as multidões aflitas e sobre a qual ressignifica-se o imaginário popular. Realidade que se apresenta no estágio avançado de sua terceira fase de expansão, iniciada nos idos anos 80 – a primeira fase data do início do século XX, e a segunda emerge com a formação da sociedade de massas e os processos de urbanização dos anos 1950/1970 que a acompanha.

Pese a importância que o impacto que essa avalanche representa para a sociedade em geral e seu significado para o catolicismo, em particular, a proposta de abordagem deste texto irá numa outra direção. Isto é, ela não indagará os motivos que contribuem com o definhamento quantitativo do catolicismo, face ao engrossamento do pentecostalismo. Na contramão, interessa aqui adentrar-se nas razões pelas quais o catolicismo é ainda um universo significativo de crenças, práticas e valores para 126 milhões de pessoas, que se autodenominam católicas, num universo populacional de 189 milhões. Apesar de que, ou talvez por isso, a matização desse conjunto varia de acordo com o grau de adesão e participação institucional, pois a natureza versátil do catolicismo permite albergar inúmeras expressões de catolicidade sob um mesmo teto simbólico e doutrinário.

A bússola que orienta essas indagações é a procura das fontes socioculturais e religiosas em que bebem uma parcela significativa de fiéis que, atraídos com inúmeras ações carismáticas, ressignificam criativamente sua experiência cotidiana de ser católicos. Massas lideradas por um catolicismo que finca sua certeza em que a mídia é o caminho mais eficaz para reinstitucionalizar os afastados e de recuperar a maioria social e moral de um Brasil que até pouco tempo atrás se reconhecia majoritariamente católica.

Nessa convicção deflagram-se inúmeras iniciativas que convergem na produção de um *catolicismo midiático*. Esse pode ser visualizado: na geração de padres-cantores que arrastam multidões para atividades formatadas num misto de liturgia e show, naturalizando estilos evangelizadores almagamados no cerne da sociedade de consumo; nas inúmeras expressões juvenis que espelham suas aspirações musicais e sucesso, dentro e fora da mídia religiosa, em personalidades construídas carismaticamente na mídia, cujos estandartes são o Pe. Marcelo Rossi e, mais recentemente, Fábio de Melo; na presença no sistema televisivo, radiofônico, cinematográfico e nas novas mídias, esta última para responder ao imperativo de inserir a Igreja na sociedade do conhecimento.

Diante desse amplo leque de provocações da realidade, olhando para as sinergias que a desinstitucionalização católica vem desencadeando, tanto na esfera religiosa quanto na social, este estudo permitirá perceber os fascinantes imbricamentos gerados entre a Igreja e a modernidade. Dilemas, paradoxos e ambiguidades suscitados, quando a primeira tenta apropriar-se dos frutos da segunda, especificamente da cultura de massa e dos meios de comunicação social, configurando um catolicismo que, inexoravelmente, ao optar pela mídia é redefinido por ela. A partir daí, intui-se uma relação de "amor e ódio" que a Igreja tenta flexibilizar, a cada momento, sob argumentos teológicos que a legitima porque sua opção se ancora num bem maior: a evangelização.

Caminho proposto

O marco teórico que o leitor(a) encontrará nesta reflexão oscila, continuamente, ora para a sociedade brasileira e suas mutações culturais, ora para o campo religioso e seus interlocutores, ainda vai do catolicismo vivido para o institucional. Movimento pendular ao qual, também, obedece a análise do fenômeno Pe. Marcelo Mendonça Rossi, janela através da qual se observa de que maneira configura-se uma resposta local à ofensiva global da Cúria Romana. Por isso, nas entrelinhas das orientações do pontificado de João Paulo II é possível vislumbrar a justificativa de apropriação da mídia explicitada pela RCC e por um setor do presbitério brasileiro. Ambos referência obrigatória para quem deseja compreender os reposicionamentos internos do catolicismo brasileiro – até pouco tempo estudado na polarização Renovação Carismática *versus* Teologia da Libertação.

À medida que avance o leitor, deparar-se-á com a proposta de perceber o atual catolicismo sob a ótica de uma terceira onda de recatolização brasileira que parece inserir a Igreja na contramão das demandas sociais, enquanto alguns de seus segmentos aliam-se com setores neoconservadores da sociedade. Nessa reacomodação, identificar-se-á uma nova face da Renovação Carismática: o catolicismo midiático, categoria que será construída, no decorrer dos capítulos, como plataforma intraeclesial que impulsiona o sucesso do Pe. Marcelo Rossi.

No desdobramento da temática, constatar-se-ão fortes indícios de semelhanças entre o catolicismo midiático e o neopentecostalismo, seu interlocutor privilegiado na esfera religiosa. Concomitantemente, será percebido que a consolidação do catolicismo midiático, enquanto tendência hegemônica, não acontece sem conflitos *ad intra ecclesia*. O que exige atenção analítica para: as severas críticas da hierarquia e suas resistências aos possíveis modelos sacerdotais, eclesiológicos e litúrgicos que porventura possam vir a se instalar.[1]

Este livro estrutura-se em três partes. Na primeira: *Movimentos do catolicismo*, que abrange os quatro primeiros capítulos, o leitor encontrará os itinerários, históricos, sociorreligiosos e teológicos percorridos pela Igreja em sua luta contra a cultura de consumo e a maneira como se rende aos

---

[1] A rigor este texto é uma versão editorial do extenso trabalho acadêmico *Movimentos do Catolicismo Brasileiro: cultura, mídia e instituição* (tese doutoral). Encontra-se disponível em: <http://www.unicamp.brhttp://libdigi.unicamp.br/document/?code=vtls000373145> para aprofundamentos, seja na pesquisa empírica e nos diversos dados estatísticos por ela gerados, seja nas discussões teóricas das diversas abordagens assumidas pela autora. O que não dispensou, ao longo deste texto, colocar de forma sucinta alguns dados sobre a dimensão da pesquisa realizada, permitindo que o leitor tenha noção sobre o universo abrangido e algumas das estratégias metodológicas utilizadas.

pressupostos dos estilos de vida que perpassam as novas gerações, educadas na sensibilidade da cultura de massa – essa última adversária da doutrina cristã, ao ser portadora de desagregação e permissividade moral.

Para isso, percorre-se, a título de argumentação empírica, a ascensão do fenômeno midiático Pe. Marcelo Rossi, as mudanças culturais e espirituais que a alavancaram e as múltiplas ambiguidades que o acompanham em sua superexposição midiática. Nesse trajeto, elencam-se os mecanismos de comunicabilidade deflagrados pelo padre de multidões, os dispositivos de resemantização das tradições e devoções populares, os diversos espaços utilizados como produtores de sentido e de identidade religiosa, e as codificações performáticas acionadas na procura de (re)adesão institucional dos fiéis-fãs.

Mostra-se a circularidade midiática que baliza a construção social do carisma das celebridades religiosas e as estratégias de elasticidade teológica que permitem usufruir, "sem culpa", dos rendimentos econômicos alcançados em nome de Deus. Por sua vez, se observará como a mídia pauta os itinerários religiosos imbricados às novas subjetividades do indivíduo moderno e as alternativas de significância existencial que florescem à sombra das transformações culturais.

Na segunda parte, *O catolicismo midiático*, comprendida entre os capítulos cinco e sete, o leitor(a) adentra-se no cerne da disputa entre religião e mídia, nas refinadas distinções que a teoria da comunicação oferece para compreender certo tipo de modernização sem modernidade que ocorre dentro da Igreja. Expõe-se as diversas interpretações teóricas que munem os setores conservadores para se apropriar dos *mass media*, como meros veículos difusores das unívocas verdades doutrinais, mesmo que isso comprometa a substancialidade da mensagem evangélica, todavia, sendo a motivação última: responder aos sinais dos tempos.

Alertar-se-á como nesse percurso a Igreja não sai ilesa. Dado que o uso do rádio, da televisão e da internet, objeto de análise detalhado, coloca o *catolicismo midiático* – com suas performances, discursos, estrutura melodramática e imaginários – na mesma rota de colisão e semelhança com o neopentecostalismo protestante. Na mesma trilha midiática, descortina-se a participação cinematográfica do padre-artista no universo das *star system* "globais", desvelando as alianças e os embates que camuflam a opção que a Rede Globo faz pela ainda maioria religiosa do Brasil, perante a iminente ameaça que representa a Igreja Universal do Reino de Deus.

A terceira parte, *Catolicismo em conflito*, composta pelos capítulos oito e nove, aproxima o leitor(a) às raízes históricas do catolicismo intransigente, consolidado numa batalha antimodernista, e aos bastidores intraeclesiais para familiariza-lo com as dinâmicas institucionais. No decorrer, discute-se a reconfiguração do panorama eclesial a partir das políticas, os discursos e as ações pastorais reinstitucionalizadoras, emanadas da Cúria Romana, como também a operacionalização das mesmas e suas repercussões nas igrejas locais. A partir daí, realiza-se um mapeamento do jogo de forças nos diversos catolicismos, sinalizando a posição que o catolicismo midiático ocupa e nele a maneira como os setores conservadores da hierarquia o alinharam, afetiva e efetivamente, às aspirações enraizadas na neocristandade.

Nesse ínterim, pontuam-se os impasses que a investida recristianizadora, nos moldes midiáticos, vem desencadeando ao atingir o âmago ideológico e simbólico que vertebra os setores eclesiásticos, particularmente no que se refere a sua identidade sacerdotal. Escuta-se as vozes dissonantes que expressam dentro do clero certo "mal-estar" perante a formação dos novos quadros de reprodução institucional – há indícios de que uma nova geração de seminaristas nutre o desejo de tornar-se padres-midiáticos. Focam-se os impactos que as liturgias performáticas trazem, em ritmo descompassado, para a geografia eclesial, bem como os desdobramentos socioculturais de campanhas como: *Sou feliz por ser católico* e suas consequências num clima de pluralismo religioso. Perceber a dimensão conflitiva, nessa seção conclusiva, possibilitará apreender a capacidade de inflexão de uma instituição milenar, mestre em gerenciar tensões, punir dissidências, negociar benefícios e, sobretudo, equilibrar os antagonismos que fermentam em seu interior.

Enfim, se o exercício de pesquisar fatos religiosos que atravessam o cotidiano – sobre os quais todos têm suas próprias sentenças – e tentar compreendê-los, no complexo espectro da vida social, parece tornar a análise em algo incorpóreo; se a escrita dos resultados dessa aproximação à textura do real exige o rigor de medir preconceitos e preferências; então, pretender suscitar a suspeita sobre o que parece óbvio na realidade de quem lê, tende a ser a recompensa de quem coloca na quimera pública do debate seus esforços acadêmicos... Mas não há como se iludir: todo livro pertence a seus leitores.

ITINERÁRIOS DE SUCESSO

O cristianismo como matriz social da cultura ocidental entra em crise no momento que não mais modela os comportamentos e as consciências dos indivíduos, isto é, na hora em que outras referências, religiosas ou não, passam a ocupar seu lugar. A modernidade, enquanto modo de compreender a história, reinterpretar o tempo e o espaço, configura-se como sistema cultural, deflagrando processos irreversíveis que atingiram o âmago das relações entre a religião e a sociedade. Na recente história do cristianismo em geral e do catolicismo, em particular, diversas serão as iniciativas por parte das instituições para retomar seu papel de referência totalizante nos indivíduos e nos coletivos, outrora visibilizada em todas as instâncias sociais.

Enquanto *projeto inacabado*, no dizer de Jürgen Habermas, ou *a grande aventura dos sentidos possíveis da experiência social,* segundo Marshall Berman, ou, ainda, belamente sugerida por Karen Armstrong como a *transformação espiritual do logos e do mytos em ratio*, a modernidade será entendida como o contraste entre o mundo ordenado pela tradição, concretizado nos laços das comunidades primárias, e um *admirável mundo novo,* regido por outro modo de produção e divisão do trabalho. Nesse ínterim, autoridade legal e legítima das instituições religiosas entrará em crise, e com ela seus agentes. Começa, então, um longo percurso de confrontos, alianças e ambiguidades que podem ser capturados nas diversas formas de expressão cultural da religião e nas relações que as instituições religiosas estabelecem com os indivíduos, fiéis ou não, e os grupos de crentes e cidadãos no decorrer da história.

Nas coordenadas de tempo e espaço social da modernidade é que se insere a presente discussão sobre o grande esforço de recristianização e reinstitucionalização desencadeado pela Igreja católica nos tempos de instantaneidade digital, que aproxima e distancia realidades e imaginários na comunicação midiática; época de profusão de construção de sentidos existenciais, dentro ou fora de parâmetros religiosos; era em que os ritmos de vida pautam-se pela exacerbação do consumo de bens, simbólicos e materiais, impondo discursos individuais e coletivos de gerações do "eu mereço", como direito de fruição a-ética; enfim, tempos complexos em que a religião é mais um item, e não o item, da vida social.

Fazer-se-á uma abordagem do catolicismo midiático no Brasil a partir da pessoa emblemática do sacerdote Marcelo Mendonça Rossi, cercando conceitualmente a personagem e a figura para transformá-la em unidade empírica, isto é, num recorte da realidade que permita ampliar a discussão. Esta primeira parte do texto, que analisa a vertiginosa ascensão do jovem padre aos *areópagos pós-modernos,* os meios de comunicação de massa, divide-se em quatro momentos.

No primeiro momento aborda-se os mecanismos midiáticos desse sucesso, percorrendo a biografia do padre, sua fama e a sintonia de seu estilo com a cultura moderna. No segundo momento, alerta-se para os mecanismos de ascensão, deflagrados em seu sucesso como padre-cantor, performático, escritor, empresário, capaz de atrair multidões. No terceiro momento, sinalizam-se os dispositivos de reinstitucionalização que são acionados nas referências místicas, no uso do tempo e espaço sagrados. Finalmente, no quarto momento, reflexiona-se sobre os elementos que tecem o carisma midiático do fenômeno Pe. Marcelo, o qual aparece sendo uma versão religiosa da sociedade espetacular contemporânea. Tudo isso em constante conexão, de um lado, com as diretrizes e princípios institucionais que legitimam sua prática evangelizadora e, do outro, com o pentecostalismo evangélico com que interage no campo religioso brasileiro.

Antes, impõe-se a necessidade de fornecer um patamar teórico, mínimo, para compreender como se estabelece a tensa relação entre a igreja e a sociedade de consumo, visando sinalizar os fundamentos analíticos que subjazem nos desdobramentos das práticas sociopastorais.

Crise cultural e religiosa

O longo percurso de interpretação da relação entre religião e modernidade será a matéria-prima do paradigma da secularização, a qual abrange três grandes dimensões: a racionalização e laicização das condutas religiosas (desencantamento), acompanhado das forças econômicas; a quebra do monopólio religioso, com o consequente pluralismo de ofertas de sentido e crenças; e a diferenciação funcional das esferas, seja política, seja econômica ou religiosa, o que leva a que a religião se recolha para a esfera da vida privada dos indivíduos.[2]

Nesse percurso, para Émile Durkheim (1858-1917), a religião tenderia a decair. Mesmo acreditando que a sociedade não poderia funcionar sem religião, prenuncia como as novas religiões (cívicas-nacionais) tomariam o lugar das tradicionais.[3] Já Max Weber (1864-1920) atribui o declínio da religião aos processos acelerados de autonomização das esferas sociais e ao avanço da racionalização científica, que levariam a substituir a visão de mundo imposta pela religião. Peter Berger matiza que o declínio se dá nas dimensões institucionais da religião, isto é, nas igrejas, sendo contabilizado na adesão de fiéis e na reprodução de quadros internos, ou seja, as vocações.[4]

Segundo Berger o que há é um processo interno de diferenciação entre a dimensão institucional e a religiosidade presente no sistema cultural. A

---

[2] MARTIN, 1991, p. 472.
[3] DURKHEIM, 1988, p. 151.
[4] BERGER, 1985, p. 20.

secularização será uma chave de leitura a partir desse duplo impacto, institucional e cultural, o que explica uma crescente intensidade de religiosidade, sem necessariamente aumento institucional, ou até religiosidade sem religião.[5] Assim, o declínio da religião é a perda de poder institucional e não do poder das crenças. Os valores religiosos funcionais, que responderam adequadamente ao capitalismo de acumulação – ascetismo protestante, por exemplo –, num outro estágio do capitalismo podem ser obstáculo.[6]

Contudo a secularização tem sido entendida como um produto da modernização, no qual a religião foi relegada a um processo de privatização individualizante, efeito do banimento sofrido a partir do avanço científico e tecnológico. Enquanto categoria analítica ajuda a compreender como pode haver declínio institucional sem perda de vivência religiosa, ou até o aumento desta sem filiação às agências religiosas.

É nesse marco que surge outro paradigma: a escolha racional que tenta explicar as mutações da religião na teoria de livre mercado, que pressupõe a quebra do monopólio das instituições fornecedoras de sentido e a ampliação das ofertas e demandas religiosas.[7] O foco empírico desse paradigma direciona suas pesquisas para as crenças, os comportamentos e as noções de Deus nos crentes, relegando para o terreno da convicção pessoal os vínculos religiosos. A vertente da escolha racional pensa a estrutura interna da religião e seus efeitos individuais, enfatizando a relação entre movimentos migratórios e de urbanização e diversificação do universo das crenças pessoais em detrimento da perda institucional.[8]

Nessa direção, os Novos Movimentos Religiosos com referências no Oriente (orientalização do Ocidente) e multiplicidade de expressões de consciência cósmica, os fundamentalismos e o avanço pentecostal na América Latina, responderiam por uma aparente revitalização religiosa no início

---

[5] BERGER, 2001, p. 23.
[6] BERGER, 2001, p. 23.
[7] DAVIE, 2001, p. 3.
[8] GORSKI, 2000, p. 139.

do milênio. A emergência do sagrado como elemento difuso ou concreto despertaria entre alguns estudiosos[9] uma interpretação de reencantamento social. Há quem assinale que o processo de secularização estaria sofrendo uma dessecularização informado por uma lógica ascendente de pluralismo religioso.[10]

O que foi dito até aqui evidencia o duplo viés que as leituras sobre a relação religião-modernidade comportam: de um lado, a religião em sua lógica própria, isto é, como objeto conjunto de crenças e símbolos capazes de dotar de sentido a existência humana; do outro, a religião como forma de legitimação da ordem social existente.

São esses dois binômios: funcionalidade-legitimidade, substancialidade-sentido existencial, que perpassam os pressupostos essenciais que alicerçam a relação histórica da Igreja católica com a sociedade. É a partir da tensão gerada entre continuar a ser uma resposta significativa para os indivíduos modernos, submetidos a constantes mudanças culturais, e recuperar o controle orgânico sobre a sociedade que a Igreja católica se debate com a modernidade iniciada nos idos séculos XVI.

A partir daí, todos os esforços da instituição foram focalizados para legitimar, teologicamente, as tentativas de centralização e reinstitucionalização que a Igreja implementaria. Várias iniciativas eclesiais tentaram implementar o ideal civilizatório de transformação da sociedade moderna. Chama a atenção como esses estímulos centraram-se na reativação do *mito da cristandade*, entendido como a capacidade da Igreja de fundamentar a ordem das coisas a partir de si mesma. Revigoramento que pressupõe levar para o seio da sociedade contemporânea as referências primárias da religiosidade institucional, as quais deixaram de ser plausíveis, tanto para os fiéis quanto para os

---

[9] Cf. BRUCE, 2001; STEIL, 2001; LYNCH, 2002.

[10] Antônio Flávio Pierucci olha com suspeita o entusiasmo daqueles analistas sociais que apostam num ressurgimento religioso como forma de reencantamento. Segundo o autor, a noção weberiana de desencantamento do mundo se dá pela ciência e pela religião; isso continua sendo válido (PIERUCCI 2001[b], p. 166).

indivíduos modernos. Com isso, as mutações culturais acarretam certa crise de credibilidade na Igreja, daí que ela empenhará toda a sua estrutura num movimento incessante de atrair seus fiéis e a sociedade como um todo, mas esta última já atravessada pelos vetores que a faziam mudar.

Concorrência religiosa

No interior desse processo, no início do século XX, começava a se configurar o que hoje se denomina sociedade de consumo. Atento às mudanças societárias provocadas pela aceleração do ritmo urbano e possibilidades de consumo, George Simmel (1858-1918) alerta para a configuração de novos estilos de vida que, como conjunto de comportamentos voltados para o consumo de bens e serviços, foram adotados pelos indivíduos modernos como marcas de sua distinção social.[11]

É por meio do estilo de vida que as fronteiras sociais, estabelecidas pelo poder aquisitivo e capacidade de consumo, conseguiram manter um mínimo de hierarquia social, num mundo ameaçado pelos processos de homogeneização que, com a sociedade industrial, vinham se alastrando. Simmel percebe que o ato de consumir, na sociedade capitalista, é capaz de transformar a vida cotidiana dos indivíduos. As aspirações de mobilidade e de maleabilidade social, mesmo que características ambíguas e constitutivas do moderno, serão regidas pelo dinheiro. Nessa nova concepção, do moderno estilo de vida, tanto o dinheiro quanto a racionalidade econômica e societária reduzem tudo à mercadoria, gerando uma cultura na qual o consumo se converte na experiência social decisiva.

Autores como Thorstein Veblen, Norbert Elias, Gilles Lipovetsky, Mike Featherstone afirmam que a necessidade é mais que satisfação do básico e do biológico, e seu preenchimento requer uma organização social

---

[11] SIMMEL, 1977, p. 121.

mediada por instituições.¹² Com isso, o consumo passará a estruturar a vida cotidiana, constituindo-se no elo entre a cultura objetiva, a materialidade da sobrevivência e a cultura subjetiva, as aspirações, os sonhos e as projeções. A sociedade de consumo e os estilos de vida constituíram-se com a experiência, que articula e organiza a estrutura social em função da satisfação das necessidades materiais e simbólicas da vida cotidiana.

É exatamente nesse ponto que a sociedade de consumo erige-se como concorrente moral da religião, por extensão das igrejas. Ao ser capaz de dotar de sentido as ações da vida cotidiana dos indivíduos, de modelar seus comportamentos, de oferecer escolhas sobre seus estilos de vida e sugerir-lhes padrões éticos, essa sociedade terá seu quinhão no terreno da configuração da subjetividade moderna, de sorte que substitui o papel da religião. Dessa forma, a condenação ao consumo exacerbado, o consumismo, passará a ser o cerne de múltiplas ações pastorais que percorrerão o século vinte.

Contudo, não é difícil imaginar o que supôs para a Igreja católica seu diálogo com a modernidade, especialmente na segunda metade do século XX, pois ao mesmo tempo que as práticas religiosas sofreram o impacto do mundo urbano, com sua lógica desagregadora, colocando o indivíduo no centro das ofertas vertiginosas de consumo de todo tipo de bens materiais e simbólicos, a industrialização com suas comunicações sociais e culturais tenderia a esfacelar os laços primários das comunidades. Tudo isso ecoaria, diretamente, nas preocupações da Igreja, no que se refere à adesão institucional, à socialização primária das referências católicas e à diminuição de vocações para renovar seus quadros eclesiásticos.

---

[12] Nesse sentido, as diversas teorias da sociedade de consumo tentam responder a questionamentos sobre a relação entre: necessidades, organização e estrutura social, liberdade de escolha e poder comercial, individualidade e identidade, reprodução da ordem social, prosperidade e progresso, status e divisão social, destino dos indivíduos e do mundo íntimo, do público e do privado (SLATER, 2002, p. 11).

No interior dos muros eclesiásticos, as mudanças culturais trazidas pelos ventos secularizantes da sociedade de consumo serão lidas, por alguns, como ameaça, por outros, como oportunidade de mudança de linguagem e atualização teológica, sobretudo após o Concílio Vaticano II (1962-1965). Porém, em todos subjaz o imaginário institucional da restauração da civilização cristã, convertido no motor da ação evangelizadora da Igreja, posição permeada pela nostalgia da capacidade institucional de ser referência decisiva dos comportamentos e das consciências dos homens e das mulheres contemporâneas e dos processos de transformação social.

Os movimentos da Igreja podem ser vistos, atualmente, oscilando entre os efeitos objetivos da secularização e as potencialidades subjetivas da sociedade de consumo. De um lado, com temor e tremor perante a concorrência moral que supõe estilos de vida pautados pelo consumo, do outro lado, tentando deflagrar processos de reinstitucionalização que lhe permitam retomar a hegemonia sociocultural de antes.

Na tentativa de compreender essa complexa relação nos movimentos internos do catolicismo brasileiro, a seguir será discutida a lógica que informa os processos de ascensão na mídia do Pe. Marcelo Rossi, emblema – entendido, na meada conceitual de Lévi-Strauss, como síntese de diversos signos convencionais, de traços simbólicos, de representações institucionais – do catolicismo midiático em processo de consolidação.

Biografia entretecida

A procura da felicidade, enquanto satisfação de todos os desejos humanos, projeta-se como estilo de vida possível e realizável. Ser feliz, sobretudo na sociedade capitalista, parece ser privilégio de uns poucos indivíduos cuja sorte os arremessou do anonimato para o infinito do sucesso. Sorte que, num contexto de ascensão midiática, é mais do que o acaso que deu certo e que dá certo por acaso, mas uma conjunção de fatores socialmente atravessados por lógicas e sinergias atreladas à sociedade de consumo.

Nesse sentido, a ascensão ao *Olímpo* dos privilegiados, numa vertiginosa escalada da fama, torna fascinante o fenômeno midiático Pe. Marcelo, pois instiga à procura da filigrana que tece as mudanças culturais que irrompem na relação religião-sociedade, mais ainda, alerta para as rupturas trazidas pelo espírito da modernidade e o entrave que isso representa para as agências do sagrado, no caso a Igreja católica. A ascensão midiática de Marcelo Mendonça Rossi será contextualizada em duas direções: na construção de um imaginário de sucesso, enquanto produção da mídia, ancorada em sua performance herdeira do estilo pentecostal, católico e evangélico, e nas mudanças de sensibilidade dos indivíduos contemporâneos, expressas nos discursos e práticas de uma vida mais saudável. Ambas as direções se encontram afinadas com as novas espiritualidades "performáticas" e "difusas", presentes no universo urbano do sacerdote e de seus seguidores, que às vezes são fiéis, outras vezes comportam-se como fãs, ou ambos, simultaneamente.

Os anos 60 do século passado são o palco da difusão do espírito da contracultura, entendida como a referência do conjunto de ações contrapostas aos valores dominantes de uma sociedade de consumo. A contracultura está marcada pela presença do mundo *hippie*, dos *jeans*, pela manifestação de extrema individualidade, pela consolidação do movimento feminista e a emergência de uma classe média consumidora de todo tipo de bens e serviços e, ao mesmo tempo, descontente com o *status quo*. Certa temática utópica impregnava os movimentos anti-institucionalistas, jovens e intelectuais apelavam para o "engajamento revolucionário", cujo marco referencial foi maio de 1968. Nesse contexto, e embebidos de um espírito libertário, muitos setores progressistas da Igreja católica sentiram-se impelidos a responder profeticamente, engajando--se nas lutas sociais e impulsionando suas fileiras religiosas à militância política.

É à sombra do Vaticano II que esse "profetismo social" encontrou inspiração teológica, sendo seu fruto mais valioso a Teologia da Libertação, nascida nos fins dos anos sessenta. Curiosamente à mesma época, em fevereiro de 1967, nascia a Renovação Carismática Católica (RCC), em Duquesne, EUA, sob outro imperativo social: transformar o mundo pelo fogo do Espírito Santo, que faz novas todas as coisas. Enquanto a primeira procurava a inserção social, inspirando eticamente a articulação das lutas coletivas dos cristãos, a segunda se aproximava da sociedade por meio da atuação pessoal fundada numa religiosidade emotiva e sociocaritativa. Ambas as correntes eclesiais se consolidaram institucionalmente na década de 70, porém, tiveram ritmos diferentes em sua legitimação socioeclesial, compassadas por diversas conjunturas políticas nacionais e internacionais.[13]

Forma parte desse quadro histórico a expansão de uma nova faceta do pentecostalismo, que, independente do protestantismo tradicional de migração, proliferou por toda América Latina, com apoio econômico de grupos políticos de corte conservador dos EUA. Acompanhando os processos de acelerada urbanização e industrialização, os movimentos migratórios do campo para a cidade e a formação da sociedade de massas, esse pentecostalismo introduziu outras formas de relacionamento com as esferas política, econômica e cultural nos países em "vias de desenvolvimento".[14] Diferente do catolicismo-ibérico, essa expressão religiosa consolidou diversos modos de intervenção nos modelos de transformação social, especificamente na maneira como se utilizaram dos meios de comunicação de massa, ganhando a denominação de "igrejas eletrônicas". Deve-se a elas, por seu fervor proselitista e sua ofensiva maciça de expansão, um traço decisivo no redesenho da paisagem religiosa do Brasil, na segunda metade do século XX.

É nesse cenário que Marcelo Mendonça Rossi nasce, em 20 de maio de 1967, filho do bancário Antônio Rossi e da dona de casa Vilma Mendonça. Sua família acompanha sua trajetória artística e iniciativas evangelizadoras, principalmente seus pais, que participam das inúmeras viagens dentro e

---

[13] CARRANZA, 2000, p. 23-83.
[14] DIXON, 1997, p. 49-69.

fora do Brasil e até tomam parte do elenco de atores em seu primeiro filme, *Maria, Mãe do Filho de Deus* (2003). Como família, também colaboram na administração do Santuário Bizantino, localizado em São Paulo e objeto de peregrinação de fiéis de todo o Brasil.

Revisitando a própria trajetória familiar o padre afirma sobre suas origens: "Tenho origem napolitana, gênio difícil...".[15] Ao descrever sua infância e adolescência, transcorrida em aparente normalidade, ele conta: "Quando era criança sonhava com ser piloto de fórmula 1, depois bombeiro e eletrotécnico, tentei ser jogador de futebol...".[16] "Quando era adolescente, ouvia Chico Buarque, Caetano Veloso, Titãs, Legião Urbana, U2..."[17] Nesse percurso não faltou a experiência afetiva de namoro, tema central de muitas das reportagens de revistas femininas, a qual o sacerdote relembra: "Antes de ser sacerdote namorei um ano, até ia casar, mas não estava satisfeito...".[18] Além dessa insatisfação, a que repetidas vezes, ao falar sobre sua vocação sacerdotal, ele faz referência, encontra-se um fato marcante, o qual expressa muito bem as raízes da Renovação Carismática que orientam sua espiritualidade: "Encontrei Deus pela dor, foi a perda de um primo, na época da morte de Ayrton Senna, que me levou a tomar uma decisão...".[19]

Para sua formação sacerdotal Marcelo Rossi ingressou no seminário diocesano de Santo Amaro, sendo ordenado sacerdote pelas mãos do bispo Dom Fernando Figueiredo, ao qual ficaria subordinado. Na ocasião o padre revela em entrevista: "no dia 1º de dezembro de 1994, prometi a mim mesmo que seria evangelizador e que traria os fiéis para dentro da Igreja".[20] Após quatro anos de sacerdócio, em 1998, a promessa parece começar a se

---

[15] Revista Caras, 4 dez. 1998.
[16] Revista Chiques & Famosos, 8 out. 1999.
[17] Revista Contigo, 21 set. 1999.
[18] Revista Noroeste News, 9 dez. 1998.
[19] Entrevista Pe. Marcelo, Shopping Music, CD Polygram, Natal, 1998.
[20] Entrevista Pe. Marcelo, Shopping Music, CD Polygram, 1998.

cumprir, pois o recém-ordenado sacerdote arrastará multidões para visibilizar a Igreja católica no Brasil, sendo caracterizado pela mídia como: atlético, charmoso, ágil, carismático, forte, alegre, descontraído, empresário..., mas, sobretudo, como um padre-cantor que virou *pop star*.[21]

A rápida ascensão do Pe. Marcelo na mídia começa no final do ano de 1998, com uma simples aparição no programa *Domingo Milionário*, dando conselhos espirituais aos telespectadores. A partir daí, atrairia os holofotes e multiplicaria seus fiéis na Igreja, começando, assim, um vertiginoso circuito midiático de produção e reprodução. Pouco tempo depois, a produção do *Domingão do Faustão* (Rede Globo) percebeu o potencial do Pe. Marcelo trazendo-o para a televisão com as missas de "alto astral", como as revistas de celebridades denominaram as celebrações eucarísticas.[22]

Uma corrida aos programas televisivos se iniciaria, só durante os meses de outubro e novembro de 1999, o Pe. Marcelo apareceu 92 vezes.[23] Nesse momento, muitos foram os apelos, por parte das emissoras, para realizar contratos de transmissão das atividades promovidas no incipiente Santuário Bizantino, local que improvisaria para realizar suas multitudinárias concentrações. A participação televisiva do sacerdote ficaria sistematicamente organizada em dois contratos, o primeiro com a Rede Globo na retransmissão exclusiva, ao vivo desde o Santuário Bizantino, da missa dominical das 6h; o segundo com a RedeVida com a missa celebrada no sábado às 15h.

Internacionalmente, houve uma intensa circulação de padre Marcelo na tevê norte-americana, que teve como plataforma as repetidas vezes que participou da gravação do programa *O show de Cristina* da rede mexicana

---

[21] A construção desses adjetivos serão cunhados exaustivamente na mídia. Cf. Revistas: Veja, 4 nov. 1998; Ana Maria, 14 dez. 1998; Contigo, ago. 2000; Imprensa, dez. 2000; Veja, 8 out. 2003; Jornais: Folha de S. Paulo, 3 nov. 2000; O Estado de S. Paulo, 27 fev. 1999.

[22] Folha de S. Paulo, B, 1-15, 13.12.1998; Revista Caras, 4 dez. 1998.

[23] Folha de S. Paulo, TV-12, 28 nov. 1999.

Univisión, transmitido de Miami, conhecido centro latino nos EUA.²⁴ Na Europa a projeção do sacerdote limitou-se a Portugal, participando de alguns programas de televisão, e à Itália, lugar de maior locação de imagens para a gravação de videoclipes, programas e DVD's.

A presença sistemática do sacerdote na mídia começaria, um pouco antes desse *boom*, na Rádio América – Rede Paulo SAT, propriedade dos padres paulinos em 1997, ampliando-se para a Jovem PAN (AM 620), a Canção Nova (AM 1020, SW60m), a Rádio Mauá (AM 1490Khz) e a Rádio FM 105. No final desse mesmo ano o padre Marcelo passou a liderar o IBOPE, registrando-se no escore/hora/domicílio mais de três pontos, com seu programa o Terço Bizantino.²⁵ Na época, o próprio padre declara:

> ... comecei a fazer um programa de rádio, era de meia hora. Meia-noite, ao vivo, na Rádio América. As pessoas reclamavam que era muito tarde, então me colocaram às 22h30m. Com tanta gente que ligava para pedir que eu fizesse o programa pela manhã, a direção da Rádio sugeriu o horário das 9h. *Foi assim que toda essa bênção começou...*²⁶

Por razões que serão discutidas posteriormente, após cinco anos de parceria com a Rádio América, no dia 20 de dezembro de 2001, o contrato foi rescindido por parte do Pe. Marcelo. Três dias depois, em 23 de dezembro, as portas da Rede Globo de Rádio AM se abriram, convidando o padre Marcelo para continuar seu programa de evangelização naquela emissora, no horário nobre das 9h.

Além do sucesso na rádio, o sacerdote foi considerado um fenômeno discográfico, com o lançamento do CD *Músicas para Louvar o Senhor*, produzido pela Polygram, o qual num só mês, no final de 1998, tinha alcançado o *record* de venda de 450.000.²⁷ O sucesso mercadológico seria coroado pelo

---

²⁴ Folha de S. Paulo, 16 fev. 2000, C, p. 6.
²⁵ Isto É, 24 dez.1997.
²⁶ Revista Terço Bizantino, abr. 2001, p. 4, grifo meu.
²⁷ Revista Veja, 4. nov. 1998.

prêmio Disco Triplo de Platina, entregue por Gugu Liberato, no Programa *Domingo Legal*, em dezembro do mesmo ano. No plano internacional, em 2002, o conjunto da produção discográfica rendeu ao padre-cantor o prêmio *Grammy Latino*, na categoria melhor álbum de música cristã, com o disco *Paz – Ao Vivo*.[28]

O êxito discográfico viria acompanhado pelo sucesso na execução das "performances litúrgicas" ao interpretar músicas, acompanhadas de coreografias que empolgavam desde crianças até pessoas da terceira idade. Essa *aeróbica de Jesus* seria a marca registrada do padre Marcelo, animando as grandes concentrações de fiéis nas showmissas, como ficariam conhecidas as missas realizadas em formato de megaeventos.

Sob o imperativo de ampliar os "meios de evangelização", padre Marcelo se fará presente, também, no mercado editorial e na mídia eletrônica. Com a edição de textos populares, coletâneas de suas intervenções na rádio e a edição bimensal de uma revista própria, Terço Bizantino, firma-se na mídia impressa. Sua intervenção no espaço virtual se dá com a inauguração de seu site, cujo fervor cibernético fez do Pe. Marcelo Rossi a personalidade do ano, outorgando-lhe o prêmio Ibest 2001, a maior premiação da internet brasileira, na categoria personalidade do ano. A estreia no cinema com os filmes: *Maria, Mãe do Filho de Deus* (outubro de 2003) e *Irmãos de Fé* (outubro de 2004), coroou a presença do jovem sacerdote na mídia brasileira, que em menos de seis anos saltou de 20 minutos na rádio para o pódio cinematográfico. A explicação oficial, que justifica teologicamente essa maciça participação na mídia, tem sido frequentemente invocada nos seguintes termos: "Se Jesus Cristo vivesse hoje estaria nos meios de comunicação. O Senhor usava parábolas, que eram o dia a dia das pessoas. Hoje é pelos meios de comunicação que se vai até o coração das pessoas".[29]

---

[28] Revista Terço Bizantino, out./nov. 2002, p. 2.
[29] Revista Caras, 27 nov. 98.

Chama a atenção como, em menos de cinco anos, o jovem cantor ascendeu aos patamares da fama. Cercado de fiéis-fãs, o padre parece estar conectado aos mecanismos midiáticos que produzem celebridades, isto é, transformam pessoas simples, não sem atributos naturais, em vedetes e *pop stars*. Discute-se a seguir como isso acontece na pessoa de Marcelo Rossi.

Fama construída

O caminho de sucesso percorrido pelo padre Marcelo será trilhado por uma série de intercorrências que, na cultura de massa, corresponde à construção social da fama. Esta opera em duas dimensões: a midiática e a cultural. A primeira acontece, segundo Edgar Morin, quando se configura a fama transformando, por meio de mecanismos de vedetização, glamourização e personalidade-celebridade, uma pessoa simples em *pop star*. A segunda é o resultado do acionamento de diversos registros, como os de identificação e projeção, que se encontram sedimentados nos coletivos sociais.

Na rápida ascensão do sacerdote um dos primeiros títulos que a mídia lhe confere é o de padre *pop star-religioso*, ao associá-lo a outra artista brasileira consagrada como *pop star* das crianças, Xuxa Meneguel. Ao reconhecê-lo como equivalente, entre pares, uma espiral de ações e mecanismos serão deflagrados para inserir o sacerdote no imaginário social de sucesso.

Mergulhando numa visão positiva do universo contemporâneo, por meio da incorporação de procedimentos do cinema e da publicidade, o *pop* reelabora o sentido cotidiano dos objetos. É a cultura *pop* que apaga as fronteiras entre os planos erudito e de consumo de massa, caracterizando-se pela efemeridade, o ludismo e o hedonismo, oferecendo, nos diversos produtos, um "patrimônio sempre renovado, o que possibilita a constituição de novas realidades imaginativas".[30]

---

[30] É bom lembrar que categoria *pop star* faz referência a um conjunto de características que acolheu provocativamente a *teenage culture* dos anos sessenta (RAMOS, 1995, p. 227).

A construção da legitimidade artística do sacerdote *pop* se dá numa sucessão de rituais de passagem advindos de sua ampla movimentação nos diversos círculos de apresentadores (Gugu Liberato, Hebe Camargo, Angélica), cantores (Roberto Carlos, Caetano Veloso, Elba Ramalho, Ivete Sangalo) e outros artistas do país. O mesmo acontece no campo religioso, cujo prolongamento fica emblematicamente registrado na celebração multitudinária promovida pela RCC no estádio do Maracanã, Rio de Janeiro, em 12 de outubro de 1999,[31] que reuniu duas gerações de padres artistas, formando em seu conjunto o que a mídia convencionou de chamar padres-cantores.[32]

Embora o campo de ação da maioria dos padres-cantores se reduza ao público carismático, ele se firma na constelação mais ampla das celebridades católicas, que inclui a participação de religiosas com manifestações inéditas,[33] que vão de *rock, reggae* até *rap*, como o álbum *Tem Rap Copiosa*.[34] Soma-se a isso, cantoras e cantores leigos que fazem da música um meio profissional de sobrevivência, organizando suas próprias bandas ou integrando conjuntos musicais maiores. Há também os infindáveis grupos de jovens carismáticos que se congregam em torno da música, animando as missas, os bailes paroquiais conhecidos como cristotecas, barzinhos de Jesus, festivais de anjos e santos.

---

[31] Revista Época, out.1999.

[32] Souza reconstrói detalhadamente o itinerário dessas gerações, traçando as disputas internas e as alavancas institucionais que permitiram sua afirmação artística no ambiente carismático católico. Cf. Souza, 2001.

[33] Dado interessante sobre esse fato é que para se aperfeiçoar no gênero musical um grupo de freiras frequentam a Escola de Música e Tecnologia (EMT), sendo registrada essa participação na seguinte reportagem: "a EMT é notório reduto de roqueiros paulistanos (...), a qual conta com 48% de guitarristas e 60% de adeptos ao rock pesado (...). O guitarrista Wander Taffo, 46, um dos sócios da EMT e ex-integrante do Made in Brazil, Joelho de Porco, Gang 90 e outras célebres bandas de rock, acredita que as freiras estão em sintonia com 'o clima da escola'. "De onde vem qualquer música? De Deus. [afirma o guitarrista] E o palco não é o altar dos músicos? Então...Tudo é sagrado, cara". Cf. Folha de S. Paulo, 1º de abril de 2001, A, p. 12.

[34] SOUZA, 2001, p. 120.

Nesse vasto universo midiático católico todos partilham de uma mesma aspiração: o reconhecimento. Nessa disputa pela legitimidade, poder e prestígio, a proposta de análise dos diversos setores de produção simbólica e cultural que propõe Pierre Bourdieu (1930-2001) ajuda a compreender como a materialidade da construção de ascensão midiática insere-se num campo de forças específico do meio artístico. Entendido como o *locus* de confronto dos mais diversos jogos de interesse (econômico, social, cultural, religioso etc.), o campo é alicerçado por uma tensão em equilíbrio de forças, sendo que as pessoas que dele participam estão sempre em constante luta pela legitimação ou não exclusão, em ferrenha negociação entre ser dominado ou dominador e desenvolver mecanismos que garantam a própria reprodução do campo.[35]

Nessa perspectiva a produção artística é composta por um sistema de relações que interagem objetivamente, tensionadas entre as alianças e/ou conflitos, concorrências e/ou cooperação, segundo o lugar que ocupem seus agentes sociais, independentemente da boa vontade e posição do sujeito, no caso, o artista. Entende-se, então, que a legitimação entre pares na mídia contém uma lógica própria que cria concorrentes e amigos, ao mesmo tempo que disputa por audiência, fim último ao qual todos, artista e mercado, querem atingir.[36] Se se é concorrente nas vendas e nos nichos de mercado, também se é amigo na circulação de imagens que mostram certa intimidade; ambas as situações constituem os dois lados de uma mesma moeda: produzir e legitimar para manter a fama do artista.

Enfim, amizade e concorrência como dispositivos que permitem associar os iguais nos campos artísticos são identificáveis na trajetória do Pe. Marcelo, cujos copiosos contatos com celebridades brasileiras resultou em reconhecidos

---

[35] BOURDIEU, 1997, p. 1996; 1992.
[36] PETERSON, 1992, p. 243.

laços de intimidade, explorados pela mídia. Entre alguns exemplos estão: o carinho nascido entre ele e Roberto Carlos, a simpatia por Xuxa e sua filha, o respeito por Hebe Camargo e o afeto especial por Gugu Liberato.[37]

Na lógica da produção midiática a legitimidade artística, apoiada nesses dispositivos de circulação intensa junto a outras celebridades e na participação em círculos mais íntimos, permite ao público associar os artistas a determinadas linhas de produção, criando as conexões afetivas que os consolidam como *pop star*, presentes em todos os ambientes e lugares. Como parte desse processo a mídia retira indivíduos do anonimato, desenvolvendo neles dispositivos de vedetização e glamourização que permitem personalizar figuras emblemáticas que concentram imaginários de felicidade, com os quais o público se identifica e nos quais projeta suas aspirações.

Sonhos e aspirações

A carreira do Pe. Marcelo ao estrelato não é diferente da de outros artistas; ela encontra-se tecida por fios de intimidade que a mídia elaborou glamourosamente, colocando na esfera pública, com luxo de detalhes, sua vida privada, tanto de pessoa quanto do sacerdote. Por meio de extensas reportagens, capas de revistas, entrevistas, matérias etc. serão revelados desde os gestos mais corriqueiros até os aspectos mais íntimos.

Junto à glamourização encontra-se, como marca registrada das apresentações em público do sacerdote, a dramaticidade com que são mostradas suas relações familiares e afetivas, emblematicamente ilustradas em reportagens produzidas pela Rede Globo e levadas ao ar no programa de auditório *Domingão do Faustão*, em 29 de outubro de 2001, nas quais não falta, como é de praxe, o envolvimento emotivo da plateia

---

[37] Diário de São Paulo, 23 set. 2001, p. 7; Revista Viva, 12 set. 2003, p.12; Revista Contigo, jan. 2001; Revista Caras, jan .2001; Revista Caras, jul. 2003; Folha de S. Paulo, 28 set. 2003, E, p. 3.

e as lágrimas do sacerdote e do apresentador. Toda emotividade é pouca para atingir os sentimentos do público e nenhum detalhe esquecido para alimentar o imaginário de sucesso que sustenta a celebridade nos *mass media*.[38]

Junto à inatingibilidade, o imaginário alimenta-se do ordinário, da variedade de informações que visam satisfazer todos os interesses e gestos do ser humano. Embora cada vedete apresente-se para o público como portadora de algo original e exclusivo que diz respeito a sua realidade cultural, para Morin, na verdade, todas são padronizadas, porque carregam o mesmo ideário de felicidade, alcançada nos patamares da visibilidade social, e todas, enquanto vedetes, pasteurizam a vida cotidiana do homem médio.[39] Por isso, as fórmulas consagradas de vasculhar, melodramaticamente, a vida das personagens, as fofocas, as intrigas de sua vida particular, produzidas para o público com o tempero da dramaticidade, serão vitais para mostrar a substância humana da personagem, permitindo ao fã identificar-se com ela.

Se aos mecanismos de projeção e de identificação, de dramaticidade, emotividade e empatia, soma-se a promessa de vincular o terreno com o divino, o profano com o sagrado, traços religiosos presentes na representação do portador do sagrado, então, a vedete artística passa a ser uma vedete religiosa. Ao imaginário social, que alimenta e sustenta o êxito da personagem "profana", soma-se, qualificando-a, o imaginário religioso, ampliando-se não só as potencialidades mercadológicas, mas, também, as interações culturais expressadas de maneira religiosa.

---

[38] Vale recordar que o programa de Fausto Silva, Faustão, é um programa de auditório caracterizado pela sua mistura de variedades, jornalismo, sensacionalismo, apelo sensual, brincadeiras, interatividade, entrevistas, gincanas, lançamento de personalidades... etc. É bom, também, recordar que esses programas, na história da TV brasileira, sempre tiveram má fama, considerados "enlatados" e de baixo nível, se comparados com outros. No entanto, foram eles que por seu apelo popular adquiriram o maior índice de audiência em horários nobres e, até hoje, se mantiveram no ar aos domingos, numa acirrada disputa pela audiência (MIRA, [s.d], p. 30-52).

[39] MORIN, 1967, p. 35-104.

Se, de um lado, o fim último do Pe. Marcelo é evangelizar, abranger um público afastado, prestar um serviço à Igreja; então, o uso de qualquer meio e atividade justifica-se por si mesmo. O que não deixa de ser, na lógica da produção de bens simbólicos, enquanto compromissos éticos de despojamento e sobriedade que a Instituição não cessa de pregar, uma ambiguidade, sobretudo quando são seus próprios representantes os envolvidos. De outro lado, na dinâmica de consolidação das audiências, o que interessa é aparecer, estar no meio, legitimar-se, aumentar a *target*, o Ibope, estar sempre perto de quem tem fama, potencializando o consumo dos bens culturais colocados no mercado; responder a essa finalidade exige que todos os meios sejam acionados.[40]

Realidade que o próprio sacerdote encara como consequência do dom midiático que possui, pois: "reconheço que tenho vocação para a música e para a Televisão (...) e para isso se fazem sacrifícios...".[41] Autoimolação que obedece a razões que ultrapassam a vontade e o gosto pessoal, segundo ele mesmo afirma: "sou evangelizador de multimídia, levo a Boa Notícia a todos os cantos (...) como o Santo Padre pediu eu procuro evangelizar por todos os meios (...) estar atento aos sinais dos tempos (...) sermos filhos do nosso tempo".[42]

No momento em que o padre Marcelo participa de todos os meios de comunicação, legitimando sua sagração artística e sendo referenciado por todas as mídias, é possível dizer que se torna uma personalidade-celebridade. Por isso, quanto mais se legitima mais aparece; quanto mais aparece, mais necessidade tem de se legitimar: seja como cantor religioso, perante o público em geral, seja como religioso cantor, perante o público eclesial.

Se é verdade que a rápida ascensão do padre Marcelo à fama deve-se, em parte, aos mecanismos de produção midiática, permitindo-lhe certo grau de

---

[40] ALLEN, 1987, p. 75; PETERSON, 1992, p. 243.
[41] Revista Shopping Music, n.12. dez. 1998, p. 32.
[42] O Estado de S. Paulo, 30 abr. 2000, T, p. 6.

aceitação entre o público e de investimento do mercado, também é verdade que esse sucesso encontra-se ancorado nas dinâmicas culturais que o contextualizam como filho de seu tempo. Enquanto herdeiro e portador de determinados estilos de vida urbanos, o jovem sacerdote, naquele momento, sinalizou em suas ações e atividades evangelizadoras algo mais que aspirações de felicidade, ele sintetizou religiosamente um espírito de época que lhe permitiu projetar-se como um dos estandartes de rejuvenescimento e modernização da Igreja.

Corporeidade e subjetividades contemporâneas

A socióloga Daniéle Hervieu-Léger analisa a modernidade religiosa na França e observa que as pessoas não frequentam mais as catedrais, outrora coração da vida cotidiana de fiéis-citadinos, que ritmavam seus sinos com o andar dos tempos e das festas, formando parte do ciclo da vida das pessoas e dos grupos. Hoje, segundo a autora, as pessoas se congregam em torno de "catedrais de cristal", onde o consumo tem uma intensa atividade, capaz de suscitar um novo tipo de crente, com formas particulares de piedade, de acesso e mesmo experiências inéditas de êxtase.[43] Enquanto centros termolúdicos, com piscinas, saunas, salas de musculação, essas catedrais propiciam seus próprios rituais de culto ao corpo e à forma psíquica, conservação indefinida da juventude; eles exprimem qualquer coisa de esperança para os contemporâneos.[44]

É desse ideário de "cristal" que, curiosamente, surge a figura do Pe. Marcelo Rossi, o qual confessa: "... Me formei em Educação Física, treinava pessoas na academia, estava quase montando a minha, cheguei a ser personal trainer, adorava, mas faltava algo".[45] Essa primeira formação, pré-

---

[43] HERVIEU-LÉGER, 1999.
[44] HERVIEU-LÉGER, 1999, p. 11.
[45] Revista Caras, 04 dez.1998.

via a de cursar os estudos de Filosofia e Teologia no seminário diocesano, é valorizada mais tarde pelo próprio padre quando declara: "... consumia horas e horas na academia em busca de um corpo saudável, mais tarde vesti a batina...".[46] Anos depois, já ordenado, esse referencial se manifestará ao introduzir nas liturgias expressões e performances que incluem movimentos aeróbicos.

Com isso, o Pe. Marcelo apresenta-se como imagem de uma Igreja católica atual, que por meio de um sacerdote atleta, bonito, jovem, que inaugura *Cyber-Cafés*, insere-se na sociedade rejuvenescida. Seu estilo aeróbico e "moderno", que o faz *pop star* religioso, é projetado junto à Xuxa, que confessa em seu programa *Planeta Xuxa*, de mãos dadas com o padre, "... puxa, que energia! Eu também rezo enquanto faço ginástica. Outro dia fiquei ouvindo suas músicas e ensaiando alguns passos de sua dança com meu personal trainer".[47] Mas essa resignificação que a artista faz da representação do Pe. Marcelo é a verbalização da expressão de um ambiente cultural e religioso mais amplo, do qual o sacerdote não é só herdeiro, mas intérprete a seu estilo.

Especialistas nos estudos do ciclo da vida chamam a atenção para a especificidade das transformações dos estilos de vida na década de 90. Assim, a subjetividade do estilo de vida e a objetividade do consumo se articulam para dar conta da satisfação das necessidades materiais e simbólicas que os novos imperativos trazem para a vida cotidiana, alertando sobre a obsessão pelo prolongamento da juventude, a manutenção de competências (habilidades cognitivas e motoras) e do controle (emocional e corporal). Com isso, constituem-se os eixos que sustentariam as ofertas para a terceira-idade.[48]

Ao mesmo tempo, o indivíduo ocidental registra um sentimento de perda e de ameaça perante a incapacidade de controlar processos que

---

[46] O Jornal do Brasil, 24 dez. 1998, B, p. 6.
[47] Revista Caras, n. 49, 27 nov. 1998.
[48] Cf. COHEN, 1998; LENOIR, 1998; DEBERT, 1999.

expressam o limite da própria existência. Esse sentimento será captado pela indústria cultural, passando, por meio de todo tipo de propaganda, a exacerbar o cuidado do corpo e colocar à venda a imagem de um corpo sem envelhecimento, objeto de consumo e bem-estar.

Um outro aspecto que acompanha essas mudanças da segunda metade do século será o processo de desgerontocratização social. Isto é, o velho sábio transforma-se em velhinho aposentado e o homem adulto em "coroa", mudando de lugar tanto a noção de velho quanto de adulto. Em lugar dessas noções o jovem emerge como figura central na cultura de massa, deflagrando imaginários de rejuvenescimento por toda parte, o que acelera a corrida para a promessa de eterna juventude, alcançada através do consumo. Promete-se o retorno à juventude por meio dos cosméticos, acionando-se a já referida "santíssima trindade" num outro registro: beleza, juventude e amor, como mitologia de felicidade da sociedade de consumo e promessa de realização plena.

No decorrer de todo o século, introduzem-se os discursos sobre a valorização do corpo (os atletas saem do terreno de especialização), o valor estético (proliferado pela indústria da beleza na circulação de revistas de moda) e a importância de uma vida saudável (marcado pela contrarrevolução cultural do consumo), junto a conceitos de higiene, de uso de cosméticos e de necessidade de dietas, geram, de acordo com Ana Lúcia de Castro, "uma cultura de culto ao corpo".[49]

Cultura que traz embutida uma mudança profunda caracterizada pelo deslocamento da mentalidade de uma negação do corpo, herança judeu-cristã que associava pecado a corpo, em favor de uma extroversão e socialização do mesmo. Essa mudança será lida, por setores conservadores da Igreja, como um passo para a permissividade moral, terreno das batalhas do catolicismo no início do século passado.

---

[49] CASTRO, 2003, p. 22.

A cultura do corpo não só se consolida, através das práticas sociais de consumo, como adquire uma forma quase religiosa. Castro alerta para o significado ascético e espiritual que a malhação nas academias vai assumindo, gerando dinâmicas de sacrifício e culpa. De forma que, ao se querer modelar um corpo, segundo as exigências da sociedade de consumo, o indivíduo tem de se sacrificar, ter perseverança e disciplina ascética. Quebradas essas exigências por razões subjetivas, de preguiça ou por vazão de gostinhos e caprichos nas comidas, as pessoas se sentem culpadas. De maneira que fazer ginástica se converte numa prática religiosa, com seu ritual de sacrifício e a coroa da vitória: alcançar o eu mais vendável.[50]

Com isso, nos anos noventa, assiste-se ao anseio generalizado de ser jovem e a inúmeras ofertas para se manter em forma, seja por meio dos cosméticos, seja pela malhação física. É nessa década que se vê surgir nos centros urbanos, tanto nos bairros nobres quanto nas periferias, os templos do culto ao corpo: as academias de ginástica. Elas são as portadoras da promessa de qualidade de vida e a garantia de se estar ligado às mudanças culturais. A aeróbica, carro-chefe das academias, mobiliza corpos e imaginários com a promessa de moldá-los, devolvendo juventude ao velho, fazendo mais jovem os jovens e, dessa forma, transformando a imagem que têm de si.

Realidade essa que não é para todos os setores sociais, pois o dinheiro, como capacidade de aquisição, só torna alguns velhos e jovens mais próximos aos novos estilos de vida propostos pela sociedade de consumo, melhorando sua imagem. No entanto, alerta Mike Featherstone, isso não invalida sua força social, visto que esse imaginário de rejuvenescimento percorre totalmente todas as classes sociais, daí que não pode ser relevada sua penetração cultural.[51]

Nesse sentido, pode-se dizer que como um vaivém da subjetividade humana para o real e da aspiração para o fictício, um imaginário de ju-

---

[50] CASTRO, 2003, p. 63-76.
[51] FEATHERSTONE, 1998, p. 63.

ventude informa os sonhos, aspirações, interesses, arquétipos e modelos da sociedade de consumo. Esta, por sua vez, se alimenta de mitos, de figurinos e de informações que visam satisfazer todos os interesses e gestos do ser humano e, ao que tudo indica, inclusive os religiosos.

Se o culto ao corpo produz novos estilos de vida marcados por uma maior visibilidade do corpo, ele também desencadeia mudanças nos processos de individuação, especificamente na construção do eu (ou *self*), que inicia uma nova trajetória mais afinada com sensibilidades ligadas à natureza, às emoções e aos sentimentos. O que equivale, no enfoque de Félix Guattari, à produção de novas *subjetividades*, entendidas como as diferentes formas de pensar, perceber, agir e sentir dos indivíduos, num mundo em que suas práticas individuais são histórica e socialmente construídas.

Nessa linha de pensamento de construção sócio-histórica da subjetividade humana, Charles Taylor, num olhar retrospectivo, tenta compreender as influências que os movimentos culturais do século XVII e XVIII exerceram na formação da identidade moderna, mostrando a centralidade do sentimento na produção social de novas sensibilidades.[52] Na modernidade, a nova escala de valores coloca no centro a "economia", como algo a mais que o domínio de leis próprias que regem as trocas. Para o autor, há uma interligação entre a valorização do comércio, a ascensão do romance, a mudança de visão do casamento e da família, a relação com a natureza e as expressões religiosas, pois em seu conjunto produzem um novo *self*, indicando mudanças profundas, no passado, na percepção das pessoas e que marcaram processos culturais ligados ao mercado de consumo.

Se para Taylor o cerne das transformações do *self* se encontra na mudança de sensibilidade, para Anthony Giddens está na capacidade de escolha que o indivíduo tem no dia a dia. A escolha como decisões que ultrapassam o âmbito de "como agir", para colocar-se na dimensão do "quem ser".[53]

---

[52] TAYLOR, 1997, p. 369-391.
[53] GIDDENS, 2002, p. 70.

Ou seja, do comportamento para a identidade. Mas a pessoa moderna só tem como escolha optar pelo que a sociedade de consumo exacerba, com grande velocidade de sinais, criando uma sobrecarga sensorial.

Na trajetória do eu, como item da construção da identidade moderna, Giddens observa que o corpo na modernidade deixa de ser um dado extrínseco para converter-se num elemento decisivo de configuração do eu. O cultivo do controle ativo do corpo e da identidade passa a ser obsessivo. A conexão entre estilo de vida e os avanços tecnológicos permite escolhas e projetos corporais.[54] Consequentemente, na perspectiva de Giddens, a escolha de estilo de vida conduz a um planejamento estratégico da própria vida, no qual o corpo como autorrealização do eu e como uma autoidentidade são perfeitamente intercambiáveis.

Nesse processo de autodesenvolvimento Gilles Lipovetsky alerta para mais um dado, o da constante renovação como exigência da vida moderna, a qual contribui para a construção da identidade dos indivíduos urbanos. Assim, falando sobre o caráter efêmero da novidade na moda e seu impacto no *self*, Lipovetsky afirma:

> A promoção da individualidade mundana, o superinvestimento na ordem das aparências, o refinamento e a estetização das formas que distinguem a moda enraízam-se em um feixe de fatores culturais próprio do Ocidente. É preciso insistir nisso: na genealogia da moda, são os valores, os sistemas de significação, os gostos, as normas de vida que foram 'determinantes em última análise', são as 'superestruturas' que explicam o porquê dessa irrupção única na aventura humana que é a febre das novidades.[55]

Dessa forma, a vida cotidiana é interpenetrada por multiplicidade de fatores – econômicos, emocionais, corporais, estéticos – que integram a dinâmica social, sob o imperativo da novidade, que, por sua vez, estabelece os ritmos de construção da identidade do indivíduo urbano.

---

[54] GIDDENS, 2002, p. 103.
[55] LIPOVETSKY, 2003, p. 61.

Como se vem observando, o imaginário de rejuvenescimento, de culto ao corpo, de transformação dos esquemas corporais, de construção da própria identidade ligada ao universo de consumo, de superação dos próprios limites, de renovação constante geraram novas subjetividades, alcançando, também, as fronteiras religiosas. Nesse sentido, o fenômeno Pe. Marcelo Rossi, e nele os padres-cantores, exemplifica como isso acontece no campo religioso, em geral, e no católico, em particular. Mais que serem promotores explícitos de mudanças eles as concretizam religiosamente no imaginário de modernização, de estilos de vida e de consumo disponíveis nas práticas culturais que afetam a sociedade como um todo.

Não é de se estranhar, então, que na sociedade brasileira os seguidores do fenômeno midiático padre Marcelo, submersos no imperativo de ser jovens, com novas sensibilidades emocionais e corporais, identifiquem como modernos os gestos aeróbicos de suas performances litúrgicas, magnificadas no processo de valorização midiática que foi percorrendo o imaginário do ideal jovem, atrelado à sociedade de consumo. Consoante a seguinte declaração:

> É fundamental minha participação na TV para atrair cada vez mais pessoas de volta às missas [declara o padre Zeca]... gosto de surfar e é isso que os jovens gostam de ver, um padre desencanado que fala a linguagem deles (...) minha missão é evangelizar (...) eu descobri o jeito: praia e música, do jeito que o carioca gosta...[56]

Numa outra entrevista ele diz: ... queremos dar à juventude, e à Igreja, a chance de comunicação com Jesus (...) essa é nossa grande missão popular.[57]

Contudo, quando emerge com força a proposta de modernização da Igreja católica, sintonizada com a cultura de culto ao corpo na pessoa-personagem de padre Marcelo, ela não só se encaixa como "natural",

---

[56] Correio Popular, 1998, TV, p. 8.
[57] O Estado de S. Paulo, 16 nov. 1998, A, p. 10.

segundo os processos culturais, mas é impulsionada como um imperativo de reinstitucionalização do catolicismo brasileiro. Mais ainda, acolhida e impulsionada, por nascer da própria hierarquia da Igreja, essa iniciativa avança com seu apoio institucional.

Espírito de época

Se de um lado o fenômeno Pe. Marcelo faz a ponte que une as mudanças culturais que afetam a construção do eu e a noção corpórea do indivíduo, de outro ele parece estar, também, imerso na lógica das novas crenças contemporâneas, disseminadas nos contextos urbanos. Crenças cujo centro são as novas e diversas formas de experimentar o sagrado, caracterizadas pela busca de experiências subjetivas, de emoção, de reunificação do eu e da reconciliação pessoal.

Traços que para Zygmunt Bauman integram a privatização religiosa dos indivíduos em tempos de pós-modernidade, complexos e paradoxais.[58] Diante da incerteza ontológica, causada pela efemeridade das experiências variáveis e a instabilidade do emprego, o indivíduo procura, então, certezas externas que o ajudem a manter a autorreferência, no meio do pântano que a pluralidade religiosa lhe oferece.

A sociedade assiste, então, a uma proliferação de ofertas de sentido (pluralismo religioso) que permite aos indivíduos experimentar o sagrado, tanto em sua forma quanto em seu conteúdo. Isso sinaliza para dois tipos de mudanças: o indivíduo moderno não aceita mais a imposição de verdades doutrinais como visão de mundo, e os processos de individuação das crenças passam a ser acompanhados de afirmação identitária.[59]

Diante desse quadro de mudanças e da lógica interna, que as diversas crenças e as formas de adesão religiosa desenvolvem, Hervieu-Léger su-

---

[58] BAUMAN, 1998, p. 215.
[59] BAUMAN, 2003.

gere que existem dois tipos de expressão religiosa que podem ser captados nos contextos urbanos: a espiritualidade performática e a espiritualidade difusa.[60] Elas não são identificadas com grupos sociais definidos por classe, ou localizadas em determinados setores urbanos congregados por algum tipo de contingência que agregue determinado grupo social, mas se encontram disseminadas, de forma eclética, tanto dentro como fora das agências religiosas.

De forma sintética pode-se afirmar que a espiritualidade performática responde às manifestações religiosas que têm como referências fundamentais alguns elementos tradicionais (salvação, dons, graças); valorizam a experiência pessoal e subjetiva na qual a emoção é partilhada; centra-se num discurso de certezas (Jesus salva, combinando técnicas psicológicas para o mostrar); o centro do itinerário pessoal é a conversão pessoal (testemunho de regeneração de vida psíquica, ética, moral); a certeza de intervenção sobrenatural se expressa em frases telegráficas e frases de sentido, repetidas *ad infinitum* (Só o Senhor salva); a temporalidade da intervenção sobrenatural é rápida, instantânea, contundente (o milagre passa a ser cotidiano).

Enquanto a espiritualidade performática atualiza, modernizando, com sua linguagem, os dados tradicionais dos sistemas religiosos tradicionais do cristianismo, a espiritualidade difusa caminha na direção oposta. Seus discursos giram em torno da totalidade do bem-estar, da qualidade de vida como direito, da consciência do prazer como condição da realização pessoal. Nesta espiritualidade há uma forte visão intramundana da saúde (entendida como plenitude de si), ocorrem rearticulações escatológicas (um devenir pleno aqui e agora) no plano do cuidado do corpo, agregando elementos espirituais de sacrifício, ascese, sentimento de culpa. Os movimentos místicos que a expressam capturam elementos das grandes tradições religiosas, os misturam, segundo suas interpretações

---

[60] HERVIEU-LÉGER, 2001, p. 73-109.

culturais (orientalização do Ocidente), e prometem uma acomodação da vida interior, uma harmonia total do eu integrada ao cosmos. A anarquia e desinstitucionalização serão a marca registrada deste tipo de expressão religiosa.

Na mentalidade religiosa contemporânea, as duas espiritualidades apontam para um duplo deslocamento de eixo: um, das novas gerações, herda a mentalidade de que a realização pessoal está atrelada à percepção de que o culto ao corpo é sinônimo de qualidade de vida; o outro, que essas mesmas gerações vivenciam, é a conquista de si como um projeto individual desarticulado do todo social. Ambos respondem a movimentos amplos, sem fronteiras muito definidas, permeando os mais diversificados públicos, respondendo à necessidade dos homens e mulheres urbanos de desenvolver mecanismos e estratégias para administrar suas frustrações cotidianas, incertezas de estabilidade afetiva e econômica, de recolocar sentido em suas ações diárias e de reconstruir uma visão de mundo significativa.

Desse percurso teórico interessa reter que o fenômeno Pe. Marcelo Rossi se encontra impregnado desse espírito do tempo, em sua dupla vertente: como processo cultural de construção do *eu* e das espiritualidades contemporâneas que desenham a atual paisagem religiosa metropolitana, a partir da qual o sacerdote se projeta. Nesse espírito de época entrecruzam-se uma multiplicidade de ofertas de sentido, disponibilizadas para o cidadão e o fiel como um grande carnaval da alma. Fiéis-fãs-cidadãos participam de um clima no qual expressões estéticas e éticas sutilmente permeiam os hábitos, os costumes, as crenças de todo tipo de instituições religiosas, dos ambientes científicos e das corporações comerciais, convertendo-se, também, num fenômeno cultural.[61]

---

[61] Leila Amaral sugere compreender esse clima de época como de errância espiritual, entendida como a circulação de fluxo de identidades presentes nas diversas formas de lidar com o sagrado. O ponto auge da errância espiritual será a New Age, mostrando sua complexidade através dos diversos serviços oferecidos pelos centros holísticos que podem ser encontrados nas grandes cidades brasileiras (AMARAL, 2000, p.10).

Enfim, a sintonia do jovem sacerdote que um dia sonhou com ter sua própria academia de ginástica revela-se como um eco religioso dos processos culturais, mais amplos, os quais assinalam para novas formas de experimentar o sagrado entrelaçadas com a sociedade de consumo. Uma vez ordenado sacerdote, as verdades escatológicas que o imaginário do culto ao corpo comporta serão rearticuladas em sua pessoa, sintetizando dinâmica e tradicionalmente ambos os universos: o cultural e o religioso. Ligação emblematicamente confessada, perante as câmeras de televisão, pela Xuxa: "Eu também rezo enquanto faço ginástica".

Até aqui, foi visto como o fenômeno midiático Pe. Marcelo, em sua ascensão, responde a mecanismos de sucesso (legitimação artística como *pop star*-religioso, vedetização e personalidade-celebridade) próprios da cultura de massa. Assinalou-se, também, que além desses mecanismos seu êxito tem ressonâncias num duplo movimento: as atuais mudanças culturais (novas subjetividades, processos de individuação e realização pessoal) e as transformações religiosas (espiritualidades performáticas e difusas).

Contudo, o fenômeno midiático amplia a semântica cultural da religião, ultrapassando as próprias instituições religiosas e suas propostas de controle. Ao mesmo tempo, o processo de ascensão midiática do fenômeno padre Marcelo mostra como os sistemas culturais também interpenetram a religião, favorecendo mecanismos que permitem determinadas sintonias com a sociedade, mesmo que essa interação desencadeie para os sistemas religiosos certas ambiguidades, inerentes a processos antagônicos entre Igreja e modernidade.

Se o êxito do jovem padre-cantor se apoia nesses mecanismos de sucesso e sintonia cultural e religiosa, é preciso analisar quais são os mecanismos de comunicabilidade que permitem a adesão dos milhares de fiéis que o seguem e quais são os dispositivos ativados com sucesso na investida maciça de recatolização do cotidiano que o catolicismo midiático propõe-se levar adiante.

2

MECANISMOS MIDIÁTICOS DE ASCENSÃO

A admiração, quando expressa surpresa de alma ao extraordinário, encontra-se no âmago do sentimento de adesão que arrasta multidões em qualquer direção, mobiliza a fé em algo ou alguém, transforma energias individuais e coletivas em entusiasmo, congrega aspirações, partilha sonhos. Na sociedade contemporânea, como outrora, essa adesão é algo mais do que fruto de atributos pessoais, ou do imponderável da posição social e/ou do poder, excedendo, muitas vezes, os limites do racional e social controlável; ela é, também, um processo socialmente constituído.

A adesão de milhares de fiéis-fãs à pessoa do padre Marcelo, a suas atividades, ao modelo institucional que subjaz a sua empreitada parece revelar uma conjunção de fatores que vão além dele. Essa aquiescência social e eclesial diz respeito à materialidade midiática de sua inserção em campos de produção de bens religiosos e aos desdobramentos próprios da lógica religiosa que seu exercício sacerdotal desencadeia, num contexto religioso concreto.

Perseguir os mecanismos de adesão social que operam na consolidação do sacerdote: ora como padre-cantor e performático, padre escritor e empresário, com seu respectivo sucesso fonográfico, editorial e econômico; ora como padre das multidões, congregadas nas showmissas e megaeventos, revelando a dimensão espetacular de entretenimento e de lazer que atrai seus fiéis-fãs; é a tarefa que a seguir se propõe.

Padre cantor e performático

Música e dança, unidas a uma performance singela, serão as responsáveis pela popularização do Pe. Marcelo, o qual em final de 1998 "conquistou o Brasil, vendendo mais de 1 milhão de CDs".[62] Suas músicas "... começaram a ser tocadas no carnaval baiano deste ano (...) Ele está em alta, principalmente a música 'Erguei as Mãos', do CD *Músicas para Louvar ao Senhor* (...) o padre se inspirou no axé music para bolar suas coreografias e arrebanhar fiéis...",[63] além disso, essa música ganhou manual de instruções para acompanhar suas performances.[64]

Numa rápida descrição dos cantos pode-se dizer que são de estrutura harmônica limitada às formas musicais elementares, nas quais as mixagens qualificam a voz (acompanhamentos com teclados e baterias que fazem tudo), e que não há compromisso estético em sua execução. O conteúdo das letras funciona como uma espécie de *slogan* religioso, pois é simples, curto, abandonando qualquer sinal de complexidade reflexiva, característica típica da linguagem comunicacional midiática.[65] No embalo melódico faz-se referência a um universo mágico infantil, a um mundo povoado por seres protetores dos mortais convocados por fiéis e plateias, que dançam e entoam cânticos como esse:

---

[62] Revista Shopping Music, n.12, dez.1998, p. 22.
[63] O Estado de S. Paulo, 19 jan. 1999, p. A-12.
[64] Fotografias ilustravam as dicas para aprender a dançar, à moda Marcelo Rossi: "Erguei... *bata 2 palmas nas coxas...* As mãos... *bata 2 palmas/* e dai Glória a Deus... *balançar 2 palmas na coxa/* e cantai como os filhos do Senhor... *sacudir os braços./* Os animaizinhos subiram de dois em dois...*1 pulo para trás./* E o elefante... *estenda o braço na altura do nariz/* e os passarinhos como filhos do Senhor... *sacudir os braços./* Os animaizinhos subiram de dois em dois... *1 pulo para frente, 1 pulo para atrás./* A minhoquinha... *juntar as mãos e imitar uma onda/* e os pinguins como os filhos do Senhor... *juntar os braços e balançar o corpo./* O canguru... *1 pulo para esquerda./* O sapinho como os filhos do Senhor... *agachar e subir./* Erguei as mãos... *repita todos os movimentos*". Revista Ana Maria, 14 dez.1998, p. 14-15.
[65] RAMONET, 2003.

Anjos de Deus

Se acontecer um barulho perto de você
É um anjo chegando para receber suas orações
e levá-las a Deus...
Tem anjos voando neste lugar
No meio do povo e em cima do altar
subindo e descendo em todas as direções
Não sei se a Igreja subiu ou se o céu desceu
Só sei que está cheio de anjos de Deus
Porque o próprio Deus está aqui...

(Pe. Marcelo Rossi)

Não é difícil imaginar o sucesso que esse tipo de música fez entre as crianças; mais ainda, surpreendeu ver como eram repetidos os gestos por jovens e idosos, que começaram a frequentar, cada vez mais, as missas do Pe. Marcelo. Canções que, como se lê, alimentam um imaginário mítico no qual deuses e anjos transitam livremente na terra, projetando esteticamente um universo infantil. Músicas que, por serem executadas num ambiente litúrgico, a missa, permitem fazer a ponte entre o clima religioso e o de divertimento, de evasão.

A aeróbica de Jesus, que acompanhou o sucesso performático do jovem cantor e que percorreu de igrejas a academias de ginástica, permitiu não esgotar o sucesso do sacerdote na oralidade do canto. Ela repôs os elementos da tendência cultural do culto ao corpo, trazendo para a liturgia católica a jovialidade e as performances gestuais, outrora desenvolvidas pelo sacerdote quando professor de educação física. Potencializada por todos os meios de comunicação a aeróbica de Jesus concentrou um modelo comunicacional que se utiliza de todas as mídias, a começar pelo corpo, para evangelizar.

Na análise do fenômeno midiático padre Marcelo serão abordadas três dimensões performáticas: a oral, identificada na produção midiática das estratégias de adesão, próprias dos veículos de difusão, especificamente, a rádio, a ser detalhada na segunda parte deste texto; a emocional, conectada com as novas espiritualidades performáticas que repõem no centro das celebrações litúrgicas o sofrimento cotidiano do fiel, analisada nas missas do Santuário Bizantino; e, finalmente, a performance corporal abordada a seguir.

Codificações mediatizadas

Paul Zumthor, filólogo medievalista, diz que a performance é uma arte que toma forma e vida social por meio da voz, do corpo. Ela só tem eficácia caso estabeleça relação bastante estreita entre intérprete e auditório. A performance implica numa codificação simbólica do espaço, através da voz, do som, da imagem, das cores, das vestimentas, das tonalidades e dos movimentos corporais.[66]

Numa analogia entre performance medieval e os *mass media*, Zumthor sugere que se às performances, enquanto codificações espaciais, se somam microfones, holofotes, telão, palco, equipamentos de ampliação e sintetizadores eletrônicos, elas passam a ser midiatizadas e produzidas pelos meios audiovisuais, magnificando seus efeitos. Sendo uma linguagem da gestualidade, uma estruturação corporal, a performance, como no passado, torna-se uma extensão do corpo no espaço, uma forma de percepção total do espaço, porém, agora integrada à mídia. Nesse sentido, o público dos *mass media*, educado na espetacularização, passa a ter outra experiência estética da performance, que se integra, como rajadas, à percepção teatral e espetacular dos eventos massivos.[67]

Dessa forma, a performance, abordada de modo direto ou mediatizado, diz respeito às condições de produção e recepção da linguagem comunicacional, inserindo o público e o intérprete numa atmosfera de

---

[66] ZUMTHOR, 1993, p. 227.
[67] ZUMTHOR, 1997, p. 203-217; p. 293-308.

participação, como atores num palco, no qual a competência no uso do tempo e do espaço marca o ritmo de envolvimento. Por isso, na performance o corpo atua como mídia e o improviso é fundamental, pois o ouvinte-espectador participa com o intérprete, dançando, cantando e recriando o espetáculo e integrando-se como coautor.

Comentando as técnicas corporais utilizadas pela Renovação Carismática Católica (RCC), Raymundo Maués sugere pensar a eficácia e/ou competência da utilização do corpo como instrumento (falar, cantar, orar, dançar) nos ambientes rituais, mesmo que muitas vezes tenha só caráter estético ou lúdico. Nos contextos carismáticos, o desempenho da performance está atrelada a uma devoção mística na qual o cristão comunica-se com a divindade, diretamente, por meio dos dons do Espírito Santo, quase que dispensando outro tipo de mediações.[68]

Nos atos rituais da RCC, não muito diferentes daqueles do pentecostalismo tradicional e de alguns do neopentecostalismo, exemplificados nos cultos da Igreja Universal do Reino de Deus (IURD) e da Renascer em Cristo, ambos centrados na música gospel, os gestos convertem-se em técnicas corporais que proporcionam um ambiente propiciatório de contato divino induzidos pela música, o canto, a dança, as palavras de quem anima o culto, as palmas, o toque, as coreografias, as posturas de oração. Nesse clima, e uma vez ungido, o fiel pode passar a "falar em línguas" (glossolalia), profetizar, discernir, impor as mãos a outros, repousar no Espírito. Dependendo do grupo, tudo isso acontece de forma vigorosa e, às vezes, barulhenta.[69]

Na trilha do autor, é possível argumentar que as performances, além das conexões teológicas, trazem para o ritual um clima de alegria e descon-

---

[68] MAUÉS, 2000, p. 119-151.

[69] Em trabalho anterior a este, pesquisei sobre o universo religioso proposto pela RCC, descrevendo as conexões entre a expressão corporal e a teologia que alimenta esse tipo de performance, portanto, mais que descrever, aqui me limito a fazer referências gerais que ajudem o leitor a se localizar (CARRANZA, 2000, p. 85-155).

tração entre os participantes e, sendo o animador um padre, contribuem para reforçar a personalidade sagrada, que de maneira emocional faz a ligação do humano com o divino, destacando, de maneira especial, seu papel de portador do sagrado, que, aliás, a RCC faz questão de cultuar.

Se é verdade que a performance tem sua eficácia ritual na ativação do imaginário místico que subjaz na plateia que assiste, também é verdade que na performance da aeróbica de Jesus, do Pe. Marcelo, essa eficácia é ultrapassada. Potencializada pela mediatização dos recursos que dispõe, sobretudo nas showmissas, a performance atinge um público mais amplo, não necessariamente carismático, pois são eventos multitudinários onde a exclusividade de um tipo de público não pode ser garantida[70]. Mais ainda, a mensagem das músicas, tida como religiosa, se transforma em discursos gestuais lúdicos, não muito diferentes daqueles utilizados nas academias de ginástica, frequentada por quem quer "relaxar", "se divertir", realizar atividades "mais saudáveis" para "se sentir bem".

Se nas catedrais de cristal são invertidos os sinais, de físico para religioso, nas aeróbicas de Jesus, de novo, se invertem os papéis. Numa atividade cujo referencial seria o discurso religioso, propriamente dito, ou seja, a experiência religiosa, o centro passa a ser o discurso estético saudável, infantilizado e reencantado. Mais ainda: "como nas religiões, o consumo constitui 'um mundo', isto é, um universo de significação capaz de modelar as práticas cotidianas. Nele os indivíduos se reconhecem uns aos outros, constroem suas identidades, imagens trocadas e reconfirmadas pela interação social".[71]

A aeróbica de Jesus parece pertencer a esse duplo universo, o religioso e o de consumo, mas com o sinal trocado. Quem dá significado ao consumo é o religioso, o consumo não precisa mais como analogia do universo religioso, pois ele se tornou religioso em si mesmo. Ao incorporar a aeróbica nas liturgias

---

[70] SOUZA, 2001.
[71] ORTIZ, *apud* CASTRO, 2003, p. 83.

libera-se a expressão cultural dos corpos, abençoa-se a prática das academias de ginástica, inseridas nas práticas cotidianas, e retira-se a vergonha do prazer do culto ao corpo, outrora presente na ética cristã, como já se diz num outro lugar. Discursos e referenciais se embaralham no fenômeno Pe. Marcelo, que consegue, de maneira religiosa, confirmar o culto ao corpo como tendência de consumo cultural da sociedade brasileira e prolongar, de maneira criativa, o catolicismo carismático do qual é oriundo.

Performances que no dizer do Pe. Marcelo justificam-se porque "momentos como a aeróbica do Senhor trazem um estímulo às pessoas que talvez não se interessassem pela missa se ela fosse celebrada da forma convencional".[72] Isso aprovado por um setor da hierarquia católica, representada por Dom Fernando Figueiredo, que reconhece que as músicas e performances do padre Marcelo têm "uma finalidade pastoral e atendem ao desejo de levar a um relacionamento mais íntimo e pessoal com Deus".[73] Visão reiterada, por outro hierarca reconhecidamente conservador, na época Cardeal do Rio de Janeiro, Dom Eugênio Sales, o qual falando sobre a aeróbica de Jesus declara: "Reconheço que pode haver até algum benefício de ordem espiritual nessas expressões".[74]

Comunicabilidade e fruição

O sucesso performático corporal do Pe. Marcelo, que consegue adesão dos milhares de seguidores, tanto na ativação de imaginários místicos quanto no oferecimento de descontração, é acompanhado pelo êxito discográfico, que consolida a fama do sacerdote como padre-cantor. Esse fenômeno discográfico será analisado em duas direções: nos mecanismos de

---

[72] Revista Shopping Music, n.12, dez. 1998, p. 31.
[73] O Estado de S. Paulo, 3 fev. 1999, p. A-13.
[74] Revista Veja, 17 fev. 1999, p. 59.

adesão intrínsecos à materialidade da produção e circulação dos produtos, por meio da orquestração de estratégias de marketing, e na dinâmica de comunicabilidade deflagrada em nome do sacerdote para conter os prejuízos mercadológicos ocasionados pela pirataria de suas gravações.

No início de 1999, calculava-se que o patamar de venda do primeiro CD do Padre Marcelo tinha alcançado os 3 milhões,[75] o que exigiu do sacerdote entrar num ritmo alucinante de produção para se manter no mercado. Coerente com a dinâmica de estar em todas as mídias para legitimar o sucesso, própria da personalidade-celebridade, o padre-cantor teve de se submeter ao ritmo das gravadoras, que impuseram uma agenda de divulgação que o levou a "ter que viajar muito para divulgar o CD";[76] se apresentar em dezenas de programas de auditório na televisão; participar de entrevistas e coletivas de imprensa; celebrações religiosas;[77] campanhas maciças de divulgação no programa de rádio Momento de Fé; atividades extraordinárias, como Teleton, FENASOFT, Natal do Milênio; gravação de videoclipes de divulgação, com locações de paisagens brasileiras e encenações bíblicas (DVD *Paz*).

Essas estratégias de marketing são fundamentais na ofensiva mercadológica que faz a materialidade do sucesso fonográfico que converte o Pe. Marcelo num fenômeno discográfico, independentemente da qualidade estética da música e da densidade religiosa da mensagem. Embora esse fator seja decisivo na ascensão do padre-cantor, ele não é determinante, nem pode ser reduzido a essa orquestração.

---

[75] O Estado de S. Paulo, 19 jan.1999, p. A-12; Folha de S. Paulo, 15 dez. 1998, p. 1-11.

[76] Revista IstoÉ, 6 set. 1999.

[77] No universo religioso, como estratégia de divulgação dos CDs, observa-se que o repertório das músicas que integram celebrações litúrgicas, nas quais participa o padre-cantor, normalmente são aquelas de seus CDs. Mais ainda, em época de carnaval foram promovidos os *Carnavais de Jesus*, que percorriam as ruas próximas ao Santuário Bizantino e/ou de Interlagos. Neles os trios elétricos organizados pelo sacerdote tocavam os êxitos de seus CDs (Folha de S. Paulo, 3 mar. 1999, p. 1-1; 22 fev. 2001).

Segundo Jesus Martín-Barbero, na lógica da cultura de massa o sucesso, também, passa pela geração de mecanismos de comunicabilidade, compreendidos como estratégias que visam a identificação do consumidor com o produto. Esses artifícios, de um lado, são modos com os quais se fazem reconhecíveis e se organiza a competência comunicativa dos emissores e dos destinatários; de outro, acionam no público-alvo dispositivos culturais que ativam sentimentos de pertença e identidade, anseios e desejos de felicidade capazes de deflagrar processos de adesão inusitados.[78]

No fenômeno Pe. Marcelo, a comunicabilidade adquire matizes diversos, conforme vão sendo demandados sinais de adesão às ações evangelizadoras por ele empreendidas. No que se refere a seu sucesso como padre-cantor, seus fiéis frequentadores do Santuário Bizantino, transformados em público, adquirem relevância como alvo de estratégias de comunicabilidade, a começar por serem parte do coral de seus CDs. De tal forma que fica registrado que, desde o início da carreira do padre-cantor, "... seu primeiro CD (...) foi gravado ao vivo no Santuário Bizantino, com a participação de mais de 50 mil pessoas".[79]

Nessa dinâmica de produção, aparecem alguns desdobramentos interessantes. Do lado do sacerdote, ele teve que recobrir de sentido missionário o fato de transformar a celebração litúrgica numa gravação comercial e o Santuário Bizantino num estúdio. Ao mesmo tempo, esse processo foi lido pelo sacerdote como a gestação de um filho, enquanto que é prazerosa e, por sua vez, confirmada a intervenção divina, visto que: "esse CD tem o dedo de Deus, melhor a mão (...) porque é inédito que as músicas de Roberto Carlos sejam interpretadas por outra voz (...) Este CD não tem coral tem o povo e a minha voz ...".[80] As gravadoras também recebem seu quinhão, diminuem os custos com coral, ao mesmo tempo que garantem um consumidor potencial, pois o próprio fiel que participou das gravações almejará ter o CD do qual faz parte.

---

[78] MARTÍN-BARBERO, 1997.
[79] Revista História do Sucesso, nov.1999/ TV Manchete.
[80] Palavras do sacerdote aos funcionários da Polygram na pré-estreia do CD *Paz*. Disponível em: <www.padremarcelo.terra.com.br >. Acesso em: 24 out. 2001.

São todos esses desdobramentos, teológicos, afetivos, logísticos e de prestígio, que permitem perceber a complexidade de interação que os mecanismos de comunicabilidade desencadeiam, ultrapassando o nível do puramente mercadológico para se inserir de cheio nos processos de adesão que soldam a ascensão midiática do padre-cantor. Dispositivos que, também, são encontrados no campo editorial em que o sacerdote transita, porém, concretizados de outra maneira. Na produção e lançamentos dos livros de padre Marcelo sugerem-se estratégias que permitem uma acumulação de capital de linguagem e comportamentos que mostram a passagem de fiel para fã, como será demonstrado.

Padre escritor e empresário

O trânsito do padre Marcelo pelo mundo editorial começa com a edição de pequenas publicações populares, entre elas: *Rezando o Terço Bizantino: a oração simples que chega ao céu*, na qual o sacerdote esclarece as origens da reza que lhe deu fama na rádio e na televisão;[81] *Aprendendo a dizer sim com Maria*;[82] *Santo Antônio: amor, fé e devoção*;[83] *Sagrado Coração de Jesus: devoção e preces*.[84] Logo fez sucesso editorial, com edição própria: *Sou feliz por ser católico*;[85] *Palavras de Fé*; *Palavras de vida*; *Parábolas que transformam vidas*;[86] *Momentos de Fé*.[87]

Os dois últimos respondem a uma linha editorial de "livro instantâneo", isto é, produzido, geralmente por terceiros, sobre fatos, entrevistas, coletâneas de falas, intervenções radiofônicas, discursos etc., que são colo-

---

[81] ROSSI, 1998.
[82] ROSSI [b], 1998.
[83] ROSSI [c], 1998.
[84] ROSSI [d],1998.
[85] ROSSI, 2000.
[86] ROSSI, 2003.
[87] ROSSI, 2004.

cados em todos os circuitos em que o autor circula. Assim, esses livros do padre Marcelo reduzem-se a coletâneas de textos enviados por leitores e lidos no programa Momentos de Fé.

Dessa produção o texto mais relevante, pela sistematização de pensamento, é *Sou feliz por ser Católico*. Nele são colocadas as bases discursivas que acompanham a proposta de reinstitucionalização do padre, verificadas, também, em outros setores do catolicismo midiático. Pelo teor do livro, vislumbraram-se duas orientações: a primeira, de cunho identitário, abordada nos temas: a Eucaristia, Corpo e Sangue de Jesus, presença real, Maria, Luz dos escritos patrísticos, a validade das imagens e a correta leitura bíblica. A retórica reforça os elementos contrastantes do catolicismo midiático com o pentecostalismo evangélico, vivido no confronto cotidiano das práticas religiosas.

A segunda linha é a da legitimidade hierárquica da igreja, centralizada na figura do Papa e pontualizada nos conceitos de Igreja, Católica, Apostólica, Romana, no Primado de Pedro e na importância da hierarquia da Igreja católica. Nas 72 páginas que compõem o texto, alinhavado por uma sucessão de citações bíblicas e dos Santos Padres, reflete-se a perspectiva doutrinal e ideológica que informa as práticas de ascensão midiática, a consolidação no mundo artístico e a produção de bens religiosos do padre-cantor e escritor.

Além desses livros, em abril de 2001 o padre Marcelo lançou a Revista Terço Bizantino, concretizando o maior de seus sonhos, como ele mesmo diz: "Desde 1995 pedia para meu bispo, Dom Fernando Figueiredo, autorização para lançar a revista, mas ele sempre me dizia que ainda não era a hora. Aprendi mais duas lições: ser mais obediente e perseverante. A hora chegou".[88]

---

[88] Revista Terço Bizantino, abr. 2001. A primeira tiragem da revista foi de 200 mil exemplares, ao preço de R$ 3,90. Dois anos depois, em maio de 2003, a mesma revista teria reduzido sua tiragem para 120 mil exemplares e o preço para R$ 3,50. Quando questionado o assessor de comunicação do Santuário Bizantino, sobre essa queda no custo e produção, ele me diz: "é normal ir acomodando nossas expectativas às demandas do mercado (...) além do que agora o pessoal está mais calmo e não compra tudo o que tem a ver como o padre..." (Entrevista, C.T. Campinas, 2 abr. 2003).

A qualidade editorial da revista, até o encerramento desta pesquisa, é boa, e seu formato não foge muito das revistas religiosas do gênero. Há, também, na produção editorial um setor infantil: "Pe. Marcelinho", cuja personagem representa o próprio padre Marcelo, contando, em linguagem infantil, estórias moralizantes e ensinamentos catequéticos.[89] *Marcelinho* transformou-se numa linha de produtos infantis como: livros para colorir, quebra-cabeças, manual de orações, jogo de peças de encaixe, livros de contos, CDs com desenhos animados, além de inúmeros objetos (bolsos, camisetas, decalques), estendendo a presença do sacerdote até aos pequenos da família.

Além desse reconhecimento institucional, os produtos têm como plataforma segura de lançamento, distribuição e consumo a mesma dinâmica da produção fonográfica: os megaeventos, showmissas, as vendas no Santuário Bizantino. A mídia, que opera como um circuito integrado capaz de fazer de um simples texto um *best-seller*, também é responsável.

Fluxos de retroalimentação

Ao acompanhar de perto a materialidade da produção dos textos mostra-se como são desenvolvidos dispositivos que permitem um circuito de autoreprodução midiática do sacerdote, o que pode ser demonstrado, por exemplo, na elaboração do texto *Parábolas que transformam vidas*. Consiste numa coletânea de 51 estórias, encerrando, cada uma, com um moral resumido com algum versículo bíblico, ou numa frase de Santo Agostinho, Santo Antônio e do livro *Imitação de Cristo*. A produção do texto responde à técnica de reprodução de materiais disponíveis no mercado, ordenados segundo critério catequético, ou seja, dar uma coerência lógica às perguntas que se fazem no início e logo concluir com uma moral da estória, daí o título do livro: Parábolas.

---

[89] Ver anexo 1.

Elaborado em 15 dias, informação do próprio Pe. Marcelo, no livro convergem vários processos como se lê na introdução: "Desde o ano passado no programa 'Momento de Fé', transmitido pela Rádio Globo, eu pedi às pessoas que me enviassem historinhas que tinham tocado suas vidas. Recebi centenas e centenas de breves e belíssimas histórias".[90] Esse estilo de produção e reprodução rápida se mantêm desde que o padre Marcelo começou sua incursão no campo editorial. Ao receber estórias selecionadas pelos radiouvintes e fiéis, o sacerdote alimenta seu capital de linguagem, pois fala das coisas que o próprio fiel quer ouvir, devolvendo-as resignificadas; portanto, fala a mesma linguagem do povo com o qual interage.

O processo interativo será novamente retomado na dinâmica da rádio, mas basta, por enquanto, registrar que ele permite ao sacerdote acumular um *background*, mantendo-se verbalmente próximo de seu público, independentemente do contato físico que possa vir a ter, pois lendo as mensagens, incorporando-as em sua fala e escrita, está sempre atualizado.

Se na produção do texto escrito são deflagrados dispositivos que permitem o *feedback* que mantém o sacerdote em sintonia com seu público, nos lançamentos dos livros parece que se faz a passagem de fiel a fã. Isso pode ser ilustrado com a narração de como aconteceu um dos lançamentos do livro *Parábolas que transformam vidas*:

> Vocês estão cansados? Eu vou atender a todos. Ninguém vai embora sem meu carinho..." dizia o padre Marcelo enquanto uma fila de, aproximadamente, 5 mil pessoas esperavam nos corredores do Colégio Coração de Jesus, Campinas/SP. O sacerdote ficou durante dez horas seguidas autografando os textos e as bíblias que as pessoas levavam, enquanto isso, os fiéis conversavam, comiam, rezavam o terço, cantavam cânticos religiosos, num clima de lazer e descontração. O atendimento aos participantes era personalizado. Algumas beijavam a mão do padre. Outras só apertavam, mas todas procuravam ter contato pessoal com ele. De vez em quando, aparecia um grupo de idosas ou jovens para solicitar tirar fotografia. O público assistente foi esmagadoramente feminino, popular.

---
[90] ROSSI, 2003, p. 5.

Durante essa rotina do dia, alguns intervalos eram feitos pelo padre. Saia, com microfone em mão, para animar as pessoas que estavam na fila, cantava alguma música conhecida, rezava uma Ave Maria e contava piadas ou historinhas. Sem tumultos, mas num clima efusivo, o padre era ovacionado a cada intervenção. Quando começava a agitação para se aproximar dele, estrategicamente, chamava para a reza de um Pai-Nosso e voltava para o auditório.

A maior afluência do público foi no final da tarde, hora em que os assistentes cantavam as músicas do sacerdote e solicitavam a presença do padre no corredor. Os portões foram fechados às 19h, mas o evento só encerrou às 20h45m. Embora um grupo de jovens tenha ficado esperando a saída do padre pela porta principal, ele foi embora pela porta dos fundos, discretamente.

(Diário de Campo)[91]

Dessa descrição vale a pena realçar que, num mesmo evento – entendido esse nos moldes de oportunidade de sociabilidade, no sentido de ultrapassar as fronteiras dos próprios círculos sociais restritos, favorecendo a interação[92] –, pode-se fundir, numa mesma pessoa, dois comportamentos, o de religioso e o de fã, conforme condições criadas no próprio lançamento: "... Padre, por favor sua bênção *(pede de joelhos uma jovem universitária)*. Posso tirar uma foto com o senhor (...) assina para mim esta camiseta...".[93]

Como se observa se é fiel enquanto se solicita bênção, oração, palavras de consolo, ajuda, confessa adesão de fé, e se é fã quando se pede autógrafo ou para tirar fotografia, quando manifesta-se euforia, gritando em cada aparição do padre ou tentando se atirar a ele, ainda ao aguardar ansiosamente sua saída. Mais, são esses os poucos momentos

---

[91] O lançamento aconteceu em Campinas, na quarta-feira 2 de abril de 2003. Acompanhei o evento desde sua abertura. Conversei com fiéis que ficavam nas filas, com os funcionários da editora Novo Rumo, com a Diretora e funcionários do Colégio, com policiais da segurança externa e os vendedores ambulantes na rua. Contou com uma equipe ampla de apoio que incluía voluntários do Santuário e das paróquias de Campinas, mais os pais e a irmã do sacerdote.

[92] SIMMEL, *apud* WAIZBORT, 1996, p. 29.

[93] No portão de saída, no final do lançamento a mesma moça agita um grupo de jovens, cantando as músicas do último CD do sacerdote (Entrevista, Campinas, A.L. 2 abr. 2003).

que permitem romper o próximo-distante que caracteriza o ar de inatingibilidade das celebridades, o que explica o aumento do clima de expectativa eufórica do público que se congrega em torno dela.

Como se viu, o lançamento torna-se uma mistura de ato religioso com ato de consumir, o que, sem dúvida, permite uma tênue passagem de fiel a fã, que parece ser a marca que acompanha o jovem sacerdote em sua trajetória de sucesso. Fiel e fã são, simultaneamente, o alvo do sacerdote e do escritor, e, ambos, participam da mesma lógica midiática que, com sua sinergia de produção de bens culturais, voltada para o mercado de consumo, comanda a cultura de massa.

O padre-cantor e o catolicismo midiático, por extensão, não escapam a essa dinâmica, antes a compartilham, entrando de cheio na complexidade que o diálogo Igreja-modernidade apresenta. E isso quando a Igreja, enquanto fornecedora de sentido, se apropria da lógica da sociedade de consumo, mesmo quando o fim último é evangelizar, viabilizar a essência de sua missão salvífica.

Logomarca espiritual

Esse estar na mídia sem ser da mídia não dispensou o padre-cantor de participar de suas vantagens, de lidar com as decorrentes ambiguidades e com a recorrente suspeita do destino dos frutos econômicos do sucesso. Daí a insistente explicação do Pe. Marcelo à imprensa:

> não recebo nada por vir no programa, [afirma o padre perante o acosso do porquê só na Globo se apresentava e lançava seus CDs] não tenho contrato (...) a decisão de ir para o programa do *Domingão do Faustão* foi da gravadora e não minha (...) não ganho nada pelos CDs.[94]

---

[94] Disponível em: <www.padremarcelo.terra.com.br>. Acesso em: 27 out. 2001.

Independentemente da vontade pessoal do padre, como personalidade-celebridade emergente, seu potencial econômico, convertido em nicho de mercado, rapidamente foi reconhecido, como o declara a diretora de *Business affairs* da Polygram, nos primórdios da carreira do sacerdote: "... o motor do sucesso das vendas do CD do Pe. Marcelo são as missas que o sacerdote conduz semanalmente em Interlagos, na zona sul de São Paulo, num terreno batizado de Santuário do Terço Bizantino".[95]

O Santuário será o palco e o Terço Bizantino a marca que, além de ser referência mística, como se verá mais adiante, possibilitou uma série de bênçãos comerciais, pois "... O Terço do Pe. Marcelo tem poder! Aprenda a fazê-lo com a técnica da bijuteria e entre com fé no novo milênio";[96] "O comércio paralelo em torno do padre Marcelo Rossi é gigantesco. São 350 barracas legalizadas pela prefeitura e pelo menos mais da metade de camelôs ilegais distribuídos em dois quilômetros na avenida, em frente ao Santuário Terço Bizantino. Os ambulantes vendem de tudo: velas, terços, água, medalhas, pingentes, broches, anéis, sal, óleo, comidas, bebidas e também alugam cadeiras e banquinhos para os fiéis a R$ 1,00".[97]

A pessoa do padre Marcelo e a marca Terço Bizantino viriam a constituir-se num binômio indissociável, desencadeando, quase que naturalmente, a necessidade de organizar comercialmente os inúmeros produtos que surgiam em torno dele. Por sua vez, do mesmo modo que se constituiu numa celebridade-personalidade, quanto maior era a afluência de fiéis-fãs, ao Santuário, mais foram ditadas as normas do jogo empresarial.

É essa sinergia da lógica do mercado que levou a patentear a marca Terço Bizantino e a convertê-la numa empresa comercial. Registrada em 13 de outubro de 1997, conforme documento registrado na Junta Comercial de São Paulo, a microempresa Terço Bizantino Ltda. ME, com sede em

---

[95] Folha de S. Paulo, 13 dez.1998, p. B-14.
[96] Revista Faça e Venda, dez. 1999.
[97] Revista IstoÉ, 16 dez. 1998, p. 126.

Santana, zona norte de São Paulo, tem como acionista majoritária Vilma Aparecida Mendonça Rossi, mãe do Pe. Marcelo, que segundo notícia: "Ela é [a mãe do Pe. Marcelo] quem controla com mão de ferro a comercialização feita no interior do Santuário. Mais do que isso (...) ela cuida de todas as medalhas, velas, terços e fitas que carregam a grife Terço Bizantino".[98]

Morin sugere que na cultura de massa as marcas comerciais produzem efeitos de sentido, resignificando estilos e comportamentos, classificando e hierarquizando os consumidores. Nas culturas urbanas e cosmopolitas essas marcas, que tendem a ser transnacionais, são reapropriadas de maneira diferenciada pelas culturas populares, que se conectam à sociedade de consumo a partir de suas matrizes culturais e de sua capacidade econômica.[99]

Naomi Klein aprofunda essa ideia a partir da discussão da lógica que informa a produção de grandes marcas corporativas mundiais.[100] Unida a essa produção encontra-se a lógica de seu uso. Martín-Barbero, quando analisa a mecânica de circulação dos produtos culturais, sugere que, em cada contexto, mesmo que consumindo um mesmo produto multinacional, ocorre uma apropriação diferenciada do mesmo.[101]

A marca é, segundo Klein, algo a mais que publicidade, é um desejo de investir num símbolo que signifique pertença. Nesse sentido não é o produto que tem a marca e sim o consumidor, pois na marca o fundamental é a ideia que ressoa no espírito da pessoa, o que provoca nela e, por sua

---

[98] Revista IstoÉ, 16 dez. 1998, p. 117-127; Folha de S. Paulo, 13 dez. 1998 p. 14-Brasil. Tive a oportunidade de presenciar uma cena na qual a mãe do Pe. Marcelo foi questionada por um fiel sobre a autenticidade do Terço Bizantino que ele tinha em sua mão. A mãe observou com atenção o terço e falou: "Não é não. Mas está muito bem feito para ser cópia". O fiel agradeceu a informação e pediu a bênção da senhora. Após o fiel se retirar, eu perguntei para dona Vilma: "Como a senhora reconhece se é original ou não?", respondeu-me: "Eu sei, sou eu que administro, imagine se não conheço, lido com isso todo dia" (Estádio Brinco de Ouro, Campinas/SP, 20 jun. 2001).
[99] MORIN, 1967, p. 66-93.
[100] KLEIN, 2003.
[101] MARTÍN-BARBERO, 1997.

vez, toma dela. Embora o processo de criar uma marca comece na área administrativa através do setor organizacional, que vasculha na cultura os interesses, tendências, desejos manifestos dos consumidores alvo e potenciais, o que se pretende nas marcas corporativas é vender ideias mais que produtos, promover identidades mais que mercadorias. Mais ainda, "a marca alimenta-se de significado, é um gigantesco aspirador de significado. É também um aspirador de espaço, porque não basta ter uma nova ideia, você tem de expressá-la em algum lugar do mundo real e tem de contar sua história, sua narrativa, a narrativa de sua marca, de seu mito".[102]

É por isso que a marca precisa se corporificar; para tanto, ocupa espaço público, fazendo do consumidor sua marca viva, portador de seu logotipo, mostrando um estilo de consumir, de comportar-se, de aspirar a um *status* profissional. Consumir produtos determinados pelas logomarcas é sinônimo de juventude, modernidade, competência e risco. Enquanto logomarca corporifica a cisão entre o mundo da imagem e o mundo da produção. O que se vendem são ideias transformadas em imagens que podem ser produzidas, terceirizadas e desterritorializadas, ocupando o espaço público e privado do indivíduo moderno.[103]

O que interessa reter aqui é a lógica estrutural embutida na dinâmica da logomarca, isto é, o mais importante é vender ideias, portanto, é possível terceirizar a produção. Também importa perceber os mecanismos que transformam as práticas culturais, oriundas de capital cultural coletivo, em bens culturais, sujeitos a monopólios e investimentos.

Isso ajuda a compreender como a lógica comercial estrutura, nos termos de Bourdieu, as relações estabelecidas entre o Pe. Marcelo e a cultura de consumo. O Terço Bizantino, constituído numa logomarca, incorpora elementos identitários dos fiéis-consumidores, retirados do universo católico, os resignifica, a partir de sua liderança carismática e

---

[102] KLEIN, 2003, p. 177.
[103] KLEIN, 2003, p. 183.

do espírito de rejuvenescimento da sociedade, vendendo assim ideias, mitos, significados mais do que produtos. A logomarca padre Marcelo opera como uma espécie de catolicização do cotidiano dos fiéis que, em quaisquer produtos de uso pessoal ou decorativo, povoam seu imaginário alimentado pela *onipresença* do sacerdote. Cotidianidade de consumo própria do universo das mercadorias, que personifica objetos e *coisifica* relações, naturalizando, de certa forma, a identificação de pessoas como produtos, e o consumo de produtos como satisfação parcial de aspirações. Talvez seja por isso que o Pe. Marcelo não precisa vender produtos, pois ele tem o mais importante: a marca, cotidianizada no imaginário católico.

Possivelmente a própria hierarquia da Igreja lhe recriminasse essa atividade, quem sabe sob o argumento de autopromoção ou simonia; entretanto, mesmo que não produza e comercialize "commodities espirituais" pessoalmente, o sacerdote não fica fora da lógica comercial. Pelo contrário, o padre-cantor e escritor se encontra num patamar mais sofisticado, o da propriedade intelectual e o do poder real do motor subjetivo do consumo, não precisa vender objetos, porque sua pessoa é uma marca que, no campo religioso, vende ideias, sonhos, aspirações, imagens, significados, devoções.

Padre das multidões

"Sou feliz por ser católico" é o lema da primeira aparição do Pe. Marcelo numa congregação multitudinária, organizada pela RCC, no estádio do Morumbi em 2 de novembro de 1997. Dois anos depois desse Cenáculo, a missa de finados seria organizada nas redondezas do antigo Santuário Bizantino, no jardim Campo Grande, falando-se na época que havia mais de 500 mil pessoas, o que forçou a antecipação de seu término, por falta de espaço. Sob o tema "Missa das estrelas" a celebração se realizou num palco de mais de 12 metros de altura, seguida do show de Roberto Carlos, Agnaldo Rayol, Sérgio Reis, Chitãozinho e Xororó, Sandy e Júnior.[104]

Essas celebrações se sucederiam durante algum tempo. No ano 2000 foi realizada a "Missa pela vida", no autódromo de Interlagos, com uma estimativa de público e fiéis que foi desde 235 mil até 2,4 milhões.[105] Um ano depois, em 2001, a missa foi celebrada no espaço Chico Mendes, sempre em São Paulo, sendo o tema central o mesmo que teve o CD *Paz* lançado na época.[106] *Saudade sim, tristeza não!* convocaria em 2002, de novo, os fiéis-fãs, autoridades da cidade e artistas. Como foi indicado anteriormente, na trajetória biográfica do Pe. Marcelo esses eventos passaram a ser rotina de seu itinerário de ascensão midiática. A logística dos megaeventos, ou showmissas, obedecem a um mesmo formato, o qual se repete, com algumas modificações segundo o local e a temática, a cada realização.

Segundo Jean Baudrillard as multidões modernas, com as atividades espetaculares, trazem em seu bojo o favorecimento do ser urbano que deixa sua carga simbólica individual para ser introduzido positivamente na multidão. Isso acontece por meio de uma série de dispositivos disciplinares que operam no coletivo; portanto, o indivíduo será educado no anonimato, caracterizando uma das maiores marcas das multidões modernas.[107]

Nas multidões as pessoas se deslocam, geográfica e simbolicamente, resignificando sua pertença de origem, e graças à intenção que o evento produz essa identidade converte-se em efêmera. É por isso que as multidões convocadas para eventos religiosos assumem uma conotação identitária, propiciando momentos de exibição da própria confissão de fé ao mesmo

---

[104] Folha de S. Paulo, 3 nov. 1999, p. 1-11; Correio Popular, 3 nov. 1999, p. B-9.

[105] Folha de S. Paulo, 3 nov. 2000, p. A-8; O Estado de S. Paulo, 3 nov. 2000, p. C-6.

[106] Folha de S. Paulo, 2 nov. 2001; O Estado de S. Paulo, 2 nov. 2001; Disponível em: <www.padremarcelo.terra.com.br>. Acesso em: 2 nov. 2001.

[107] BAUDRILLARD, 1993, p. 56.

tempo que oferecem uma oportunidade de autoafirmação perante o próprio indivíduo ou grupo de que participa, e perante o grupo ou instituição que as convoca e da sociedade que as assiste como expectadora.[108]

Além desses aspectos, projeção e identificação, comunicabilidade, competência comunicativa, evocação identitária, que serão retomados mais adiante, as multidões no século XX serão os palcos privilegiados das vedetes cujos espetáculos atraem milhares de fãs em busca de lazer e entretenimento. Elementos presentes nas showmissas e megaeventos organizados em nome do padre Marcelo, capazes de transformar a oferta de uma experiência religiosa numa experiência de entretenimento, de mais a mais, podem ajudar a explicar o porquê de tanta adesão dos fiéis-fãs a eventos comandados pelo jovem sacerdote.

Adesão que permite uma maior visibilidade da Igreja católica e reforça, não sem ajuda dos meios de comunicação de massa, especialmente da Rede Globo, a semântica cultural de ser a maioria religiosa do país. Pese o clima de concorrência religiosa, que a mídia faz questão de salientar:

> No sábado anterior ao show-missa de padre Marcelo tinha acontecido um grande evento no estádio do Maracanã, promovido pela Igreja Universal do Reino de Deus, 'A Noite de Abraão'. A igreja liderada por Edir Macedo conseguiu reunir 184 mil pessoas, superando a marca católica no mesmo local de 161 mil, atingida em 12 de outubro de 1999 (...) Em campos separados evangélicos e católicos travaram pacífica batalha pela fé.[109]

Nos showmissas e megaeventos do Pe. Marcelo a espetacularidade, o lazer e o entretenimento adquirem uma centralidade que, mesmo a contragosto do sacerdote e da instituição, acabam por afirmar em sua forma e conteúdo o que no discurso se insiste em negar, evidenciando como a apropriação da lógica multitudinária cria um impasse na própria proposta religiosa do padre das multidões.

---

[108] MAFRA, 1998, p. 61.
[109] Revista Época, 8 nov. 1999, p. 6.

Transformação das ofertas religiosas

Pensar os showmissas como experiências religiosas transformadas em entretenimento obriga a esboçar como isso acontece numa sociedade mediada pelo espetáculo. Compreender este último, a partir dos processos midiáticos da sociedade moderna, é o esforço que Guy Debord faz sobre a raiz histórica da sociedade espetacular. Para o autor, o espetáculo deve ser entendido como uma relação social mediada pela imagem, produzida pela mídia, que prima pela afirmação da aparência e a organiza. Dentro de uma lógica do exagero e do excesso, o simples e corriqueiro se torna extraordinário, esfacelando-se o sentido que a própria realidade possa conter em si e que a imagem transmita.[110]

No enfoque de Debord, o ser humano em seu mundo de desejos e necessidades é cooptado pelo mundo das mercadorias e pela lógica do espetáculo, pois as relações mercantis e a abundância de mercadorias faz com que a satisfação da sobrevivência aumente de acordo com o grau de consumo: a mercadoria é essa ilusão efetivamente real, e o espetáculo é sua manifestação geral. Nessa dinâmica a expansão do próprio mundo das mercadorias exige a multiplicação de serviços e de lazer, consequentemente, atinge todas as esferas da vivência humana, nada escapa, tudo é incorporado, inclusive a esfera do sagrado quando interceptada pelo espetáculo e o lazer transformado em consumo.

Por isso, segundo Berger, nas atividades espetaculares o lazer é transformado em consumo, nas experiências religiosas ele parece incorporar-se na dimensão simbólica que as viabiliza. As agências do sagrado serão as responsáveis por favorecer essas experiências, por meio de seu arsenal simbólico e ritualístico acumulado em sua tradição religiosa, o que as legitima perante a sociedade e seus próprios adeptos.[111]

---

[110] DEBORD, 1997.
[111] BERGER, 1985, p.32.

Enquanto as instituições definem e legitimam os quadros de referências comportamentais do indivíduo, as experiências religiosas propostas por elas caracterizam-se por dar suporte objetivo à experiência humana subjetiva. Gianni Vattimo assinala que a experiência religiosa é uma maneira de se posicionar perante o enigma da morte, própria e dos outros, da finitude e do limite humanos, da dor e do sofrimento, pessoal e social; a maneira de expressar e procurar pertença; a necessidade de perdão, independentemente do sentimento de culpa; e, finalmente, o sentimento de "criaturalidade", elaborado estruturalmente em termos existenciais e sociais.[112]

No catolicismo, especificamente na teologia sacramental, a experiência religiosa é propiciada através dos símbolos, orações, cantos, palavras e gestos que, em seu conjunto, compõem a liturgia. É nesse nível simbólico que, acompanhando o raciocínio da lógica espetacular, proposta por Debord, pode-se sinalizar como a oferta teológica dos megaeventos transforma a experiência religiosa em lazer e entretenimento.

Se a experiência religiosa propicia ao indivíduo mecanismos e dispositivos comportamentais que lhe facilitem lidar com os limites impostos pela própria vida e resignificar seu cosmos, por meio de expressões simbólicas da missa, isso deve acontecer com o fiel, pelo menos em tese. Entretanto o show missa não é só uma ação litúrgica, ele traz o componente espetacular midiatizado. O bem espiritual, a experiência religiosa, passa agora a ser cooptada pela experiência do lazer e do entretenimento como isca deliberadamente incorporada que torna vendável, palatável a necessidade institucional de atrair os católicos afastados que, de outra maneira, não viriam para a igreja.

Tanto o pentecostalismo católico, quanto o evangélico, cada um segundo matizes próprios, incorporam o espírito moderno das multidões e os mecanismos espetaculares que atraem milhões de fiéis-fãs. Nessa direção, arrisca-se inferir que quando as pessoas, transformadas em multidão, participam dos megaeventos do Pe. Marcelo porque se sen-

---

[112] VATTIMO, 2000, p.105.

tem bem, gostam de dançar, adoram os artistas que participam do show, usufruem do rejuvenescimento trazido pela vedete religiosa estão, na verdade, vivenciando a experiência religiosa em tempo espetacularmente vivido na interação de imagens e aparências, cujo centro de produção é o showmissa.

Afirma-se que, na própria lógica que produz os eventos, seja de que confissão forem, dá-se a passagem do domínio do religioso para o do entretenimento. No caso, o showmissa carrega em si mesmo a sinergia espetacular que o megaevento cria, o consumo espetacular do qual faz parte, a necessidade de novidade e a reprodução de formatos já testados em outros âmbitos espetaculares (religiosos ou profanos). Portanto, a música, a coreografia, as performances, os efeitos especiais, o show, o espetáculo não são só uma forma de atrair o fiel, nem podem reduzir-se a uma mera sedução inicial da experiência religiosa, eles a estruturam. Agindo integradamente esses elementos revertem em experiência de lazer e de entretenimento a experiência religiosa, exemplificando, em seu todo, como na interação cultural, a própria religião se modifica.

Achar que nas grandes concentrações litúrgicas promovidas pelo padre-cantor, o show só acontece depois da bênção final é negar a sinergia espetacular que as produz e omitir sua produção. Talvez seja essa sinergia uma das chaves de leitura que expliquem, de um lado, a modificação da experiência religiosa, do outro, tanta adesão aos megaeventos. Mais ainda, tudo indica que o consumo espetacular é uma aposta de modernização reinstitucionalizante do catolicismo brasileiro, legitimada nos portadores do sagrado, os padres-cantores, seus promotores.

Entretanto, eles mesmos vivenciam o dilema que a apropriação dos recursos multitudinários lhes trazem. Compreende-se então que o Pe. Marcelo insista, em seu discurso, em eliminar de suas liturgias performáticas a dimensão espetacular, pois "vocês vieram aqui por causa do padre Marcelo ou por causa de Jesus? A Jesus deve ser dada a glória, porque viemos aqui para rezar, não para assistir a um show *(ainda repete)* ... vocês vieram aqui assistir a um show ou a uma missa? Porque vocês estão aqui para rezar.[113]

Dilema de espetacularização que o assombra desde os primórdios, quando justifica: "Tudo na vida tem o perigo da rotina, por isso, eu canto, danço, animo ao povo... [mas] Cada vez que saio para uma missa, peço para Deus, converso comigo: 'isso não é espetáculo, você é padre'".[114] O argumento se repete e amplia, quando questionado sobre sua participação em grandes megaeventos: "eu sou padre, não sou artista (...) eu tenho dois objetivos na minha vida: levar as pessoas a Deus e trazer os 82% de católicos para a Igreja que de outra maneira não viriam".[115]

O que é dito com todas as letras: *levar a Deus*, como experiência religiosa oferecida em suas missas performáticas como uma forma de quebrar a rotina ritual, porque antes de tudo é um portador do sagrado, mais que artista. E que os showmissas são um meio de *trazer* para dentro da Igreja, ou seja, uma clara estratégia de reinstitucionalizar os católicos. Portanto, os eventos promovidos pelo padre-cantor serão, em sua interpretação, só a isca que envolve os fiéis, omitindo-se toda a realidade espetacular que os transforma em experiências de lazer e entretenimento, em consumo espetacular religioso.

Gosto e sensibilidade espetacular

Um último aspecto deve ser abordado, sobre a relevância dos showmissas. Em se tratando do consumo espetacular Debord chama a atenção para sua capacidade de, no mundo capitalista, educar gerações afinadas com o espetacular, por meio de circulação repetitiva dos mesmos eventos, das

---

[113] Missa realizada no dia de Finados, 2 nov. 2002.
[114] Revista Marie Claire, out. 1998, p. 41.
[115] Entrevista Pe. Marcelo, CD Polygram, Natal, 1998.

mesmas imagens e dos mesmos esquemas de produção. Nessas condições educa-se o gosto, apura-se a sensibilidade, naturaliza-se determinado tipo de estilo de vida.[116]

É exatamente esse hábito de consumo, consolidado ao longo de décadas, que permite alterar os estilos de vida, refina e dirige os gostos e prepara, por sua vez, para novas formas de consumo material e simbólico em todas as ordens sociais. Esse hábito terá sua referência no passado, no acervo cultural que garante sua sobrevivência e, sobretudo, na luta pelo monopólio da imposição das categorias de percepção e apreciação que ele temporaliza.[117]

Nessa direção, quando surge a figura do Pe. Marcelo Rossi, há vários hábitos de consumo consolidados, o rejuvenescimento da sociedade, trazidos pelas novas sensibilidades de culto ao corpo, e a gestualidade na liturgia, introduzidas pela pentecostalização católica, na RCC, e protestante, no neopentecostalismo, por meio da música.

Não é difícil deduzir o impacto no interior da Igreja dos megaeventos do Pe. Marcelo Rossi. Afinados com o contexto religioso multitudinário, apoiados pela mídia hegemônica do país (Rede Globo) e pela hierarquia eclesiástica, representada em seu bispo protetor, os showmissas naturalizam um estilo evangelizador, mediado pelo espetacular, legitimam-no perante a profusão das inúmeras bandas de jovens, religiosos, leigos, seminaristas e padres-cantores que se espelham no êxito do padre das multidões.

Embora os showmissas possam vir a se esgotar, nos termos de Morin, em si mesmos, pois a novidade é intrínseca ao espetáculo moderno, ou se transformem, pela força do efêmero que o êxito traz, o que fica é essa educação da sensibilidade e do gosto pelo espetacular. É possível que essa afinidade com o espetacular seja uma das mais importantes consequências da fina interação entre a Igreja católica e a sociedade de consumo, e que, novamente, dela a primeira não sai ilesa – pois transforma a essência de sua

---

[116] DEBORD, 1997.
[117] BOURDIEU, 1996, p. 181.

missão em entretenimento – enquanto a segunda amplia seu raio de ação, potencializando novos nichos de mercado.

No entanto, a produção de sucesso no fenômeno Pe. Marcelo revela a complexidade da materialidade midiática, que vai além de mecanismos puramente mercadológicos, numa redução simplória de visar só rendimentos econômicos, novos investimentos e ampliação de mercados. Como se viu, essa produção responde a um processo que envolve a dimensão cultural, ativada no imaginário social de rejuvenescimento e de modernização religiosa, expresso corporal e performaticamente na aeróbica de Jesus e nas músicas que a acompanham.

Abordados dessa maneira, os mecanismos de sucesso provocadores de adesão, com suas vantagens e consequências, retomam a discussão dos entrecruzamentos que se dão no diálogo da Igreja, pretensa doadora de sentido na totalidade da vida social de seus fiéis, e a sociedade moderna, educadora de estilos urbanos centrados no consumo. Nessa interação a igreja parece "perder" (ou talvez transformar), secularizando, suas mais profundas aspirações de cunho "puramente" religioso, isto é, de fornecedora de significados por meios e mediações religiosas. Impasse que, como se verá, parece prolongar-se nos mecanismos de (re)institucionalização que a emergência do Santuário Bizantino, espaço potencializador da imagem do padre-cantor, escritor, empresário, traz com suas atividades e projetos, consolidando a imagem de sacerdote das multidões católicas.

3

CRIATIVA (RE)INSTITUCIONALIZAÇÃO

A produção do espaço, como expressão da construção "dos possíveis" nas realizações humanas, concretiza um sistema dinâmico de relações coordenadas a partir de um centro, que vai além do ponto físico de edificação. A construção de espaços físicos é, por sua vez, expressão da produção de subjetividades, enquanto modos específicos de se relacionar com o entorno, através de práticas sociais concretas. Em se tratando de espaços sagrados é bom recordar, no dizer de Mircea Eliade, que esses reduzem a interpretação do cosmos, simbolizam o meio, interior e exterior, no qual se deslocam não só corpos, como unidades ou aglomerados, mas também indivíduos e coletivos, configurando subjetividades e valores éticos.

Acompanhar a emergência do Santuário Bizantino, como construção coletiva de sentido, sua mística e tradição e a constituição de sua espacialidade ética, permitirá discutir de que maneira o fenômeno midiático Pe. Marcelo deflagra dispositivos que acionam as matrizes culturais do catolicismo brasileiro, fazendo do Santuário o *locus* de reinstitucionalização dos católicos periféricos, espaço não muito diferente das atuais concepções espaciais dos neopentecostais, revelando algumas semelhanças e continuidades, até, no modo de interpretar o espaço.

Mais ainda, uma aproximação ao Santuário, como centro de peregrinação em que fiéis e devotos usufruem dos serviços religiosos oferecidos, permitirá perceber elementos comuns de socialização presentes nos processos culturais bem como apreender alguns sinais de contradição e ambiguidades no investimento de esforços institucionais na recatolização do cotidiano dos fiéis, revelando, uma vez mais, os dilemas profundos entre as ações da Igreja e os processos de individuação e autonomia, de que a modernidade é portadora.

Mística, novidade, tradição

O domingo de Ramos de 2001, data significativa de triunfo cristão, quando Jesus entra em Jerusalém em meio a hosanas e aclamações, será recordado pelo Pe. Marcelo como um dia que marcou sua vida: "... Quando eu entrei no Santuário e vi todo aquele espaço, maior que o anterior, o calor, o contentamento das pessoas, eu falei 'Meu Jesus, como o Senhor é maravilhoso'. Foi muito forte. É uma emoção indescritível!".[118]

Naquele 8 de abril inaugurou-se a nova sede do Santuário Bizantino, mostrando a capacidade mobilizadora do Pe. Marcelo ao contar com o esforço das mais de 1.400 formiguinhas de Deus (voluntários), com o apoio de 3 unidades móveis de Unidade de Terapia Intensiva (UTI), 8 médicos, 2 ambulâncias, com cantores de renomada fama e a presença de 80 mil fiéis, alguns vindos em um dos 198 ônibus de caravanas de todo o país, mais o governador do Estado, Geraldo Alckmin, e os deputados Salvador Zimbaldi e Carlos Stangarlini.[119]

A partir daquele dia o Santuário, localizado na Avenida das Nações Unidas, 22.069, em Santo Amaro, zona sul de São Paulo, próximo à Marginal Pinheiros, sede de grandes multinacionais, passou a funcionar numa antiga fábrica metalúrgica da Instron. Sem nenhum sino, cruz ou escultura que se refira a uma arquitetura convencionalmente católica, como ocorre com a palavra santuário, este pode passar desapercebido por transeuntes e viajantes desatentos, mesmo estando na avenida. Quem entrar no atual Santuário

---

[118] Revista Terço Bizantino, jun. 2001, p. 11.

[119] Folha de S. Paulo, 15 abr. 2001, C, p. 1; Revista Terço Bizantino, jun. 2001, p. 11; Disponível em: <www.padremarcelo.terra.com.br>. Acesso em: 9 abr. 2001.

Bizantino, depara-se com uma imensa estrutura metálica, num espaço de 20 mil metros quadrados, em cujo centro, colocadas em direção ao palco, há mais de 100 fileiras de cadeiras, cada uma com 100 cadeiras brancas de plástico, ou seja, tem-se a possibilidade de acomodar mais de dez mil fiéis no galpão.[120]

O surgimento do Santuário encontra-se intimamente ligado à trajetória ministerial do Pe. Marcelo, que um ano após ordenado começaria a celebrar toda quinta-feira as missas de libertação.[121] Naquele ano de 1996, entre rituais de libertação do demônio e a aeróbica de Jesus o padre Marcelo tornar-se-ia conhecido nos ambientes carismáticos que, aos poucos, o levariam às celebrações multitudinárias da Renovação Carismática Católica (RCC), consagrando-se como padre-cantor católico. Ele mesmo o reconhece quando declara que, entre as coisas que nunca esquecerá, está o dia no "estádio do Morumbi, durante o primeiro 'Sou feliz por ser Católico' com o estádio lotado, coisa que eu não esperava".[122]

Essa visibilidade nos eventos da RCC, as visitas intensas dos fiéis procurando o jovem sacerdote, os problemas com a vizinhança da Paróquia,[123] obrigaram o sacerdote e seu bispo a procurar por um espaço maior. No final de 1997, a fama só aumentava, como o número de fiéis que de quinta a domingo iam a Interlagos para ter contato com a estrela em ascensão que, cada vez mais, ocupava o espaço radiofônico e os eventos carismáticos. Assim, em

---

[120] Ver anexo 1.

[121] No imaginário da RCC o demônio e o mal se encarnam em situações históricas concretas, que independem da vontade do indivíduo. Para libertar-se do mal, que impede uma vida mais harmônica, santa e próspera, as missas de libertação são o espaço ritual que, por meio de orações específicas, remove e liberta o fiel das garras do demônio (CARRANZA, 2000, p. 175-213).

[122] Revista Terço Bizantino, jun. 2001, p. 11.

[123] O sacerdote teve de se reunir com os vizinhos que se queixavam dos transtornos de trânsito, limpeza, excesso de vendedores ambulantes e do barulho, decorrentes das multidões que se aproximavam da paróquia. Perante a situação que se tinha tornado insustentável para os moradores: "Vocês tenham paciência comigo, [disse o padre] até o final deste ano prometo a vocês que farei esta missa em outro lugar". Revista Terço Bizantino, abr. 2001, p. 5.

30 de maio de 1998, inaugurava-se a primeira sede do Santuário Bizantino, localizado na Avenida Eusébio Stevaux, 2461, Jurubatuba, Campo Grande, São Paulo/SP, contando com a presença da dupla sertaneja Chitãozinho e Xororó, com Zezé de Camargo, Roberto Carlos e mais de 30 mil fiéis--fãs.[124] Muito parecida, estética e funcionalmente, com o atual Santuário, essa primeira sede, também, foi uma adaptação da fábrica desativada da Max Factor, cujo terreno pertence à multinacional alemã Bekum, do setor metalúrgico.[125]

Mas com a copiosa afluência de fiéis, acotovelando-se para participar das missas do Pe. Marcelo, que chegava a ser na época de 600 mil por mês, o problema da Paróquia voltou a se repetir. Durante mais de dois anos alastraram-se as disputas entre a vizinhança, os administradores do Santuário e o poder público. Outro mandato judicial, em 2000, interdita as atividades do Santuário. Nesse mesmo final de ano, o contrato com a empresa dona do galpão não foi renovado e as atividades ficaram suspensas, até abril de 2001, quando o Santuário passa para sua segunda e atual sede na Avenida das Nações Unidas.

Desse percurso histórico interessa destacar que, de um lado, os processos de geração do espaço sagrado contam com a utilização de espaços destinados a fábricas e/ou atividades de lazer. Evidentemente, essa característica evoca a mesma estratégia de construção do espaço sacro desencadeada pelo neopentecostalismo. Do outro lado, a constante reacomodação está sempre marcada por atividades espetaculares, reforçando a marca do Santuário Bizantino como o lugar das multidões, embora, como se verá a seguir, a proposta de seu nome enceta para a direção contrária.

---

[124] Revista Veja, 4 nov.1998 p. 115; Revista Terço Bizantino, abr. 2001, p. 4.
[125] Folha de S. Paulo, 13 dez.1998, p. 14.

A oração do coração

Se a participação na RCC foi o berço da projeção pessoal do padre-cantor, perante o grande público católico, é na repetição performática da oração Terço Bizantino que se consolidou a imagem do Pe. Marcelo, convertendo-se em sua marca distintiva. Difundiu-se sua logomarca na abertura diária da programação da RedeVida e nos programas de rádio, desencadeando uma resposta que surpreendeu o próprio sacerdote: "... Eu tinha o costume de cantar, sempre gostei do canto oriental, comecei com Terço Bizantino (...) fiz a oração nessa época [1996] que causou um grande transtorno. Acho que eu não tinha a noção da força da rádio que trouxe milhares de fiéis para dentro...".[126]

Essa reza consiste na vocalização litânica de jaculatórias curtas que, em ritmo pausado, repete dez vezes cada invocação. Sem cânon fixo, cada oração é flexível, ficando a critério e criatividade de quem a reza o que dizer. Um exemplo pode ser: "Jesus! Jesus, me ajuda! Jesus, me cura! Eu te amo, Jesus! Obrigado, Jesus! Jesus, meu escudo! Jesus, meu refúgio! Jesus, minha paz! Jesus, lavai-me! Jesus, purificai-me! Jesus, acalmai-me! Obrigado, Jesus!".[127]

A peculiaridade dessa devoção será procurada pelo padre Marcelo e Dom Fernando, especialista em patrística, na tradição da Igreja católica Ortodoxa,[128] sendo uma adaptação do Rosário cristão, porque segundo o padre Marcelo:

---

[126] Revista Terço Bizantino, abr. 2001, p. 5.

[127] Na televisão essa oração é rezada pelo padre Marcelo de joelhos, olhando para o teto, semblante plácido, com voz performática e mudando a cada invocação. Na rádio ela é rezada antes de finalizar o programa. Em minhas visitas ao Santuário, durante a missa, após a comunhão, algumas vezes, o sacerdote invocou o terço bizantino.

[128] Lembre-se que durante os séculos VIII e IX o mundo bizantino debateu-se numa amarga controvérsia teológico-artística, que consistia em não poder representar a imagem de Cristo, da Virgem ou dos santos com formas humanas. O papa Leão III decretou a proibição, espalhando-se os iconoclastas que durante um século restringiram a imaginaria a desenhos abstratos. Com isso, a migração de artistas bizantinos para o Ocidente foi significativa, levando consigo a sensibilidade clássica e ilusionista, o dourado e as figuras estilizadas que deram originalidade à arte sacra bizantina. A Rússia será o país que acaba por se apropriar da tradição bizantina, desde o século X.

O Cikotki da liturgia bizantina, por semelhança, também é chamado de Terço ou Rosário. Este Rosário de lá, usado pelos religiosos russos, era, então, um cordão de lã com nós, e cada nó correspondia às contas dos rosários ocidentais. (...) O primeiro relato que chegou ao Ocidente foi, no século passado, através de um peregrino russo não identificado (...) O Terço Bizantino é, pois, de uma riqueza espiritual muito grande. No desejo de torná-lo mais acessível ao nosso modo ocidental de pensar e rezar, procurei fazer uma oração adaptada ao Terço de Nossa Senhora, embora ele continue sendo um modo de pensar e rezar...[129]

Sabe-se que o rosário é uma das devoções do catolicismo que melhor responde a uma lenta construção histórica e a um longo processo de sedimentação da religiosidade popular, que foi justapondo elementos cúlticos e culturais à medida que se espalhou pelo Ocidente.[130] As orações meditativas centradas na repetição e auxiliadas com objetos para fazer a contagem não são só patrimônio do cristianismo, mas uma prática conhecida também entre os muçulmanos.[131]

O Terço Bizantino, proposto por padre Marcelo, tem sua origem nos relatos do peregrino russo, e corresponde a um movimento literário da Rús-

---

[129] ROSSI, 1997, p. 11-14.

[130] O terço cristão, tem sua origem no Rosário, que no culto à Virgem Maria consiste na reza de 150 Ave-Marias, intercaladas com 15 Pai-Nossos, dividida em 15 dezenas, a cada uma corresponde um mistério ou dogma cristão. Schillebeeckx, renomado teólogo católico define o rosário como sendo "um símbolo da fé, sintético e cristológico sob a forma meditativa" (Schillebeeckx, 1968:116). O reconhecimento oficial, a uma prática de culto devocional, chegará só no século XIX, na encíclica de Leão XIII, *Fidentem Piumque*, em 1896. O Papa João Paulo II em sua carta apostólica *Rosarium Virginis Mariae*, em 16 de outubro de 2002, acrescentou ao conjunto dos três mistérios, até agora conhecidos como gozosos, dolorosos e gloriosos, mais um denominado de mistérios luminosos, que incluem as seguintes passagens evangélicas: batismo de Jesus; bodas em Caná; Anúncio do Reino de Deus; Transfiguração de Cristo; Instituição da Eucaristia.

[131] Os muçulmanos para fazer suas orações auxiliam-se com contas de âmbar. Conta-se que Marco Polo (séc. XIII) observou no rei Malabar um cordão de seda no qual estavam incrustadas 104 pedras, destinadas à contagem das orações da manhã e da tarde, que ele tinha a fazer. Há também, nos povos árabes, principalmente entre os comerciantes, o costume de ter uma pedra anular para fazer as contas e acalmar-se.

sia do século XIX (1856-1861), que teve seu epicentro espiritual no Mosteiro de Optina.[132] No peregrino russo, a atualização da mística hesicasta é uma prática da oração do coração, que ajuda a acalmar e a concentrar-se com a ajuda do corpo. Na visão do Pe. Marcelo o Terço Bizantino, também, pode ser "um meio de cura interior e física e uma poderosa arma contra o Maligno e contra a depressão".[133]

Observe-se que a oração do coração é centrada na emoção, que deve ser atingida por meio de repetições "mântricas" que acalmam, relaxam, curam. Ela populariza recursos tradicionais, extraídos da mística cristã, repondo-os com linguagem simples, curtas e diretas. Se a aeróbica de Jesus entrou em sintonia com as espiritualidades difusas, ao recolocar religiosamente a centralidade do corpo, no Terço Bizantino, tanto o padre Marcelo quanto Dom Fernando entram no cerne da espiritualidade performática reconhecida na emoção (a oração que chega ao coração), nos discursos de declaração de certezas (Só Jesus salva! Expressão reconhecida como tipicamente pentecostal protestante), na combinação de técnicas psicológicas (repetição que acalma, relaxa) e na limitação da experiência cotidiana a temas telegráficos (Jesus, curai-me! Jesus, defendei-me! Jesus, livrai-me da violência!).

O Terço Bizantino aciona criativamente uma das matrizes culturais do catolicismo: a devoção popular pelo terço. Entretanto, o Terço Bizantino desloca os mistérios salvíficos do Rosário, para colocar as preocupações e aflições cotidianas dos fiéis, transformando a devoção tradicional na oração que chega ao coração, que acalma, cura e relaxa. Fazendo isso, o Terço Bizantino entra em sintonia com a tendência cultural de procurar a regeneração pessoal no interior do

---

[132] GAUVAIN, 1985, p. 12.

[133] Para legitimar sua fala teológica sobre a depressão, e sem fazer referência bibliográfica, o padre Marcelo declara: "Apesar de ser leigo no campo da psicologia, pude compreender que Jung, em suas teses, refere-se ao Terço e à repetição como forma de acalmar e reequilibrar a pessoa que está repetindo" (ROSSI, 1998, p. 18).

próprio indivíduo, o que leva, segundo Hannah Arendt, a processos de subjetivação autocentrados.[134] Isto é, os indivíduos em suas práticas cotidianas acabam por ter como único parâmetro suas próprias emoções. O que sem dúvida, ao ser uma tendência, reflete-se nas interações sociais centradas no indivíduo, que no caso de exacerbação acaba por ser individualista.

Em se tratando de uma prática cotidiana, para o telespectador, para o radiouvinte ou para quem visita em caravanas e frequenta o Santuário, sem dúvida que o Terço Bizantino vai, aos poucos, configurando uma proposta de religiosidade emocional, que arremessa os fiéis para dentro de si. Mas, paradoxalmente, esses mesmos fiéis são convidados a participar da aeróbica de Jesus, muitas vezes no mesmo espaço e ao mesmo tempo, revelando, a partir do dado religioso, a versatilidade com que são apropriados no meio urbano, pelo fenômeno midiático Pe. Marcelo, os estoques da mística cristã, acumulados historicamente.

Se emoção é um dos dados contidos no nome Terço Bizantino, a recuperação de um elemento tradicional é consubstancial a um processo de apropriação do passado, ressemantizando as origens, no contexto de novidade que configura o fenômeno Pe. Marcelo. São esses dois últimos aspectos que serão abordados com mais cuidado a seguir, alertando para os rumos de retradicionalização criativa que o fenômeno toma.

Ressemantizando o passado

Invocar um universo tradicional é trazer para o presente o estoque de representações, saberes teóricos e práticos, de comportamentos que um grupo ou sociedade aceitam em nome da continuidade necessária entre o

---

[134] Lembro o itinerário de individualização que a autora propõe, ao analisar a maneira como os indivíduos internalizam, objetiva e subjetivamente, o mundo no processo de hominização por meio do labor e do trabalho humano (ARENDT, 1995, p. 90-180).

passado e o presente.[135] No pensamento weberiano, a tradição, enquanto memória social, é profundamente criativa na interpretação do passado para legitimar as mudanças que façam sentido no presente, fundamentando valores, normas e símbolos que forneçam mecanismos de adesão à autoridade, pessoal ou grupal, e ao conhecimento.[136]

Se a tradição é um elo significativo entre o passado e o presente, ela se estrutura em torno da hermenêutica cuja dinâmica essencial é um jogo permanente entre mudança e continuidade. As "verdades formulares" da tradição, na qualidade de interpretação do real à luz de um passado seletivo, são de responsabilidade dos "guardiões e especialistas", na expressão de Giddens, que garantem o monopólio do social, por meio de dispositivos reguladores e canalizadores.[137] O autor sublinhará essa função social estruturante da tradição nas sociedades ditas pós-tradicionais, caracterizadas pelo domínio da incerteza, da necessidade de fazer e refazer o sentido da realização pessoal num mundo que não mais é herdado, mas construído. Nele os comportamentos precisam a todo momento ser justificados discursivamente.[138]

Seria um erro, segundo Hervieu-Léger, acreditar que o universo tradicional e o universo moderno são realidades fechadas em si mesmas. O mais importante, segundo a autora, é descobrir como a tradição acompanha as mudanças sociais, identificar de que maneira sua dinâmica de significação social mantêm o *status quo*.[139] Trilhando a mesma ideia Giddens afirma:

---

[135] Tradição e religião constituem um tema clássico e inesgotável em suas variáveis e interpretações, acumulando uma vasta literatura para quem deseje-se aprofundar. Desde seu tratamento em relação à dominação social que exercem, destacada por Weber, até a interpretação do papel ontológico nas atuais realidades marcadas pelas transformações do tempo e do espaço, numa modernidade reflexiva abordada por Lash, Giddens e Beck. Para fins desta discussão restrinjo-me a esboçar alguns elementos, a partir desses autores, que considero fundamentais. Com eles pretendo compreender a atualização que o fenômeno marceliano faz da tradição hesicana e seu impacto, no conjunto da temática que vem sendo analisada.

[136] WEBER, 1992, p. 190.
[137] GIDDENS, 1997, p. 100-127.
[138] GIDDENS, 1997, p. 129.
[139] HERVIEU-LÉGER, 1993, p. 14.

> Um cético poderia perguntar: não há nada novo aqui? A vida não foi sempre marcada pela contingência? O futuro não foi sempre incerto e problemático? A resposta para cada uma das perguntas é "sim". Não é que atualmente nossas circunstâncias de vida tenham se tornado menos previsíveis do que costumavam ser; o que mudou foram as origens da imprevisibilidade. Muitas incertezas com que nos defrontamos hoje foram criadas pelo próprio desenvolvimento humano.[140]

Tem-se aí elementos interessantes que permitem a aproximação ao Terço Bizantino como um processo de evocar a tradição, enquanto referencia explícita à continuidade de um passado comum ao catolicismo. A partir da reposição que uma mística determina, a do peregrino russo, o Terço Bizantino converte-se numa fonte de perenização do passado, reposto criativamente nos meios de comunicação, nos bens e produtos religiosos que circulam. A oração do coração, cerne do Terço Bizantino, oferece-se como mecanismo de adesão e compensação dos laços sociais fragilizados, que encontram no Santuário e na reza do terço uma fonte de interpretação do presente.

Dentro desse quadro ideológico não é mais necessário que a continuidade em questão possa ser historicamente verificada. Pouco importam o desenvolvimento e as transformações do terço, dos monges, do peregrino russo, interessa que ela faz sentido na ligação com o passado, mesmo que fique no plano puramente imaginário. A simples evocação tem força suficiente para permitir a atração, individual e coletiva, dos católicos que se identificam no legado que é invocado. Identificação e atração constitutivas de todo processo de reposição social da tradição. Giddens dirá *retradicionalização* como esforço das instituições que na modernidade reflexiva se debatem para serem significativas.

Admite-se, então, que procurar na tradição cristã mais antiga a fonte inspiradora da "original" prática do Terço Bizantino constitua um esforço institucional de *retradicionalização*, perante a acelerada *destradicionalização*

---

[140] GIDDENS, 1997, p. 220.

do catolicismo registrada na curva censitária das últimas décadas. Sem temor afirma-se que o Bizantino é transformado na fidelidade à tradição da Igreja, que ele proclama a continuidade dos valores tradicionais; é afirmação do retorno necessário à autenticidade de um passado perdido, que é resignificado no presente. Tanto a devoção de um novo terço, Terço Bizantino, quanto o nome do Santuário concretizam, localmente, o esforço de *retradicionalização* deflagrado pela Igreja católica no final do século XX. Concomitantemente, resignificam o mundo urbano, ocupando o imaginário religioso tradicional e o espaço metropolitano, visibilizando uma força social de maioria enfraquecida pelo contexto de pluralidade religiosa.

Um último elemento é trazido à tona nesta análise do nome Terço Bizantino. Na perspectiva de construção midiática do fenômeno Pe. Marcelo, o Terço Bizantino pode ser lido como um sucesso atrelado à novidade, exigência intrínseca da sociedade de consumo. O Terço Bizantino, enquanto volta ao passado remoto do cristianismo, a patrística, populariza o universo erudito do clero, pouco susceptível de expropriação, no estear do pensamento de Bourdieu, tornando-se novidade para o mundo leigo. A procura na tradição cristã do Terço Bizantino e sua prática parecem vir ao encontro do princípio soberano do instável que estrutura a sociedade de consumo: a novidade, essa lei da renovação acelerada, do sucesso efêmero, da sedução, que comanda a máquina da cultura dos *mass media* e que impõe seu ritmo a todos os que dela participam.[141]

Mas o Santuário Bizantino parece vislumbrar seu fim, com a construção de um novo espaço sagrado, nas redondezas de sua atual localização, num terreno de 30 mil metros quadrados, antiga fábrica da Brahma. Uma grande obra está em andamento sob o entusiasmo do Pe. Marcelo e de Dom Fernando, com a direção técnica do renomado

---

[141] Cf. SLATER, 2002; BAUDRILLARD, 1995.

arquiteto Ruy Othake e o comando do Secretário de Educação do Estado de São Paulo, gestão Geraldo Alckmin, Gabriel Chalita, todos almejam a sagração do futuro Santuário até o final do ano de 2005.[142]

Mudando de lugar, muda também o nome, de Santuário Bizantino chamar-se-á Santuário Mãe de Deus, Teothokos. A linha que investe na legitimação institucional e na retradicionalização continua: amalgamando novidade, mística e emoção num espaço socialmente construído pelos fiéis, pela hierarquia e pela mídia.[143]

Tempo, templos, desinstituição

Erguer um espaço sagrado com as dimensões do Santuário Bizantino, na metrópole de São Paulo, entre outras coisas, responde à necessidade que determinados setores da Igreja têm de visibilizar sua capacidade de atrair os fiéis, afastados ou próximos, católicos praticantes ou nominais. A prática religiosa e o retorno dos católicos como razão última do Santuário foi o cartão de visita apresentado pelo Pe. Marcelo, e o efeito expansivo de sua obra traz, segundo ele, novas exigências à Igreja:

> Estivemos agora no Vaticano, [afirma Pe. Marcelo] conversando com o Secretário de Estado. Mostramos a missa do dia 2 de novembro, que

---

[142] Não pode passar despercebida a discreta aliança entre o pré-candidato à presidência da República (2006), pelo PSDB, Geraldo Alckmin, e os promotores do gigantesco empreendimento do futuro Teothokos. Num espaço que, segundo comentários, poderá acolher mais de cem mil pessoas. Sem dúvida que a agilização de trâmites burocráticos, numa obra que pretende ser acabada em só 10 meses, parece reclamar a inerente troca de favores, pois o novo Santuário não é desprezível como um futuro nicho eleitoral.

[143] Essa última, com sua irrefreável tendência a uma espécie de reciclagem cultural, no enfoque de Baudrillard, submete tudo o que toca a um ciclo de renovação, perpetuamente móvel, efêmero, banal, para constituir o inverso absoluto da cultura concebida como patrimônio hereditário de obras, de pensamentos e de tradições (BAUDRILLARD, 1995, p. 105).

maravilha! Um *momento forte* da Igreja católica. Contamos do Santuário. Falamos sobre o desafio da Igreja que é construir mais templos (...) nossas igrejas não estão comportando mais gente (...) os padres vão ter que *construir muitas igrejas* para os católicos que estão voltando...[144]

O retorno à Igreja é medido pelas práticas religiosas, aqui entendidas como sacramentais, e pelo impacto identitário, expresso na participação multitudinária, daí a necessidade de ampliar os espaços. O esforço de padre Marcelo e de Dom Fernando é voltado para gerar atividades que congreguem os fiéis e para construir espaços onde todos caibam. O pivô da aglutinação católica gira em torno das práticas religiosas, mostrando o retorno, a adesão, a readesão institucional dos católicos.

A evidência dessa necessidade aparece, inevitavelmente, como uma das respostas ao processo acelerado de mudança cultural que *destradicionaliza*, refletindo-se na *desinstitucionalização*, medida em termos percentuais, sofrida pela Igreja católica em sua recente história. Assim, em 1890 representava 98,8% da população, quase cem anos depois, em 1980, 88,9%, com uma queda percentual de 10 pontos. Nas últimas duas décadas, como mostra a curva censitária, o processo se acelerou: em 1980 a porcentagem que se declarava católica era de 89,2%; no ano de 1991, desce para 83,8%; e em 2000 cai ainda mais, para 73,8%, o que representa 126 milhões de fiéis, dos 170 milhões de brasileiros.[145]

Mesmo com esses números absolutos, nos quais a tendência declinante do catolicismo brasileiro fala por si só, os dados escondem outras matizações. O Atlas de Filiação Religiosa e Indicadores Sociais do Brasil 1991-2000 realizou o mapeamento do catolicismo sinalizando alguns de seus bastiões, isto é, áreas geográficas nas quais não se observa um declínio quantitativo

---

[144] Jornal do Brasil, 25 dez.1999, p. 12, grifos meus.

[145] Nessa década a perda de influência relativa da Igreja católica em percentuais é de (–) 9,2 pontos, enquanto o crescimento das igrejas evangélicas tradicionais é de (+) 2 pontos percentuais, o aumento das igrejas evangélicas pentecostais é de (+) 4,9 pontos percentuais e os pontos percentuais dos sem religião ascenderam para (+) 2,55 (MAGIS, 2002, p. 208).

sensível, antes, se mostra vigoroso perante o fenômeno de diversificação religiosa. E os pontos fracos, geralmente identificados nos municípios do entorno metropolitano ou nos territórios brasileiros em expansão, um exemplo seria Porto Velho, cuja situação metropolitana é melhor (64,8% de católicos) do que a do Estado (57,5%).

No entrecruzamento dos dados do Censo/2000, dos Anuários Católicos e da pesquisa realizada em seis Regiões Metropolitanas Brasileiras, pelo Centro de Estatística Religiosa e Investigações Sociais (CERIS),[146] Antoniazzi percebeu dois fatores recorrentes: a fraqueza se mostra onde não houve adequado acompanhamento pastoral aos movimentos migratórios, e os bastiões revelam respostas institucionais direcionadas, incisivas, disponibilizando mais recursos pastorais;[147] portanto, a diminuição do catolicismo estaria em relação direta com "o crescimento populacional e a lentidão ou insuficiência da resposta pastoral da própria igreja a esse fenômeno demográfico".[148]

Além dessas variáveis, ligadas mais a uma análise do dinamismo institucional e sua capacidade de mobilização estratégica, outras podem ser apontadas como responsáveis pelo declínio: as do trânsito religioso, questionando para onde migram as percentagens que saem do catolicismo; as dos processos de declaração de exclusividade filial, pois outrora o católico, ao se declarar como tal, não renunciava a outras filiações religiosas, falava--se em dupla pertença; e, evidentemente, a perda real de fiéis que não se reconhecem mais católicos, portanto, não se declaram como tais, isto é, não se filiam verbalmente à instituição religiosa de origem, à qual, por qualquer razão, não acreditam pertencer mais.

---

[146] Cf. CERIS, 2000, v. 1-2.

[147] O mesmo autor reconhece que não significa que as respostas sejam as mais adequadas, e mesmo com todos esses cuidados outras regiões metropolitanas tidas como bastiões não tiveram a diminuição da porcentagem de católicos impedida, como é o caso de Belo Horizonte, que passou de 80,09% em 1991 para 68,84% em 2000 (ANTONIAZZI, 2004, p. 27).

[148] ANTONIAZZI, 2004, p. 29.

Sabe-se que esse último aspecto, medido quantitativamente no censo, responde a um dos processos de crise institucional sofrido pelo cristianismo nos últimos séculos, portanto, não é novo. Talvez o que resulte novo no Brasil esteja no porquê da aceleração dessa curva nestes últimos tempos e, neste trabalho interessa mais ainda, nas respostas que a Igreja católica vem dando, sobretudo com a emergência do catolicismo midiático representado pelo Pe. Marcelo, não só para preservar seus bastiões, mas também para se reposicionar institucionalmente como maioria com o poder político, simbólico e moral.

Sobre os possíveis motivos de fuga dos católicos, alguns já apontados acima, não é o caso de detalhar aqui as razões, *ad extra* igreja, que levaram à progressiva perda da Igreja católica, mas basta pontuar a grande linha interpretativa: o avanço pentecostal e neopentecostal, que se converteu num lugar-comum, consenso, entre os estudiosos; e, até, em certa "verdade formular" na própria Igreja.[149]

Embora pesquisadores alertem para a complexidade de uma leitura que equacione, geometricamente: há mais pentecostais, menos católicos; na visão de Almeida e Montero, no plano institucional e de filiações religiosas, apesar das pessoas não migrarem de maneira aleatória, o fenômeno responde mais a um macrofenômeno de síntese e diferenciação, no qual se opera uma metamorfose das práticas e das crenças, do que à passagem automática por conveniências existenciais.[150]

Os dados estatísticos, como sinalizadores de tendências, apontam para processos mais profundos de descatolização da sociedade brasileira, realidade que preocupa a instituição. Entretanto, é necessário se deter na

---

[149] Cf. ANTONIAZZI,1994; 2002[b] 2004; ORO, 1996; PRANDI, 1996; MACHADO, 1996; LIBÂNIO, 1999; MARIANO, 1999; PIERUCCI, 2002; 2004; 2005.

[150] Ronaldo Almeida e Paula Montero propõem analisar o trânsito religioso no Brasil como processos que podem ser adjetivados de maneira fluída, híbrida, sincrética e contínua. Ao se pensar em trânsito, eles sugerem que, a partir da pesquisa realizada no universo da saúde, esse se dá sem mostrar incongruências cognitivas e de filiação institucional, portanto, não afeta a consciência religiosa do fiel, permitindo-se ir e vir no universo institucional sem "culpa" (ALMEIDA, 2001, p. 92-101; MONTERO, 2003).

análise de qual perda está-se falando, na dinâmica entre religião e instituição religiosa, entre sentido de vida e prática religiosa, para compreender em que tipo de adesão certos setores da Igreja apostam, alardeando sua capacidade de readesão no fenômeno Pe. Marcelo.

Deslocamento de significância

Retoma-se aqui a discussão sobre o confronto entre a modernidade e as instituições religiosas nos processos de individualização dos fiéis. As agências religiosas responsabilizaram a modernização, a pluralidade religiosa e a secularização por seus processos de *desinstitucionalização*, que afetam todas as religiões, cabendo a cada uma respostas segundo sua capacidade de resistir e reagir. A perda da centralidade na orientação de vida, respeito a fins e a escolha de meios, na perspectiva weberiana, que direcionava os fiéis em suas ações cotidianas, será o âmago da crise institucional. No dizer de Peter Berger e de Thomas Luckmann o sentido:

> constitui-se na consciência humana: na consciência do indivíduo, que se individualizou num corpo e se tornou pessoa através de processos sociais. Consciência, individualidade, corporeidade específica, sociabilidade e formação histórico social da identidade pessoal.[151]

---

[151] Os autores trabalham esta questão em textos anteriores, alertando para alguns dos processos individuais do agir subjetivo, referido ao agir do indivíduo de acordo com referências trazidas da socialização primária. Esses processos podem ser sintetizados assim: a criança na interrelação com a família; a maneira como é construído o sentido objetivado, isto é, a resposta-reação que coloca em prática as estruturas subjetivas de valores; a formação do sentido subjetivamente construído, no qual o papel da sociedade como referente de valores que pauta as ações individuais é primordial; finalmente na explicitação da operacionalidade das estruturas intersubjetivas na composição do sentido da vida, alargando o leque de interpretação sobre as intercorrências sofridas na própria formação da consciência do indivíduo (BERGER, 2004, p. 14).

Nesse enfoque, as instituições, quaisquer que sejam, funcionam como grandes *reservatórios históricos de sentido*, onde o indivíduo procura aliviar sua aflição de ter que solucionar, a toda hora, problemas de experiência e de ação que surgem em seu cotidiano. O papel social institucional, perante o indivíduo, é o de "cartografar" áreas de sentido, de sinalizar o conjunto de valores que modelem suas ações; hierarquizar as escolhas intersubjetivas; censurar os comportamentos "desviantes"; canonizar projetos de realização pessoal, que vão desde o nascimento até a morte; sistematizar as estruturas que permitam uma melhor pedagogização dos padrões de experiência.

Para os propósitos desta discussão, importa destacar que as instituições religiosas tradicionais, enquanto *produtoras e depositárias de sentidos de vida*, para os fiéis entram em crise diante do agir social concorrente, por três motivos. Primeiro, quando perdem a capacidade de comunicação de seu acervo, sobretudo na socialização primária; segundo, ao não interferir decisivamente na construção subjetiva do sentido dos fiéis, que oriente o projeto individual de realização pessoal do fiel; terceiro, quando não controlam mais o agir objetivo das pessoas, as quais não têm mais como únicos referenciais de conduta os padrões éticos e morais propostos no corpo doutrinal das instituições.

A dificuldade de mensurar essas três grandes dimensões: construção subjetiva de sentido, inferência totalizadora no agir do indivíduo e controle sobre suas escolhas éticas e morais, sempre foi problema para as instituições religiosas, em geral, e para a católica, em particular. Entretanto, segundo Philip Gorski, na sociedade medieval a Igreja conseguia impor autoridade graças ao poder político e econômico exercido por ela, mesmo que esse domínio estivesse reduzido nas consciências individuais, era poderoso no imaginário, devido a capacidade coercitiva, física e simbólica do catolicismo.[152]

---

[152] GORSKI, 2000. Sou consciente da longa discussão que essa afirmação levanta entre autores como Davie, Lambert, Martin, Bruce, sobretudo na polêmica sobre processos assimétricos da secularização, trazendo para o fogo cruzado as questões de como pensar a cristianização na América Latina: ela não teve época medieval, portanto, vivenciou uma secularização? Optei por Gorski porque ele sugere que, historicamente, na América Latina os processos foram amalgamados, da mesma forma que se implantou o capitalismo.

Porém, a modernidade reverte essa situação, reduz à condição de minoridade a voz eclesial, relegando sua função religiosa a esfera da vida privada,[153] o que coloca a Igreja numa atitude reativa e combativa.[154] A modernidade será a ameaça à configuração do universo plausível em que se constituíam as respostas que as instituições davam aos grupos e coletivos para suas perguntas existenciais, respostas que os indivíduos interiorizavam, traduzindo em atitudes e gestos na vida cotidiana. Essas soluções, entendidas pela instituição como práticas religiosas, eram o cerne do estabelecimento cultural da religião, agora transformado num item facultativo da vida social.

Há, portanto, uma crise da prática religiosa que se revela na transformação do universo de plausibilidade que o sistema moderno gera; as respostas institucionais caducam para alguns fiéis, entrando os dois universos em choque, concorrendo entre si. Decorre, então, a crise da prática religiosa, pois a coerência interna do sistema institucional não resiste à falta de credibilidade que os fiéis manifestam quando esse lhes oferta valores e crenças. Com isso, o mundo moderno confronta, diretamente, as práticas religiosas em seu núcleo central, ou seja, na capacidade de dar sentido, plausibilidade ao mundo.

Segundo Hervieu-Léger, quando as instituições não têm acesso ao impacto real que a prática religiosa possa ter na vida dos fiéis, elas, as instituições, reduzem-se a quantificar a participação de seus adeptos nos meios através dos quais essa prática é transmitida. Ou seja, a prática religiosa em si fica minimizada a meios de socialização que a instituição disponibiliza para garantir a transmissão de seu reservatório de sentido.[155]

---

[153] BAUMAN, 1998.

[154] O que na visão de Mannheim pode resultar em tradicionalismo, entendido como um comportamento reativo, puramente formal, sem história verificável. Segundo o autor, pertence mais ao campo psicológico e diz respeito à tendência dos indivíduos de arraigar-se ao passado e ao medo de inovações. Ele pode ser comum a muitos homens e constituir-se em tendência particular de um processo social, derivando em conservadorismo. Ele vê essa tendência como sendo virtualmente inconsciente em todos os indivíduos (MANNHEIM, 1982, p. 112).

[155] HERVIEU-LÉGER, 1986, p. 54.

Consequentemente, medir-se-á a capacidade institucional de interferir na vida das pessoas, por esse novo sentido que a prática religiosa adquiriu, isto é: participação, assistência, presença nos espaços tradicionais de transmissão da tradição, qual sejam as paróquias, a catequese, as pregações, os grupos, os encontros, as diversas pastorais etc.

De mais a mais, quantificar essa participação, congregando os fiéis em torno de si, transforma-se para a própria instituição em parâmetro de poder social. Com isso, a adesão religiosa converte-se em sinônimo de participação nas práticas religiosas e vice-versa. Também nesse sentido, para efeitos de análise institucional, pode ser mensurável por meio de levantamentos estatísticos que quantifiquem essa participação. O que não descarta, evidentemente, que existam outras manifestações religiosas no mundo moderno que não se filiam às instituições e floresçam com força a suas margens.

Observe-se que há um deslocamento de eixo na compreensão da prática religiosa, do sentido de significância da vida, nos termos de Berger e Luckmann: essa passa de configuração de subjetividade para quantificação de participação; portanto, as próprias práticas religiosas passam a ser entendidas como serviços religiosos. Do poder da ideologia religiosa institucional, entendida como visão de mundo que estrutura as ações cotidianas dos fiéis – pretendendo-se totalizadora, no dizer de Bauman –, para ações que, no limite, mostrem a capacidade aglutinadora e congregacional das instituições.

A percepção desse redimensionamento é básica para apreender em que patamar se dão as sutilezas na disputa por fiéis, deflagradas pelas agências religiosas, ora com as instituições modernas (sobretudo com a sociedade de massa), ora entre as próprias instituições religiosas digladiando-se na disputa por arrebanhar almas. Ajuda, também, na explicação do porquê dos distanciamentos entre a adesão dos fiéis, participantes nos serviços religiosos, e a maneira como eles processam a interiorização dos princípios propostos na doutrina da Igreja, sobretudo no que diz respeito à moralidade sexual, verificando-se uma lacuna entre gesto e palavra, entre a participação sacramental e adesão doutrinal.[156]

Para tanto, nesta perspectiva, ao indicar que o cristianismo ou catolicismo sofre de uma *desinstitucionalização*, está-se falando de um duplo processo: a perda da transmissão coletiva de seu legado, do cerne configurador de subjetividades e, ao mesmo tempo, o enfraquecimento da capacidade de manter as adesões e, mais ainda, de atrair neófitos. No caso da *descatolização*, categoria que ajuda a compreender os processos de perda quantitativa de fiéis, parâmetro de medir adesão, diz respeito à relativização da força do *corpus* doutrinal do catolicismo, de impregnar valores, visões de mundo nas relações societais. O que não significa que o catolicismo, sobretudo no Brasil, não continue a nutrir as matrizes socioculturais de uma religiosidade mais ampla.

A conquista de legitimidade

A constituição do Santuário Bizantino como tempo e espaço fortes parece sinalizar duas direções: a primeira, a forma criativa que a proposta de reinstitucionalização do fenômeno midiático Pe. Marcelo encontrou para visibilizar, no meio urbano, o imaginário de maioria cultural que o catolicismo, como força cultural, empenha-se em manter. Mais ainda, é uma iniciativa que dentro do próprio catolicismo encontra um par, a Canção Nova. Da linhagem da RCC e sediada em Cachoeira Paulista/SP, ela também magnificou seus espaços, atraindo milhares de fiéis, especialmente jovens, por meio do oferecimento de inúmeros *tempos* (retiros, missas fortes de libertação, jornadas) e *espaços fortes* oferecidos por uma ampla infraestrutura mantida pelos membros da Comunidade de Vida Canção Nova.[157]

---

[156] Sobre esse aspecto Andréa Damacena, utilizando-se do conceito de autonomia religiosa, própria do indivíduo moderno, debruça-se na compreensão da perda do papel institucional na experiência religiosa de um grupo de católicos, membros da RCC e da teologia da libertação. A autora mostra como nessa experiência são resignificadas e transformadas as crenças, comuns, professadas por ambos segmentos do catolocismo contemporâneo (DAMACENA, 2004).

[157] Cf. CARRANZA, 2000; BRAGA, 2004; OLIVEIRA, 2004.

A segunda direção, encetada no surgimento do Santuário Bizantino, é a semelhança de itinerários que se percebe com o neopentecostalismo. Este último, ao tentar construir socialmente seus espaços grandiosos nas cidades, parece concorrer com a Igreja Católica, assentada institucional e espacialmente no meio urbano há muito tempo, revelando-se, então, uma corrida por visibilidade social iniciada por ambos segmentos religiosos, num descompasso histórico e tradicional.

A literatura sobre o desenvolvimento do neopentecostalismo no Brasil registra a impressionante rapidez com que igrejas como a Igreja Universal do Reino de Deus (IURD) e a Renascer em Cristo se apropriaram do solo urbano. A maneira como essas agências disseminaram um imaginário de grandiosidade, de certa forma, revela uma retórica teológico-espacial, afirmando na arquitetura o *ethos institucional* que orienta sua prática proselitista, marcadamente emulatória e concorrencial.[158]

Na interpretação de Leonildo Silveira Campos, os templos da Igreja Universal do Reino de Deus (IURD) são na verdade lugares de espetáculo em que, com suas luzes e coreografias, tanto os pastores quanto os fiéis se unem num "festival de ações, gestos e palavras mediados pela música e poesia, em peculiar exteriorização do sagrado".[159] A própria IURD faz questão de veicular um imaginário de suntuosidade e espetacularidade visto que "O maior templo da Igreja Universal do Reino de Deus já erguido no mundo fica no bairro de Del Castilho, no Rio de Janeiro. Um projeto de dimensões monumentais, que impressiona pela beleza e ousadia de sua arquitetura".[160]

---

[158] O avanço neopentecostal caracteriza-se por sua agressividade no discurso, tendo como alvo de seus ataques as práticas devocionais populares do catolicismo (veneração de santos, culto às imagens) e a desqualificação das religiões mediúnicas, principalmente as religiões afrobrasileiras. Pelo teor de suas ofensivas evangelizadoras e o tom bélico das pregações e algumas ações públicas, às vezes envolvendo polícia, essas igrejas procuram arrebanhar adeptos num clima de guerra santa. Cf. CAMPOS, 1999; FONSECA, 2003; MARIANO, 2003.

[159] CAMPOS, 1999, p. 72.

[160] Disponível em: <www.arcauniversal.com.br>. Acesso em: 10 jan. 2002.

Se alhures o catolicismo marcou a colonização espiritual dos territórios ocidentais, implantando nas praças das cidades suas catedrais, no início do século XXI, a IURD no Brasil, uma vez alcançada estabilidade econômica, parece abandonar os aluguéis de antigos galpões de fábricas e encaminha-se para a implementação das Catedrais da Fé, ícones ostentosos de centralização administrativa e ritual.

Lógica de construção que segundo Ari Oro obedece:

> ... a um estudo prévio de qual pode ser o mercado religioso potencial. Diverso de uma lógica pautada pela demanda dos fiéis. Assim, os templos se instalam nos lugares de melhor acesso, maior frequência, espaços grandes (...) oferecendo conforto, sonorização, recreação para crianças. Erguer templos majestosos responde a essa necessidade de visibilidade social, firmando-se perante o catolicismo, outrora detentor de lugares sagrados suntuosos.[161]

Não longe dessa afirmação, Patrícia Birman, analisando a grandeza dos templos da IURD, sugere que essa arquitetura responde à tentativa de se firmar enquanto instituição social, capaz de ocupar não só o espaço, mas também um lugar reconhecido por uma função social.[162] A grandiosidade estética vem ao encontro da proposta pastoral de absorver, espacialmente, todos os conversos do país, do mundo, que por ventura venham engrossar seus rebanhos. Mas essa retórica pastoral encontra-se ancorada em fontes tradicionais do catolicismo popular e na condição geral de religião cristã, ambas como meios de se institucionalizar.

Nesse contexto o Santuário Bizantino, que nasce da tradição milenar institucionalizada, ergue-se para atrair os católicos que se encontram na periferia das práticas religiosas. O Santuário Bizantino é o sinal de convocatória, resposta à iminente descatolização, reação de reinstitucionalização do catolicismo midiático, que mede sua capacidade de adesão à proposta

---

[161] ORO, 2004, p. 6.
[162] BIRMAN, 1999, p. 147.

religiosa na necessidade de construir mais templos para acolher os que estão voltando. Realidade que encontra seu paralelo no neopentecostalismo que, à diferença do Santuário, procura por todos os meios cavar a legitimidade social e religiosa que, por sua incipiente história, não possui.

Não é difícil deduzir que tanto o Santuário Bizantino quanto o neopentecostalismo são portadores, a sua maneira, de um *ethos institucional* configurador de subjetividades modernas; em seus espaços circulam formas de relacionamento social e orientam-se os "perdidos", pois neles está a "verdade", a qual pode ser encontrada pelos fiéis frequentadores dos templos-auditórios. Ambos partilham de uma história de reapropriação de espaços urbanos outrora representantes dos processos de industrialização, do lazer e da lógica de suntuosidade e grandiosidade, materializada nos templos e espaços fortes – que produzem sentido, que ordenam o caos metropolitano, canalizam certezas –, que se revelam imperativos da necessidade de se firmar socialmente.

Mesmo em tempos de Catedrais de Fé, que, segundo Harvey Cox, erguem-se como anticatolicismo evidente,[163] o Santuário Bizantino firma-se como um nítido esforço da Igreja católica por retomar sua ameaçada representação de maioria cultural, que faz do Brasil o país mais católico do mundo. Assim, veem-se pelas estradas milhares de fiéis devotos, peregrinos, percorrendo em caravanas, de norte a sul, de este a oeste, atraídos pelo mais novo emblema reinstitucionalizador, o padre das multidões católicas.

Peregrinos, devotos, fervorosos

Como ímã que polariza tempos e espaços fortes, o Santuário Bizantino atrai às centenas peregrinos que chegam, alguns após longos percursos de ônibus, às vezes até internacionais, com a finalidade de participar "nas missas do Pe. Marcelo". Chamadas de "caravanas", as peregrinações vêm

---

[163] COX, 2003, p. 9.

integrando certo circuito de romaria católica em São Paulo. Para quem desce do Nordeste, esse se inicia na visita à Canção Nova, Cachoeira Paulista/SP, logo tem parada obrigatória na Basílica de Aparecida do Norte/SP, culminando no Santuário do Pe. Marcelo.

As caravanas são incessantemente estimuladas em todos os meios de difusão a que o padre tem acesso, desde a revista do Terço Bizantino até as missas retransmitidas pela televisão. Essa chamada explicita o que, de certa forma, é o esquema organizativo das caravanas. De maneira geral, com participação mais de mulheres do que de homens, e de pessoas idosas, o que não é diferente de outras atividades na Igreja, elas respondem a uma organização espontânea de iniciativas pessoais, congregando parentes, amigos, conhecidos.

As caravanas estabelecem seu próprio código, suas metáforas e linguagens, transitando numa dupla dimensão, a religiosa e a de socialização dos fiéis. Essa última revelada na mobilização de segmentos sociais que percorrem juntos pequenas ou grandes distâncias, descontraída e alegremente. A motivação inicial, ir às missas do Pe. Marcelo, desdobra laços de solidariedade e de sentido de pertença a um grupo determinado e a uma instituição (bairro e a Igreja católica), reforça sinais de identidade contrastiva dos objetos que os peregrinos portam.

Observa-se nas caravanas um duplo movimento: a centralização na pessoa do Pe. Marcelo e a socialização de um estilo evangelizador, tudo isso num só espaço, o Santuário. Percebe-se que no primeiro movimento tudo converge na pessoa do Pe. Marcelo, pois, além de confirmar um processo de personificação que o Santuário sofreu, converte-se numa das molas que alavanca a ascensão midiática do padre de multidões – quanto mais o visitam, mais ele aparece, quanto mais ele aparece, mais o visitam.

Já a socialização, segundo movimento que as caravanas e a aglutinação de multidões favorecem, Clara Mafra, analisando a intensidade dos deslocamentos espaciais dos pentecostais, pergunta-se de onde vem tanta capacidade de atração por parte de uma pessoa, pastor no caso, e/ou instituição, as igrejas.[164] A autora sugere prestar atenção ao fato de que os pentecostais vêm mostrando grande versatilidade no manejo de multidões modernas, o que tudo indica ter seu segredo num conjunto de ações religiosas, que ela denomina de cuidados, que são desencadeados antes, durante e depois das concentrações aprazadas pelas igrejas.

Os cuidados abrangem uma diversidade de aspectos como atenção para reunir pessoas, o que pressupõe uma mecânica de passos que preveem praticidade, organicidade, distribuição de tarefas e garantia da presença de quem deseja, mas não pode participar; cuidado com as datas escolhidas, que, no caso da IURD, devem ser contrastivas para que mobilizem os fiéis, criando o efeito de sentido que desencadeia nos grupos sentimentos de minorias missionárias e proféticas em movimento. Cuidado com a escolha dos locais de concentração, nos quais seja possível desenvolver, adequadamente, espetáculos, congregar milhares de fiéis e facilitar o cruzamento geográfico e social dos participantes.

Mais ainda, como se disse acima, nesse momento de concentração, os fiéis deixam de ser unidades representativas de sua própria individualidade e passam a ser parte de um fluxo coletivo. Deixam seu fardo simbólico individual, para passar, positivamente, à postura de multidão, gerando pois indiferença diante do outro, mesmo que se esteja acotovelado num mesmo espaço. Essa indiferença, própria do anonimato nas grandes concentrações, é a que permite eliminar a culpa de se ter responsabilidade com o outro, elevando a um plano abstrato uma coletividade espiritual, ideia presente na análise que Baudrillard faz das massas urbanas. Ambas as posturas, indiferença e ausência de sentimento de culpa, são atitudes básicas para se viver nas grandes cidades, mesmo que, simultaneamente, desencadeiem a tensão entre ter autorreferências, mas sem vínculos institucionais, algo próprio também das espiritualidades difusas, como num outro momento se disse.

---

[164] MAFRA, 1998, p. 59-84.

Não é novidade dizer que tanto o pentecostalismo, católico e evangélico, quanto o Pe. Marcelo têm em comum esse estilo evangelizador, que focaliza suas ações pastorais em atividades multitudinárias e na construção de espaços sagrados. Também não é novo delinear algumas das interfaces que os aproximam: todos bebem das mesmas fontes, estratégias e mecanismos próprios das multidões modernas em movimento; ancoram sua eficácia simbólica nas promessas religiosas, feitas cada uma à sua maneira, sinalizando que ambos se dirigem, em princípio, para um mesmo público portador de um imaginário comum; todos parecem compartilhar a mesma necessidade de se firmar institucionalmente perante a sociedade em geral, e entre si, em particular.

Talvez a especificidade na adoção desse estilo evangelizador por parte da instituição católica, precedida pela pentecostal nisso, esteja, de um lado, na afinidade com o "espírito do tempo", ou seja, com as exigências de socialização dos conglomerados urbanos, colocando a Igreja na esteira das transformações culturais que se refletem religiosamente e que a instituição demorou para incorporar. Com isso está-se afirmando que talvez não sejam os católicos que vão atrás dos pentecostais, copiando seus métodos e estratégias, mas ambos, descompassadamente, acomodam-se aos processos sociais mais amplos, tais como o imperativo de sair do anonimato, mesmo que paradoxalmente continuem nele, todavia na religião.

De outro lado, esse estilo mobilizador insere-se na lógica de (re)institucionalização em que ambos os segmentos se digladiam. No caso do neopentecostalismo, como se disse, o processo é só parte da visibilidade social necessária para legitimar-se institucionalmente. Já no Pe. Marcelo, as caravanas e a personificação do Santuário somam-se aos tempos e espaços fortes de evangelização, como meios de (re)adesão do rebanho em evidente declínio.

Além dessas semelhanças no estilo evangelizador, da personificação do santuário e dos processos de socialização, inerente aos deslocamentos devocionais organizados que as peregrinações favorecem, há mais um elemento que precisa ser considerado, que é o fato delas, também, constituírem-se em símbolo religioso que, desde tempos remotos, se insere num marco teológico de busca interior de salvação.

Fervorosa emotividade

Desde tempos remotos, nas romarias, os fiéis sentem-se peregrinos deste mundo terreno e tendem para o desprendimento que os faça alcançar o mundo ideal. Acompanham o peregrino ideias de expiação, purificação, pagamento de promessa e de homenagem a quem é o centro do local de peregrinação (no caso do cristianismo, Jesus ou o padroeiro). As condições em que o peregrino viajava eram, geralmente, de pobreza e austeridade, ligadas às ideias de purificação e cumprimento de voto. O peregrino deslocava-se, em tese, com o anseio de revelação divina e iluminação para continuar seu caminho terreno, recompensas que esperava obter no final da viagem.

No catolicismo popular as peregrinações são momentos especiais de trocas simbólicas entre os fiéis e os santos de sua devoção ou as pessoas da Santíssima Trindade e Nossa Senhora. Carlos Brandão alerta para essas devoções populares nas quais:

> estão tanto as crenças populares e alguns costumes patrimoniais, como sistemas sociais de trocas de atos, de símbolos e de significados que, em seu todo, recobrem quase tudo o que uma pessoa necessita para sentir-se de uma religião ou servir-se de seus bens e serviços.[165]

Nesse sentido, construído socialmente, o santuário constitui-se num canal privilegiado de acesso ao sagrado, capaz de concentrar as práticas devocionais de: pagamento de promessa, culto aos santos, bênçãos de

---

[165] BRANDÃO, 2004, p. 268.

objetos e pessoas para cobrir uma dupla dimensão, a pertença identitária e sua religação com o sagrado.[166]

A dinâmica interna do Santuário Bizantino gira em torno da missa do Pe. Marcelo, celebrada às quintas-feiras, tida como de libertação, no sábado à tarde e no domingo de manhã. Nela o peregrino, devoto, fiel, seguidor, parece convidado a resignificar os elementos do catolicismo popular, a re-encontrar-se com suas matrizes culturais tradicionais resgatadas em todos os recursos colocados à disposição ao longo da eucaristia celebrada. Se nos megaeventos e/ou showmissas destacou-se que a performance corporal ativava mecanismos de adesão pelo imaginário de rejuvenescimento eclesial, invocado no rezar dançante (aeróbica de Jesus), nas missas ordinárias do Santuário, nota-se uma outra ênfase performática: a emocional, que percorre gestos, palavras, cantos, símbolos, interação durante a permanência dos peregrinos no Santuário, que vão lá com a única finalidade de assistir à missa do padre Marcelo.

Nessas celebrações as multidões são solicitadas a manifestar-se emotivamente, para o que cria-se um clima de intimidade, favorecido pelos cantos que ressemantizam o imaginário católico ligado a santos, anjos: "Coloquem seu anjo da guarda em alerta (...) queridos, seu nervosismo, sua irritação está incomodando (...) seus anjos falarão ao ouvido para pedir calma (...) precisamos de espiritualidade para enfrentar o mundo...".[167] Mais ainda, na promessa de solução imediata de problemas pessoais e interpessoais, através de intervenções simbólicas.

É evidente que os elementos tradicionais da religiosidade popular acionam o arsenal simbólico da Igreja, atualizado em forma de promessas, uma experiência de subjetivação do fiel, cujo controle se faz pela manifestação das

---

[166] Recente pesquisa de Renata Menezes mostra que essa realidade é tão atual quanto palpitante na metrópole carioca, onde o fascinante movimento das trocas simbólicas entre pessoas e santos continua a acontecer, ora em ex-votos ora nos pedidos ao santo, ou em sua festa, atravessando as diversas camadas sociais do Rio de Janeiro (MENEZES, 2004).

[167] Programa de rádio *Momento de Fé*, 22 out. 2002.

palmas, canto fervoroso, do choro, da emotividade dos assistentes. Ou seja, a experiência de alcançar o sagrado, por meio da graça, dos dons, dos sinais "vividos", coloca o peregrino na rota de experimentar a presença do Espírito Santo. Assim, a espiritualidade performática, como foi dito anteriormente, passa a ter como pivô a experiência da temporalidade religiosa, a intervenção sobrenatural na vida cotidiana, oferecendo emoções compartilhadas quando acontecem no coletivo. Neste momento está-se diante de um redirecionamento da experiência do sagrado que é oferecida pelas instituições, passando-se do campo das certezas doutrinais, dogmas, cânones explicativos da manifestação "autêntica" do divino, para as experiências de apreensão do destino, da existência, de maneira privada e privativa, não regulamentada, que reorientam as trajetórias espirituais modernas.[168]

Esse processo não é outro, lembra Hervieu-Léger, que a faceta experiencial dos processos modernos de individualização, internalização e subjetividade, que passam a ser regidos por experimentações emocionais, mais que por processos de intelecção racional. A espiritualidade performática, típica da RCC e legado espiritual do fenômeno midiático Pe. Marcelo, forma gradativamente uma religiosidade que entra em contato direto com uma visão instantânea *(fast)* da experiência de reconciliação pessoal e de reunificação interior, que por sua vez tem o componente da rapidez com que deve ser mensurada a ação divina. Assim, a estrutura da temporalidade religiosa configura a subjetivação da experiência religiosa, afirmando, uma vez mais, a autonomia do indivíduo moderno, ao colocar a ele mesmo como parâmetro de contato com o sagrado no mundo contemporâneo.[169]

Na tentativa de compreender as mudanças do catolicismo, na perspectiva da influência da tradição nas escolhas dos fiéis e sua autonomia em relação à instituição religiosa, percebe-se, de maneira geral, por um lado, algumas continuidades conectadas com as formas tradicionais da experiência religiosa do

---

[168] BERGER, 2004, p. 13-24.
[169] HERVIEU-LÉGER, 1993, p. 129-148; 2001, p. 74-109.

catolicismo popular, ressemantizadas em novos padrões "adaptados" a contextos contemporâneos, sobretudo no que diz respeito a deslocamentos que romarias, peregrinações e caravanas produzem. Por outro lado, delineiam-se algumas rupturas em relação à perda de controle da Igreja católica.[170]

Nessa mesma direção Marcelo Camurça, comentando a RCC na linha de modernização da tradição católica, sugere que o conjunto de gestos, ações, palavras, êxtases emocionais que a ritualidade carismática promove parece preencher as demandas individuais por sentido explicativo da contingência existencial do fiel, além de inseri-lo numa totalidade divina. Para o autor, a adesão ao movimento, estendida à Igreja, permanece como uma opção individual transmitida via catequese, mas pela emoção. Assim, o estoque carismático de rituais (batismos no Espírito, repousos, glossolalia, cura, profecia, libertação) coloca o fiel na direção de uma autorrealização pessoal. Mais ainda, ele se reconhece nesse arsenal institucional, liga-se ao acervo de sentido que representa a tradição da Igreja, o que de certo modo garante sua trajetória pessoal:

> ... no leito da Narrativa maior dos Mitos e Dogmas da Tradição Católica (Pentecostes, a pureza da Virgem Maria, etc.). O aprendizado e socialização nas "verdades eternas" da Igreja não se dá como no Catolicismo Tradicional pela força atávica e impositiva do costume, ou pela concordância obrigatória com uma Doutrina considerada expressão da verdade como no Catolicismo Romanizado, mas pela experiência mística/emocional do indivíduo.[171]

Sem dúvida que a novidade reconhecível, proposta por Lipovetsky, da RCC no contexto católico parece ter sido uma das razões de seu sucesso e visibilidade nos anos 90, atraindo para os estádios multidões de católicos que renovavam sua fé, através da emoção partilhada e que logo será proclamada, pelos padres-cantores, na forma de certezas "capsulares": Jesus é Dez.

---

[170] STEIL, 2003.
[171] CAMURÇA, 2001, p. 55.

O afã evangelizador dos clérigos, Dom Fernando e padre Marcelo, é o de atrair os afastados, readerir a periferia católica, enquanto proposta explícita de reinstitucionalização. Essa atração é mensurada na imensidão do templo erigido para acolher aos que estão de volta, na participação dos fiéis nos sacramentos e nas atividades multitudinárias, tudo isso tido pela hierarquia da Igreja como sinônimo de visível adesão. Veja-se que, na dinâmica interna desenvolvida nos "serviços oferecidos" do Santuário e nos megaeventos e showmissas, centrados na emoção, o que realmente parece acontecer é o movimento inverso à readesão religiosa pretendida.

Colocar a emoção como centro da experiência espiritual é uma prática própria da RCC, o que se repete também no Santuário Bizantino e confirma sua linhagem espiritual com a RCC no Brasil. Entretanto, à diferença de outras iniciativas – cenáculos, rebanhões, grupos de oração –, esta emoção é fundamentalmente liderada pela hierarquia, via padre e bispo; ela é balizada por seu constante esforço de legitimação, gerando, portanto, um paradoxo na proposta de readesão no fenômeno midiático padre Marcelo Rossi.

Assim, ao deslocar a religião, procura da transcendência, para o primado do indivíduo, as atividades reorientam a busca de sentido existencial para a oferta de soluções imediatas de problemas sociais, vivenciados pessoalmente. Diminui-se, então, o papel mediador institucional do sagrado para aumentar os processos de subjetivação pessoal, facilitados por uma espiritualidade emocional promissora.

Unido a esse esforço reinstitucionalizador paradoxal, e reforçado por ele, é que se pode verificar que o fenômeno Pe. Marcelo responde a um processo de construção sociológica dum carisma institucional, mesmo que pareça, de início, contraditória a expressão. A seguir será abordado um último aspecto, o da dimensão carismática do fenômeno, a ser levado em conta na interpretação da vertiginosa ascensão midiática do sacerdote católico transformado num dos fenômenos religiosos mais instigantes do campo religioso brasileiro contemporâneo.

4

A CONSTRUÇÃO MIDIÁTICA DO CARISMA

Foram mais de quatro milhões de pessoas que estiveram ao relento, durante quatro dias, fazendo fila de até treze horas, para participar do velório do Sumo Pontífice Karol Wojtyla, realizado de 4 a 7 de abril de 2005, na basílica de São Pedro, no Vaticano. Mais de 200 chefes de Estado, alguns inimigos políticos, como a mídia fazia questão de ressaltar, congregaram-se na praça de São Pedro para o que se denominou o "enterro do século". Assim, na espera de só colocar a data, 2 de abril, que fecharia o ciclo biográfico iniciado em 18 de maio de 1920, documentários foram disparados três minutos após o anúncio oficial da morte pelo Vaticano, percorrendo os 26 anos, 5 meses, 17 dias, 15 horas e 37 minutos do pontificado.

Diante disso, algumas indagações. Bastam os atributos pessoais para transformar uma liderança natural em midiática? São as ideias, causas, modelos, utopias que a pessoa simboliza, transformada em personagem, que a fazem carismática? Os avanços tecnológicos, que multiplicam até à saciedade a imagem carismática – ora para a levar ao pódio ou altar, ora para descê-la ao limbo do esquecimento social –, são componentes decisivos na construção do carisma midiático?

Percebe-se que, salvaguardadas as devidas distâncias e proporções da projeção mundial de João Paulo II, mas inserido na mesma dinâmica de construção de um carisma institucional, o fenômeno midiático padre Marcelo participa de um espírito do tempo espetacular. De tal forma que, como personagem que lidera o catolicismo midiático no Brasil, o padre Marcelo Rossi faz convergir uma complexa gama de mecanismos que, na perspectiva weberiana, constituem o carisma e, na lógica da cultura de massa, o tornam um comunicador excepcional midiático, como se vem discutindo.

A seguir serão abordados alguns aspectos analíticos do carisma, sua institucionalização, rotinização, e o peso real e simbólico da trajetória midiática do papado de João Paulo II na construção como liderança carismática midiatizada e na ação evangelizadora do jovem sacerdote. O que ajuda na compreensão dessa "rara" capacidade de ser padre de multidões e de atrair mão de obra gratuita, voluntária, tornando-a um séquito de fiéis seguidores que dão o suporte logístico à força-tarefa de reinstitucionalização e retradicionalização guiada pelos "novos métodos e com novo ardor missionário", segundo exortação de João Paulo II.

Fiéis seguidores

Até aqui, esboçou-se um sem-número de iniciativas que levou o padre cantor, escritor, empresário a intensa exposição à mídia; levou do salto discográfico ao estrelato na cinematografia, da administração paroquial ao gerenciamento de megaeventos, sem contar a produção editorial, que demanda, em tese, certo grau de dedicação e as agendas de gravação de videoclipes que incluem viagens longas, impondo as ausências inerentes. Tudo isso, evidentemente, os dois clérigos, um pároco e outro bispo, não têm condições de realizar sozinhos. Nasce então, quase que "naturalmente", um exército de voluntários que suportam a infraestrutura que projeta o padre pop star-religioso. Esse núcleo mais próximo é o que executa os desdobramentos que o zelo apostólico impôs, colaborando na projeção da celebridade-religiosa em todas as suas áreas de atuação.

Como já se disse em outro lugar, se a ajuda dos pais do padre Marcelo é fundamental para gerenciar e administrar o Santuário Bizantino, sem a presença dos voluntários essa tarefa seria praticamente impossível. A administração de todo esse contingente de boa vontade é de responsabilidade dos pais do sacerdote, que supervisionam o recrutamento e zelam pelo fluxo e funcionamento das equipes. Organizada em pequenos grupos, comandados por um voluntário, uma rede de colaboradores se tece em torno de tarefas rotativas, cujo critério de execução é o tempo disponível, o "jeito" e gosto de realizar a atividade e a experiência que o voluntário possa ter.

As formiguinhas de Deus, como o padre se refere a esse batalhão de mão de obra gratuita (às quais se agregam voluntários quando se realizam grandes campanhas como a da pirataria), devem ser pessoas dispostas a realizar qualquer tarefa, pois no Santuário os "voluntários fazem de tudo (…) colaboram com a atenção as pessoas que estão chegando, ajudam na informação, auxiliam quando passam mal, levam na enfermaria, oferecem assistência espiritual caso apareça alguma pessoa com problemas com o demônio…".[172] A esse grupo se agregam os membros da banda, também voluntários, que acompanha o Pe. Marcelo em suas showmissas ou celebrações no Santuário.

O perfil dos voluntários é bastante abrangente, entre eles pode-se encontrar desde funcionários públicos até profissionais liberais e donas de casa. Entretanto, é difícil acreditar que essa gigantesca infraestrutura se sustenta só com voluntários.[173] Se de um lado tem-se profissionais voluntários, de outro, há os voluntários que realizam as tarefas mais "braçais", os quais são simples frequentadores ou radioescutas dos programas do sacerdote. Para tomar parte desse exército de formiguinhas há vários critérios de escolha, desde os morais até os funcionais e espirituais, e a integração desse

---

[172] Entrevista T.E., São Paulo, 24 maio 2003.

[173] Apesar das frequentes inquirições realizadas nesta pesquisa, e do monitoramento dos meios impressos e digitais, não foi possível saber quantos funcionários o padre Marcelo tem. Mas, sem dúvida, existe um corpo profissional remunerado.

contingente de voluntários dá-se graças à atenção especial que lhes é dedicada, alimentando as "razões" para trabalhar gratuitamente no Santuário, oferecendo-se o preparo espiritual para missão de serem formiguinhas.

Contudo, o grupo de seguidores parece congregar-se em torno de dois eixos: a causa de evangelizar, da qual é portador o padre Marcelo e o afeto que solda seu compromisso desinteressado nas relações comunitárias que possam vir a ser geradas no Santuário, como o testemunha uma voluntária:

> Adoro participar das atividades do Santuário, tudo o que faço, o faço de coração (...) eu já trouxe a minha prima e uma vizinha, elas, também, gostam de trabalhar por Deus (...) aqui o ambiente é legal, o pessoal se ajuda, ninguém tem inveja, ninguém passa perna...[174]

Observa-se que o grupo de voluntários partilha de um mesmo ideário altruísta, fazendo com que sua adesão seja gratuita e entusiástica. Eles também compartilham um mesmo imaginário contra o maligno, haja visto que para participar da missa privativa da quarta-feira é necessário certo conhecimento e familiaridade com assuntos demoníacos, o que os confirma como membros da Renovação Carismática Católica (RCC). Ao mesmo tempo que se nutrem espiritualmente, colocando o primado da experiência e da emoção como força motriz de sua participação.

Para compreender o alcance desse tipo de comunidades, especialmente a RCC, e seu impacto no indivíduo moderno, a análise realizada por Hervieu-Léger sobre os movimentos religiosos contemporâneos[175] pode ajudar. Segundo a autora, é na expressividade corporal, manifesta na aproximação física, na linguagem não verbal, na dança, na música, no êxtase, no transe e na glossolalia que membros dos grupos de oração encontram espaços de vazão para toda a emotividade produzida nos encontros e nos contatos

---

[174] Entrevista D. N., Santuário Bizantino, 2 nov. 2002.
[175] HERVIEU-LÉGER, 1986, p. 341-357.

emocionais promovidos pelas comunidades de carismáticos, identificadas como comunidades quentes e/ou emocionais, conceito retirado do legado weberiano, significando a comunidade de discípulos em torno do líder carismático.

Nesses agrupamentos, a maioria é leiga, o que, na visão da autora, complica a divisão rígida do trabalho religioso, visto que as comunidades emocionais se regulam por meio da experiência pessoal, tida como espiritual, mais do que na delimitação da ortodoxia. Com isso, o problema do discernimento da experiência está colocado, pois o que legitima o grupo é a emoção e não a doutrina. Instaura-se, então, a luta por uma regulação e autorrregulação, a qual é negociada milimetricamente entre a autoridade clerical e os leigos.[176]

No fundo o que está em jogo, novamente, é o processo de subjetivação das relações individuais e coletivas, que se estabelecem a partir do parâmetro dos laços subjetivos referidos ao bem-estar, à utilidade e ao conforto, valores todos afinados com a cultura de culto ao corpo e cujo primado é a experiência subjetiva, deslocando-se o verbo obrigação. Assim, a fluidez de uma religião emocional dissemina-se nas redes afetivas de apoio, canalizando a instabilidade própria dos sentimentos nos compromissos pontuais, sem maiores vínculos que aqueles exigidos pela emotividade (o que não significa ausência de sacrifício). Esse processo de encontro com a própria liberdade pessoal dá lugar a certa desinstitucionalização, pois mesmo que o indivíduo esteja no âmbito institucional ele move-se por outras razões que não, necessariamente, as propostas por ela.

---

[176] É essa autonomia perante a instituição que coloca a RCC diante de um paradoxo, pois o que se afirma no discurso de pertença incondicional à Igreja, muitas vezes, nega-se com o gesto de serem seus grupos comunidades fora das iniciativas pastorais e paroquiais nas quais estão inseridos, vindo a ser estruturas paralelas dentro da própria Igreja (CARRANZA, 2000). Nesse duplo movimento, Csordas vê um processo de desubstancialização da comunidade, pois os membros dos grupos passam a ser comunidades fechadas na sua identidade, negando o princípio básico que as congrega (CSORDAS, *apud* STEIL, 1998, p. 26).

Estruturadas em torno de um carisma, as comunidades emocionais têm como único parâmetro sua subjetivação, reforçada pelo engajamento dos fiéis; portanto, a autonomia da própria experiência converte-se em fonte de legitimidade. É nesse processo de subjetivação e autonomia, que confere certa "alergia" a qualquer regulação institucional, que cria-se um conflito entre a lógica homogeneizante da instituição e a lógica afetiva do grupo. Subjetividade, afeto, emoção convertem-se no propulsor das comunidades emocionais, criando, assim, o fenômeno de adesão. No dizer de Hervieu-Léger, essa estrutura é precária, institucionalmente falando, e muito forte, socialmente, pois aglutina esforços e potencialidades em torno de projetos, programas, atividades, frequentemente liderados por uma pessoa.

À emotividade presente nas comunidades é possível acrescentar o sentimento religioso, que, na linha durkheimiana, corresponde às forças humanas que gravitam em torno da esfera moral, representadas na formação de um ideal na vida social. Segundo Durkheim nas concentrações, nos encontros entre pessoas, nos grupos efervescentes, a sociedade cria e recria a consciência de si mesma. Esse ato de concentrar-se determina uma exaltação da vida moral, sendo a tradução dessa o conjunto de concepções de mundo e de ideais em que se deve manifestar a vida religiosa. Os seguidores de lideranças religiosas mobilizam-se pelo sentimento religioso, decorrente da força moral que têm os ideais pré-estabelecidos, que os congregam, constituindo-os em comunidades religiosas capazes dos maiores sacrifícios e altruísmos.[177]

Não estranha que as formiguinhas de Deus façam tudo de coração, reajam com sentimento religioso, sintam admiração e acreditem na pessoa e personagem do padre, ao mesmo tempo em que encontram sua realização pessoal – como vivência de uma autonomia negociada no âmbito comunitário e expressão dos valores mais autênticos da moder-

---

[177] DURKHEIN, 1989, p. 492-493.

nidade –, aderindo ao serviço que lhe seja solicitado ou almejado. Os voluntários são os primeiros afastados a serem atraídos para dentro da Igreja, a engajar-se por ela, e os primeiros a "lucrar" com certa desinstitucionalização numa proposta reinstitucionalizadora.

Entretanto, se os voluntários são movidos pelo cerne das comunidades emocionais, ou seja, o afeto que circula entre eles, pelo sentimento religioso e o reconhecimento carinhoso que o padre Marcelo tem, há também o exemplo de abnegação que os eleva ao plano ascético, no qual os esforços e sacrifícios do próprio fiel seguidor, peregrino, visitante e devoto do Santuário encontram sua justificativa. Por isso:

> Podem ter certeza, estes momentos de estar aqui com vocês são os mais importantes da minha vida... [fala o padre Marcelo em direção às câmeras] mesmo que tenha que levantar cedo (...) pensar que vocês estão aqui e vieram de tão longe faz com que eu seja capaz de todos os sacrifícios.[178]

Se a fé move montanhas, a possibilidade, mesmo que remota, de usufruir da fama, cultivar o afeto, sentir reconhecimento e testemunhar o exemplo de imolação parece mover multidões de pessoas que se disponibilizam para o que der e vier. Não resta dúvida de que a essa energia e sinergia soma-se a dinâmica própria do carisma que a liderança natural e construída da figura e personagem padre Marcelo possui, mesmo que, ou talvez por isso, entrecruzadas com as dimensões midiáticas que sua ascensão como sacerdote *pop star*-religioso lhe impôs. Ascensão ancorada no imaginário midiático do pontificado de João Paulo II, como se verá mais adiante, não sem antes se fazer breve elucidação sobre os desdobramentos teóricos do carisma.

---

[178] Missa com o Pe. Marcelo Rossi, Rede Globo, 13 jul. 2003, 5h50min.

Carisma midiático

Hoje em dia, dificilmente algum fenômeno carismático pode ser lido à margem do processo de personalização e espetacularização que perpassa a sociedade midiatizada, pois o próprio carisma apela para uma valorização midiática. Assim, o carisma não se define unicamente como propriedade individual – como se viu, dom extraordinário –, mas por sua interelação individual e social, que a mídia exprime, recorta, interpreta e amplifica.

Muniz Sodré propõe compreender o campo midiático, enquanto categoria analítica, como uma dimensão particular do espetáculo no qual a comunicatividade prescreve a realidade, pautando assuntos, cenários, veiculando *ethos*, agendas, opções estéticas e gostos.[179] Na mesma direção, José Luiz Sánchez Noriega acrescenta que o sistema midiático serve para fornecer parâmetros interpretativos da realidade, recolocando-a na esteira do público, produzida e traduzida pela própria lógica de comunicação, que tem como eixo central a espetacularização.[180]

De sorte que o carisma contemporâneo, de grandes e pequenas projeções sociais, será inexoravelmente afetado pelo trabalho que a mídia realiza com ele. Produzido e fabricado, no sentido de elaboração, tenderá para o cultivo de uma imagem capaz de atrair o bastante e recrutar seguidores que ajam como emissários. Isso permite ao carisma ir além da aura profética, visto que as técnicas de comunicação e produção desenvolvem habilidades e práticas para emitir mensagens e incrementar mecanismos de sedução que têm como finalidade o convencimento.

Nesse sentido, o carisma numa sociedade midiática encontra-se diretamente relacionado com a cultura do espetáculo, como alertou Debord, e encontra na vedetização, afirmada por Morin, sua expressão máxima. Retoma-se aqui o mecanismo de vedetização, que em páginas

---

[179] SODRÉ, 2002, p. 61.
[180] SÁNCHEZ, 1997, p. 21.

A CONSTRUÇÃO MIDIÁTICA DO CARISMA 125

anteriores foi abordado como um dispositivo da cultura de massa que tece a imagem de uma personagem para elevá-la à condição de estrela inacessível. Como foi mostrado, a glamourização da vida privada, a exploração dos mecanismos de projeção e identificação – subjacentes a uma mitologia de felicidade – e a superexposição a todos os meios de comunicação, construindo uma personalidade-celebridade, fazem dos sujeitos protagonistas personagens espetaculares, capazes de impor uma ordem de valores. Também foi sugerido que as vedetes, a partir do espetacular, percorrem as relações sociais, espalhando novos estilos de vida, afinados com a sociedade do consumo espetacular, o que lhes permite exibir sem pudor: fama, riqueza e luxo.

Há outros mecanismos como, por exemplo, o simulacro, tema sobre o qual se debruçam Baudrillard, Lyotard, Deleuze, analisando-o enquanto dispositivo estético que configura a cultura midiatizada que caracteriza a pós-modernidade. Como dispositivo estético, o simulacro une-se aos mecanismos midiáticos que produzem carisma na sociedade moderna, projetando-o no mundo das relações intersubjetivas, a partir da reconstrução interpretativa de imagens, até ser esgotado em si mesmo, pelo desgaste, envelhecimento, falta de novidade ou no momento em que surje uma outra estrela midiática.

Uma leitura nessa linha, de construção midiática do carisma, permite observar como os atributos naturais do padre-cantor performático foram sendo tecidos pela mídia junto à valorização do culto ao corpo, de tal forma que reforçou o imaginário de rejuvenescimento que a própria Igreja acredita ter alcançado com o fenômeno carismático. Ao mesmo tempo que a mídia repõe os mecanismos de projeção e identificação que sintonizam com certos modelos de masculinidade e modernidade que se impõem como estereótipos sociais. De tal maneira que padre Marcelo começou a circular como uma imagem padronizada cuja descrição nos meios de comunicação encontra certo lugar-comum:

> Uma estrela no altar: bonito, forte, olhos azuis, fatores que levaram à escalada de Marcelo Rossi, um jovem de 31 anos, ordenado padre há apenas quatro, são tão simples de explicar quanto difíceis de ser reunidos numa só pessoa. Ele é lindo. Canta bem. É alegre. Fala em nome de uma fé... atrai multidões e renova a Igreja católica no país.[181]

O padrão físico embutido nas descrições que se fazem da personalidade--celebridade religiosa propõe-se como um modelo estético duplamente ideal. Com isso, os atributos valorizados por esse imaginário de cristal, que a sociedade de consumo enaltece, são também aperfeiçoados pela produção técnico-audiovisual televisiva e cinematográfica que é devolvida para a sociedade.

Nos termos de Debord corresponde a um natural produzido que permite o efeito de *status* midiático, o qual se desenvolve para dar maior importância a tudo o que a vedete faz e tem, conferindo-lhe a capacidade de brilhar do mesmo modo em qualquer lugar. Alcança esse patamar quem foi elevado a modelo de identificação social e é, portanto, portador da felicidade como consumo e do consumo como felicidade. *Status* do qual todos usufruem – no caso desde os pais até os fiéis seguidores voluntários – enquanto alimentam com o seguimento sua aura midiática.[182]

Mais dois elementos podem ser assinalados, pelo autor, como estratégias de sedução midiática que impedem uma postura crítica perante a celebridade. O silêncio que recobre as ambiguidades, paradoxos e controvérsias da personalidade-celebridade, evitando qualquer dissonância afetiva que afaste seus fãs. E a falsidade desmentida, a qual consiste em dar informações falsas a favor da imagem consagrada, essas ocupam muito espaço na hora de serem lançadas, entretanto, caso venha a se descobrir a mentira o espaço designado para os esclarecimentos será infinitamente menor; portanto, ficará quase impossível refazer o percurso interpretativo primeiro.

---

[181] Revista Veja, 4 nov. 1998, p. 114.
[182] DEBORD, 1997, p. 174.

Sodré di-lo-á de outra maneira: o fenômeno midiático tem seu próprio recorte do real, ilumina a realidade que quer impor como tal e escurece os dados históricos que quer ocultar.[183]

Tanto o silêncio quanto a falsidade desmentida colaboram com a positivização da imagem da vedete, incrementando o imaginário de sua perfeição, o que refina os dispositivos intuitivos de apreensão e adesão a sua figura e impede qualquer reação crítico-racional.[184] Ato seguido a esse processo de construção positiva das representações sociais, em que são transformadas as vedetes, é a sacralização de sua personagem e todas as suas ações carismáticas. A sacralização é, segundo Sánchez, um dos maiores patamares da celebridade, permitindo separar no seguimento de seus fãs, ou súditos quando tida como profeta, o gesto de sua palavra, a mensagem do mensageiro, pois impossibilita a dissociação afetiva e racional.

Isso interessa, nesta discussão, para compreender como no campo religioso ao ser elevada uma figura carismática ao *status* de *pop star-religioso*, em sua vedetização, sacraliza-se, algumas vezes, suas ações e palavras, impossibilitando qualquer distanciamento entre a mensagem e o mensageiro, o que terá suas repercussões práticas no campo da legitimação eclesial. A sacralização da vedete religiosa implica, no campo religioso, sua ascensão ao campo profético, não só pela mensagem, subversiva ou não, que emita, mas porque o profeta é o portador da mensagem inquestionável da divindade.

O itinerário anterior, sobre a produção dos carismas modernos na cultura midiática, permite aferir como o carisma do Pe. Marcelo, na perspectiva weberiana, magnifica-se numa tríplice direção: a) a vedetização do sacerdote sintetiza e expressa de forma religiosa uma série de aspirações coletivas disseminadas nos ideários de culto ao corpo, presentes na cultura contemporânea, o que de certa forma não só o coloca em sintonia com a

---

[183] SODRÉ, 2002, p. 58.
[184] SÁNCHEZ, 1997, p. 88.

modernidade, mas legitima sua ação como sendo modernizadora perante a Igreja; b) como celebridade religiosa personaliza e atualiza as performances introduzidas pela RCC, que trilhou o caminho da sacralização profética de sua figura ao colocar como renovação do espírito a ação performática pentecostal, encabeçando uma modernização da Igreja nos moldes das espiritualidades emocionais; c) finalmente, enquanto fenômeno carismático católico que, a partir da instituição, mobiliza a energia religiosa disponível socialmente, aproxima-se do neopentecostalismo na maneira como se apropria de um estilo evangelizador de massas, ambos espelhados nas formas modernas de produção midiáticas de lidar com multidões.

Assim, para fechar o circuito dessa produção midiática do carisma do Pe. Marcelo Rossi é importante abordar a maneira como o carisma de João Paulo II foi construído, pois a forma como se dá a ação evangelizadora do Papa é a fonte legitimadora do carisma midiático do sacerdote. É apoiado nas ações paradigmáticas do Papa que o jovem sacerdote aposta sua legitimidade carismática e sua presença midiática, sem culpa, arrastando atrás de si os católicos que por ventura aderem a seu chamado porque, segundo afirma o próprio sacerdote: "o Papa é nosso modelo (...) o Papa só me apoia (...) a minha liturgia é a que o Papa pede (...) tudo o que faço tem a aprovação do meu bispo e responde às orientações do Santo Padre".[185]

Um papado de multidões

O pano de fundo histórico e institucional no qual se desenvolve uns dos papados mais longos da história do século XX, o de João Paulo II, é desenhado por várias características: uma profunda crise do comunismo; a emergência da unificação da Europa; os novos ventos políticos na América

---

[185] Revista Shopping Music, Polygram, 1998.

Latina e na África; e um cenário beligerante no Oriente. Mais ainda, comum a essa caracterização é o traço de certa secundarização das classes sociais e de seu protagonismo.

Internamente a interpretação do papel social da igreja, polarizada entre progressistas e liberais – disputa herdada e consolidada a partir do Vaticano II –, começava a dar uma guinada no mandato de João Paulo II, passando das categorias sociais de análise, como o marxismo, para uma revalorização da cultura. Nesta última é sublinhado que é o homem que se humaniza por meio da cultura, isto é, através da própria atividade, e não pelo trabalho como se afirma na concepção marxista. Além de certas inquietações em torno da centralidade que a ortodoxia e a recuperação do acervo tradicional deveriam ter na evangelização do rebanho católico, que dava amplas amostras de desinstitucionalização.

É nesse chão sociológico que em 16 de agosto de 1978, Karol Józef Wojtyla, originário de Wadowice, Polônia, será alvo de uma fina tessitura midiática que irá construindo sua imagem, a qual desde os primeiros tempos de papado o fizeram popular, a começar pelas descrições de ser um homem incansável, forte, esportista (que mandou construir uma piscina no Vaticano), acessível, carismático. Todos os detalhe da vida de Wojtyla estariam ao alcance do público, transformando-o numa personagem que se aproximou de seus fiéis por todos os meios tecnológicos disponíveis.

Caracterizada por uma overdose noticiosa e cercada de recursos midiáticos a imagem do papa será aos poucos construída chegando à sacralização de seus momentos finais. Progressivamente a mídia irá polindo a imagem do enérgico bispo de Roma para chegar a do ancião que se imola a seus 84 anos em nome da Igreja e da sofrida humanidade, culminado na aclamação popular de *Santo subito*!

No conjunto do pontificado, essa imagem impõe-se como uma dimensão simbólica que fecha o ciclo de têmpera e tenacidade demonstradas na condenação moral de determinadas condutas sexuais e na determinação de levar até o final seu papado, pois o coração de atleta e a vontade invencível permitiram, na leitura da mídia, concluir seu mandato – a necessidade transformada em virtude, diria Bourdieu.

À construção midiática da personagem papal somar-se-á a eficiente infraestrutura do Vaticano, que se traduzirá em números espetaculares, o que transcende qualquer atributo pessoal, antes concretiza um projeto institucional. A trajetória pontificial poderá ser assim contabilizada: 1.246.003km percorridos, 102 viagens internacionais, 301 visitas paroquiais em Roma, 300 milhões de pessoas acorreram a seus encontros multitudinários, 20 milhões de peregrinos visitaram Roma por ocasião do Jubileu 2000, 100 milhões de peregrinos escutaram suas audiências na Praça São Pedro, 19 mil discursos (o equivalente a 100 mil páginas), 1.100 audiências no Vaticano assistidas por 18 milhões de pessoas, 14 encíclicas, 38 cartas apostólicas, 1.319 beatificações, 477 santificações,[186] 201 cardeais indicados e 1 bilhão de fiéis declarados católicos.[187]

A cobertura televisiva dos inúmeros deslocamentos favoreceu o culto à personalidade papal, recobrindo de dimensões planetárias suas ações carismáticas, a tempo que o firmou como sendo um papa moderno, pois nada mais moderno que a convocatória de multidões em espaços públicos como estádios, praças, esplanadas. Não deve ser esquecido que são as multidões modernas que exprimem, no dizer de Baudrillard, os anseios, desamparos, exclusões do homem e dos grupos sociais e são as portadoras do anonimato opressivo das grandes metrópoles, como já se disse num outro lugar.

---

[186] Entre as beatificações se encontra a de Anne Catherine Emmerick (1774-1824), autora da *Dolorosa Paixão do Nosso Senhor Jesus Cristo*, obra inspiradora do filme *The Passion of the Christ* de Mel Gibson (2004/USA). Já entre as canonizações encontra-se a de José Maria Escrivá de Balaguer (1902-1975), fundador do Opus Dei, movimento conservador da Igreja amplamente representado na Cúria Romana, e a de Francesco Forgione, Padre Pio (1887-1968), sacerdote italiano cujo fervor excessivo (expresso na autoflagelação, dor, punição) suscitou desconfianças na Santa Sé, levando João XXIII a proibir a celebração de suas missas e das peregrinações a Giovanni Rotondo (onde o santo terminou seus dias). Ambas canonizações realizaram-se em tempo recorde: 27 e 34 anos, respectivamente. Dispensam-se comentários sobre o valor simbólico e a afirmação da linha pastoral que os gestos públicos de canonização e beatificação representam para a Igreja católica.

[187] Folha de S. Paulo, 16 out. 2003, p. A-11; O Estado de S. Paulo, 3 abr. 2005, p. H-11.

O pontificado de João Paulo II caracterizou-se pelas multidões, preferencialmente, de jovens, que sob lemas como *parada católica do amor, civilização do amor* aglutinaram-se em espécies de *woodstocks católicos*, iniciados com a institucionalização do dia mundial da juventude. Os encontros serão o palco de retransmissão doutrinal para as novas gerações, convocadas para escutarem o convite a engrossarem os quadros de reprodução institucional – vocação sacerdotal e religiosa na valorização do celibato; João Paulo II exortaria os jovens a viver alinhados com a moralidade sexual e os preceitos da Igreja, encorajando-os a não usar camisinha e/ou quaisquer outros contraceptivos – visto que o sexo só tem finalidade reprodutiva.

Não é possível afirmar que essas massas juvenis respondam, unanimemente, a esse chamado, pois as razões para participarem nos eventos podem estar inscritas nas mais diversas ordens, porém é bom ressalvar que a Igreja registra internamente em seus movimentos leigos e entre os seminaristas uma forte tendência a se alinharem às exortações papais.[188] Fala-se em "geração João Paulo II", que pode ser identificada nos grupos de jovens, dos mais diversos movimentos, principalmente da RCC, e que faz questão em se diferenciar dos outros por sua insistente adesão ao Papa e seus ensinamentos sobre moralidade sexual.

Se por um lado a imagem do papa é revestida de modernidade, porque presente nos mais diversos meios de comunicação e campos sociais, por outro lado, seu discurso é fechado, confrontando a Igreja diante de situações de grave complexidade.[189]

Um outro elemento pode ser observado nesse trajeto que compõe o itinerário midiático de João Paulo II: o estilo evangelizador como paradigma pastoral, com repercussões políticas. Sob a condição de peregrino que vai de santuário em santuário, o papa resgatou a vivência da itinerância, a mobilização dos fiéis em torno de grandes eventos, a renovação pastoral da

---

[188] BENEDETTI, 1997; ANTONIAZZI, 2003.
[189] LIBÂNIO, 2005.

efervescência coletiva, dos contatos físicos, de motivos para dar conta de uma identidade: a católica. José Casanova sugere que João Paulo II, o papa de multidões modernas, concentra sobre si dois elementos interessantes: o poder social que os ritos e crenças têm para recriar laços de solidariedade e a ênfase na reintegração espiritual do mundo, a partir do legado tradicional e anacrônico.[190] Enquanto pastor universal, que atrai seu rebanho para dentro da igreja, seu papado retomou a bandeira da recristianização do mundo, da reunificação espiritual por meios modernos: as concentrações massivas, com sua maneira específica de operar na subjetividade dos indivíduos.

A reativação da identidade cultural-religiosa talvez seja um dos grandes saldos das viagens e concentrações de João Paulo II; quanto à visibilização da catolicidade e seu aparente revigoramento, entretanto, não pode ser esquecido que, num mundo regido pela lógica midiática, a sensação de readesão institucional pode ser efêmera, mesmo que reconfortante para os organizadores e promotores dos encontros multitudinários.

De acordo com o exposto, convém sublinhar dois aspectos sobre o uso que o papado fez das multidões modernas, ancorado na construção midiática da figura de João Paulo II. O primeiro refere-se à mobilização entusiástica que os encontros multitudinários desencadearam, convertendo-se, em geral, numa força canalizadora de expressões identitárias, assumindo em cada latitude conotações locais.[191] O segundo aspecto é a ponte paradoxal que as multidões modernas representaram no papado, ligação identificada numa dupla direção.

A primeira direção: enquanto multidões portadoras da fragilidade de uma sociedade plural, sem "referências certas", os discursos rígidos e dogmáticos atraíram muitos pela oferta de um mundo moralmente ordenado,

---

[190] CASANOVA, 2001.

[191] No Brasil, por exemplo, as três visitas papais reforçaram, entre outros, o imaginário social de maioria cultural uma vez que media forças, no plano da representação simbólica, com o pentecostalismo, que também se utiliza do recurso moderno das multidões, como foi comentado num outro momento.

repleto de certezas e normas capazes de *nomizar* o caos que representa viver a autonomia moderna: a escolha individual contínua, que torna insuportável a vivência do reino da liberdade pessoal. A segunda direção encontra-se na própria maneira como a mensagem se processa nas multidões modernas. Se alguns indivíduos podem ser atraídos pela procura de certezas, outros o são pela experiência estimulante da participação nos "eventos"; mais ainda, há os que vêm atraídos pelo imã da aura midiática do pontífice. No caso deste último, a mensagem passa a segundo plano, pois a *personagem* que pronuncia a palavra torna-se mais forte que a própria palavra, permitindo "comungar" com o mensageiro sem que isso tenha implicações práticas na vida cotidiana.

Talvez isso explique um dos motivos de tanta adesão a essa proposta multitudinária como ação evangelizadora paradigmática do pontificado, fermentando a geração João Paulo II, que parece trilhar seu caminho enquanto tendência eclesial. Ao mesmo tempo, outorgou ao papa o título de profeta da modernidade, colocando no centro de sua atuação a multidão como protagonista. No dizer de José Souza Martins, "atores coadjuvantes de sua luta pré-moderna (...) A multidão deu à palavra de João Paulo II um poder enorme na sociedade do espetáculo e uma força política que não pode ser negada".[192]

Enfim, da mesma maneira que no fenômeno midiático Pe. Marcelo foi reconhecida a produção de seu carisma em sintonia com um determinado padrão cultural de culto ao corpo, no papa João Paulo II é possível inferir que, enquanto personagem carismática produzida midiaticamente, sua afinidade vislumbra-se no fato de ter sido porta-voz de algumas das aspirações coletivas presentes no espírito da época e formulador de alguns de seus ideários de forma pré-moderna e, até, antimoderna, embora veiculados nos equipamentos tecnológicos mais avançados.

---

[192] Na leitura do autor o grande acerto do pontificado de João Paulo II, mesmo que com entusiasmo adolescente, foi chamar os jovens para os ideais da juventude. Ainda que na visão de Martins esses sejam ultrapassados pelo apego à tradição e à doutrina, é essa contradição uns dos motivos que fez atraente, como fenômeno moderno, a figura do Papa. Cf. MARTINS, 2005.

Numa perspectiva sociológica, mesmo que seja atribuído a seu estilo de papa das multidões certo profetismo na modernidade, por aparecer como modernizador da Igreja ao fazer uso dos meios de comunicação, essa modernização é alimentada com os valores do passado, provocando o movimento contraditório de se afirmar como moderno na forma, mas rejeitar a modernidade no conteúdo. Tem-se então uma tendência complexa de autocentramento da igreja maquiada de revigoramento num mundo plural que se afirma como autônomo em seus estilos e valores.

Ser portador de um carisma mobilizador e, simultaneamente, de um discurso normativo desqualificado socialmente parece ser um traço revelador da tensão vivenciada no campo católico. De um lado, existe a tendência dos fiéis a viver uma prática moral à margem das orientações doutrinais e, do outro lado, a tendência a concentrar a adesão religiosa sob figuras emblemáticas portadoras de valores do cristianismo, concentradas na doutrinação.

Nessa dinâmica parece haver um mecanismo compensatório, no sentido de que os dispositivos normativos e doutrinais são frágeis perante a racionalidade, cientificidade, laicização social. Figuras emblemáticas, carismáticas, afinadas com o discurso de restauração e recristianização, parecem não fazer outra coisa mais que recompor no plano simbólico o que nas práticas sociais ficou inviabilizado.

Mudança cultural, negociações religiosas

Até aqui pretendeu-se mostrar como o fenômeno midiático Pe. Marcelo emerge na sociedade brasileira e quais os mecanismos socioculturais e religiosos de adesão e ascensão que foram acionados, favorecendo seu sucesso. Foram abordados muitos dos fatos, eventos, atividades e iniciativas que proliferam em torno de sua pessoa carismática, produzida midiaticamente, observando-se como a mídia teceu uma trajetória de êxito alinhavada de grandiosidade e espetacularidade em todos os seus empreendimentos.

Analisou-se detalhadamente como em torno da figura Pe. Marcelo, transformada em personalidade-celebrid*ade,* seu itinerário biográfico de sucesso foi construído, desde sua tímida aparição na televisão num domingo à tarde, até a produção cinematográfica que o consagrou no pódio das celebridades. Quase todas as suas ações carismáticas foram objeto de análise, alertando-se para os dispositivos que as tornaram paradigmáticas, porque portadoras de uma força de *retradicionalização* contida num projeto de *reinstitucionalização* católico mais amplo. Acenou-se para a fluida e incomensurável avalanche de iniciativas que mobilizam recursos econômicos, simbólicos e humanos e avançam pelos campos discográficos, editoriais, radiofônicos, televisivos, de produção de bens religiosos, desaguando na inexorável organização racional, nos moldes empresariais. Tudo isso, com as consequentes vantagens dos rendimentos que a fama traz consigo e as nuvens de suspeitas que levanta seu real destino.

Percorreram-se os mecanismos de vedetização que transformaram o Pe. Marcelo em certo estereótipo cultural religioso, concentrando sobre si ideais e aspirações de felicidade e ascensão social próprios dos cidadãos urbanos, unidos a anseios religiosos subjacentes às matrizes culturais do catolicismo brasileiro. Estas últimas acionadas por mecanismos de comunicabilidade que permitiram a livre passagem de fãs a fiéis, evidenciando a originalidade do estereótipo religioso que repousa no fato de ser um sacerdote católico, inatingível em sua aura midiática e objeto de culto na tendência intra-eclesial de sacralizar a hierarquia. Como se argumentou, ativa-se na personalidade-celebridade religiosa toda uma institucionalidade milenar que traz o título de padre, com a carga simbólica que isso significa para esse imaginário religioso; portanto, cabe questionar: o que seria de Marcelo Mendonça Rossi sem o "Pe." de padre? Será que teria o mesmo destino que o resto de jovens cantores carismáticos católicos?

É esse peso simbólico que baliza sua presença na grande mídia, como se viu na clara opção que essa faz pela maioria social que representa o catolicismo no Brasil e lhe garante êxito no investimento de sua ascensão. Escala à fama que tornou o padre Marcelo uma espécie de híbrido religioso, visto que, ao se manifestar nas linguagens midiatizadas mais variadas, sintonizou com o imaginário sociocultural presente no campo religioso. Utilizando-se dos meios performáticos, emocionais, multitudinários testados e consolidados pelas experiências pentecostais católicas e protestantes, sua projeção aproxima-se mais desses últimos em sua versão neopentecostal, ora no manejo de multidões modernas, ora na semelhança da ocupação do espaço urbano, compartilhando um estilo evangelizador.

Sublinhou-se como, ao falar de Deus na linguagem e com os meios da sociedade de consumo, que coloca no mesmo patamar rejuvenescimento e modernidade, o padre-cantor conectou com os dispositivos midiáticos que o tornaram *pop star*-religioso, mesmo à sua revelia. Portanto, ainda que Pe. Marcelo não seja cantor, não seja ator, não seja empresário, ele lidera megaeventos e/ou showmissas, concentra sobre si performances, cria uma logomarca, constrói um palco religioso próprio, o Santuário Bizantino, e ainda não quer ser confundido com uma estrela de cinema, mas é recepcionado e ovacionado como se fosse. Ambiguidade que perpassa sua carreira, desde seus primórdios, evidenciando que esse dilema é inerente a sua inserção na mídia; por isso, talvez, será sempre obrigado a justificar-se: "não sou artista, sou sacerdote da Igreja católica, um instrumento de evangelização".

Sinalizou-se como o sucesso midiático do Pe. Marcelo repõe, religiosamente, a cultura de culto ao corpo, configurando subjetividades de autoafirmação, objetivadas nas performances corporais e emocionais, herdeiras das espiritualidades performáticas e difusas que configuram um espírito do tempo. Exemplo emblemático quando a Xuxa se identifica com o Pe. Marcelo: "enquanto faço ginástica com meu personal trainer escuto suas músicas", não necessariamente é uma identificação com aquilo de religioso que representa o padre-performático, entendido o religioso como mudança ética de padrões de conduta, mas porque ele fala religiosamente daquilo que se compartilha: o imaginário cosmopolita, o qual desde seu ser religioso o próprio sacerdote incorporou, a começar por sua formação primeira, de modo que faz sentido em seu discurso: "momentos como a aeróbica do Senhor trazem um estímulo às pessoas que talvez não se interessassem pela missa se ela fosse celebrada da forma convencional".

Demonstrou-se como o processo de ascensão do jovem sacerdote aos areópagos modernos o transformou numa celebridade-religiosa, sinalizando a força social que os mecanismos midiáticos, próprios da cultura de massa, possuem como construtores de novos estilos de vida, pautados pelo consumo do espetacular religioso. Com isso, padre Marcelo alcança um *status* midiático que coloca a Igreja católica em "alta", atraindo milhares de fiéis a uma pretensa readesão. No entanto, concomitantemente, emerge uma profunda tensão entre a sociedade moderna e a religião, na qual esta última parece diluir-se na primeira quando se apropria de seus mecanismos, vide o dilema que os efeitos de transformação da experiência religiosa nas show-missas e nos megaeventos produz. Mais ainda, as consequências que o estar em todas as mídias teve: o maquiavelismo midiático, que justificou ir *aonde me chamam, independentemente do formato do programa*. Impasses e dilemas que são próprios do diálogo Igreja-modernidade.

Se a sociedade de consumo configura comportamentos e dota de sentido a ação humana, configurando as novas subjetividades modernas, a religião, especificamente o catolicismo, a vê como concorrente moral. Entretanto, quando a Igreja incorpora a lógica midiática por se tratar de um investimento "nobre", evangelizar para desencadear uma empreitada de reinstitucionalização, ela parece modernizar-se, "sem culpa", na forma de difusão, mas rejeitando essa concorrência no conteúdo. Ou seja, modernização do catolicismo nos meios e pré-modernidade nas mensagens. Dito de outra maneira, uma Igreja revigorada por sua capacidade de atrair multidões, por meio de personificações carismáticas-midiáticas, todavia com discursos arcaicos e desqualificados socialmente.

Tentou-se demonstrar que a ascensão midiática do jovem sacerdote é atravessada por vários fatores que se entrecruzam de maneira sincrônica: a intencionalidade mercadológica de investir numa personalidade que traz retorno financeiro e justifica os investimentos; o forte componente sociocultural, disponível na consolidação da cultura do culto ao corpo; o arsenal simbólico que representa a figura sacerdotal de Marcelo Rossi, ancorado na tradição milenar do catolicismo, que é acionado em seu sucesso; e, finalmente, o carisma construído social e midiaticamente, capaz de suscitar mecanismos de projeção e identificação em seus seguidores voluntários, que respondem a seus apelos por amor a Deus e à Igreja, constituindo o séquito afetivo e efetivo que segura a imensa infraestrutura que sustenta seu sucesso midiático e o confirma como personagem carismática.

Focaram-se os diversos mecanismos midiáticos e culturais de adesão que o novo estilo evangelizador deflagrou, ancorados na ressemantização do passado, resgatando práticas seculares com sua respectiva eficácia simbólica, haja visto o Terço Bizantino. Ao mesmo tempo que, de forma criativa, foram repostos elementos identitários na multiplicidade de espaços e tempos fortes, nos quais a emoção e a identidade se amalgamam para renovar o sentido de pertença à maioria cultural em declínio demográfico. Iniciativas que, por um lado, encontraram eco no imaginário religioso naturalizado pela RCC, ao qual Pe. Marcelo se filia, e, por outro lado, suas ações espelham-se no marco referencial mais amplo: o estilo evangelizador do pontificado de João Paulo II, que não só é exemplo e modelo de ações carismáticas para o sacerdote, mas fonte legitimadora de sua ação midiática.

Questionou-se, por sua vez, o tipo de adesão que a instituição mobiliza, seja no discurso seja nas ações, encetando para processos mais profundos que relevam o que é uma adesão religiosa, na direção de resignificação da existência dos fiéis em todas as esferas de sua vida, além das práticas religiosas susceptíveis de serem mensuráveis pela participação sacramental ou catequética. Essas últimas podem dar, para a própria Igreja, uma resposta confortante, porém ilusória, a seus esforços de atrair multidões, visto que essa participação pode ter outras razões e não necessariamente as propostas institucionalmente. Não obstante, apostar num estilo evangelizador de multidões emocionais, atraídas com a promessa de dar respostas imediatas às contingências pessoais, e colocar à cabeça a mídia como difusora religiosa, de sorte que pode-se justificar: os padres vão ter que construir mais templos, porque os católicos estão voltando.

Enfim, ter circundado, o máximo possível, a ascensão do fenômeno midiático Pe. Marcelo Rossi, representante de toda uma constelação de esforços e iniciativas que configuram o catolicismo midiático, permitiu fazer algumas considerações sobre as relações entre a cultura moderna, midiática e o catolicismo. Intui-se, então, como o catolicismo brasileiro recoloca, localmente, o tão velho quanto atualizado diálogo entre a Igreja e a modernidade, em sua dimensão cultural, permitindo observar como a religião está em constante mudança, mesmo com sua pretensa imutabilidade de realidade eterna, intemporal, mas sempre exigida diante das possibilidades de inovação que a própria cultura lhe apresenta.

Analisar-se-á, num segundo movimento da catolicidade brasileira, como o catolicismo midiático faz uso e manejo das estratégias comunicacionais, compartilhando técnicas e discursos com seus pares e interlocutores no campo religioso: os neopentecostais. O que permitirá confrontar o modo como os bastiões brasileiros do catolicismo conservador canalizam todos os seus esforços para atrair os afastados, retomando assim a semântica cultural outrora hegemônica no país, supostamente, mais católico do mundo. Para logo, no terceiro movimento, mostrar como se processa esse esforço midiático de alguns setores da Igreja, quais os desdobramentos e conflitos que se registram na tentativa de legitimar-se como modelo midiático de evangelizar à sombra de um pontificado que consolidou essa proposta e consolidou-se com ela.

5

A GRAÇA NAS ONDAS DA RÁDIO

Os ventos da modernidade representaram para a cultura ocidental transformações profundas nas estruturas de todas as esferas da vida social, e em cada latitude eles soprariam de maneira diferente, configurando realidades capitalistas diversas, no ritmo do desenvolvimento econômico, político e social e em seu significado histórico. Os contornos dessa dinâmica social passaram a expressar, em geral, o fato de que modernizar era sinônimo de ocidentalizar, sendo os processos civilizatórios encabeçados pelo avanço tecnológico, vide as telecomunicações como germe da futura expansão dos *mass media* e do fazer científico.

Na América Latina, a vivência dos vendavais da modernização se fez sentir, de maneira mais acelerada, a partir da segunda metade do século XX.[193] Modernização que será entendida como rejeição da sociedade tradicional, algumas vezes identificada como sociedade rural, substituída pela sociedade moderna, compreendida como urbana, desenvolvida, industrial, sendo acompanhada dos avanços na área das telecomunicações e do consumo de massa, cujo motor propulsor seria a mídia. Uma nova

---

[193] Utilizo aqui a visão teórica que propõe como modernização a leitura dos câmbios econômicos, culturais e políticos ocorridos nos países subdesenvolvidos, na medida em que se direcionam para padrões mais avançados e complexos de organização social. Mesmo sabendo das críticas que esse legado tem recebido, sobretudo no que diz respeito a seu caráter prescritivo, aqui o termo é mais para uma referência histórica que ajude a localizar o papel da Igreja no momento em que o Continente Americano acelera sua inserção no plano produtivo e o papel da mídia nesse processo.

situação redesenhou o panorama social marcado por ondas de migrantes que, expulsos pela mecanização do campo tinham esperança de vida melhor no mundo urbano, se alocaram nas grandes cidades, obrigando todas as instituições, inclusive as religiosas, a responderem ao novo contexto.

É sabido que as Igrejas, católica e protestante, em suas versões progressista e conservadora, terão um papel dinamizador, ora de adaptação às novas circunstâncias, colaborando na criação de uma mentalidade urbana e favorecendo redes de apoio eclesial, ora como fator crítico aos processos modernizadores geradores de exclusão social. Se nos países desenvolvidos o problema da secularização, com seu correspondente declínio institucional, foi percebido como um embate entre fé e ciência, nos países em via de desenvolvimento o dilema parece ter-se traduzido em fé *versus* processos modernizadores e pobreza, como mais um agravante que acompanhava a modernização em curso.

Inquietas, as igrejas pendiam entre os extremos da ambiguidade: saber o que fazer com o novo adversário em que se converteram os meios de comunicação de massa – que seriam interpretados por alguns setores religiosos como avassaladores de consciências, manipulando-as em direção à alienação, como veiculadores de permissividade moral, corruptores dos costumes – e agir no firme propósito de apropriar-se dos meios comunicação de massa, como meios privilegiados de difusão da fé e do proselitismo. Assim, cada agência eclesial, católica ou evangélica, gerenciaria, segundo seus próprios modelos institucionais e ritmos históricos diferenciados, o uso que deveria ser feito dos *mass media*.

Mas a mídia logo daria clara mostra que não é um puro "instrumento neutro" a serviço de quaisquer interesses, ela é, em si mesma, uma instituição produtora de sentidos, com uma lógica própria de interpretação e construção da realidade, a partir duma visão de mundo, a capitalista; portanto, apropriar--se dela como meio evangelizador não isenta a Igreja dessa lógica. No entanto, se a sociedade de consumo representou para a Igreja católica uma ameaça, por sua permissividade moral e exacerbação de valores supérfluos, obtendo como resposta o acionamento da ortodoxia e uma constante condenação, ao mesmo tempo a mídia erigia-se como "necessária" uma vez que será incorporada, não sem conflito, às ações evangelizadoras.

Essa incorporação da cultura midiática, como era de se esperar no catolicismo, reativará os velhos dilemas entre a Igreja e a modernidade. A primeira ver-se-á, novamente, confrontada, de um lado, em sua função hermenêutica de conter certo tipo de tradição social, geradora de esquemas mentais e de comportamentos, que na teoria weberiana envolvem as dimensões de legitimidade, normatividade e identidade. E, do outro lado, em seu pretenso direito de ser, de certo modo, uma forma de totalidade social, capaz de manter o controle dos corpos e das consciências de seus fiéis. Já a segunda, a modernidade, representada na cultura midiática, encontra no catolicismo mais um público-alvo, ampliando suas audiências e nichos de mercado e firmando-se como instituição presente em todos os níveis e esferas sociais.

É com esse pano de fundo que será abordado o uso específico que o Pe. Marcelo faz do rádio, meio que se constitui na atividade central de sua ação midiática. Analisar-se-á a maneira como sua performance oralizada é complementada pela narrativa discursiva do catolicismo midiático, revelando-se as tênues fronteiras que o separa dos neopentecostais com quem compartilha a presença na mídia religiosa. Aceita a hipótese do americano Melvin De Fleur, que postula: "cada uma das mídias é em si mesma um sistema social independente, mas vinculam-se entre si de maneira sistêmica",[194] serão analisados por separado o rádio, a televisão, a internet e o cinema, facilitando, assim, a apreensão das nuanças comunicacionais de cada veículo e as propostas religiosas neles transmitidas, mesmo que na prática essas se complementem.

Nesse caminho, alertar-se-á para as tendências que no novo cenário religioso o catolicismo midiático sinaliza e quais os dispositivos

---

[194] DE FLEUR, *apud* MATTELART, 1999, p. 64.

legitimadores e comunicacionais que são acionados no afã da readesão dos afastados. Pretende-se mostrar "como" alguns setores da Igreja mudam para continuarem sendo os mesmos, embora apresentem uma Igreja rejuvenescida e revigorada, porque atualizada nos meios técnicos de evangelização. Setores que, inspirados no modelo midiático do pontificado de João Paulo II, propõem-se a levar para frente o projeto de recristianização e reinstitucionalização, o qual no meio brasileiro parece traduzir-se numa cotidianização do catolicismo, apostando numa imagem de Igreja modernizada, porque presente nos meios de comunicação de massa.

Mais ainda, nesse percurso, aspira-se assinalar as conotações que os dilemas Igreja-modernidade assumem, repondo, de outra maneira, nos meios de comunicação as ambiguidades identificadas no campo da cultura. Entretanto, algumas das ambivalências vivenciadas pela Igreja só serão compreensíveis se forem contextualizadas numa dupla direção: na longa estrada percorrida pela Igreja para apropriar-se da mídia como meio de evangelização e no arcabouço analítico da teoria comunicacional que elucida qual é, exatamente, o embate entre mídia e religião, constituindo-as em sistemas rivais ou, até, em instituições intermediárias, na subjetivação social dos indivíduos, ora fiéis, ora leitores audiovisuais, nas sociedades contemporâneas.

Para isso, primeiro esboçar-se-ão algumas características do regime midiático e far-se-á uma síntese histórico-conceitual das mais importantes interpretações do impacto social que os meios de comunicação de massa têm nos coletivos sociais. Logo após, será traçada, brevemente, a travessia que a Igreja realizou para sair da condenação dos meios de comunicação até chegar a sua bênção, atentando para as implicações que esses deslocamentos ideológicos tiveram na Igreja, latino-americana e brasileira, e para as referências teóricas que colocaram em confronto setores conservadores e progressistas, os quais, ainda hoje, digladiam-se para impor suas concepções, como se verá na terceira parte deste texto.

Mídia *versus* religião

É inegável o peso que os meios de comunicação de massa alcançaram com sua função de difusão e consumo nas diversas sociedades, sobretudo com as novas tecnologias digitais, ocupando uma posição hegemônica na vida cotidiana, muitas vezes pautada pelos meios informativos que a tornam lugar-comum de interação subjetiva no meio dos cidadãos comuns. Entrelaçada com a sociedade de consumo, a mídia constituir-se-á em seu fruto mais precioso, fazendo circular bens comerciais e simbólicos e serviços para reprodução social dos indivíduos e suas subjetividades.

São esses dois eixos: mídia e sociedade de consumo, que fusionados, de forma complexa, geram uma diversidade de sociabilidades no ato de consumir, superando, portanto, a visão de que os meios de comunicação de massa são puramente meios e revelando que participam do conjunto de interações intersubjetivas na cultura moderna. É isso que permite, segundo Berger e Luckmann, pensar neles como cultura midiática, isto é, produtora de sentidos que se constitui numa instituição intermediária entre o indivíduo e a sociedade.[195]

Nesse sentido, o rádio é um meio que preenche o vazio dos aparelhos tradicionais na construção de sentido e na resignificação da vida cotidiana. Essa interpretação coloca-se na linha oposta daquelas leituras que fazem dos meios de comunicação meros instrumentos de dominação ideológica a serviço exclusivo da manipulação das massas receptoras. "Mediação que há de ser compreendida como a articulação entre as práticas de comunicação e os movimentos sociais, entre as diferentes temporalidades e a pluralidade de matrizes culturais".[196]

Por isso, o sistema midiático será entendido como um conjunto de comunicadores que, na diversidade dos meios, têm uma presença relevante e, até, hegemônica no social. Como sistema, passa a constituir-se em voz pública

---

[195] BERGER, 2004, p. 13-24.
[196] MARTÍN-BARBERO, 1997, p. 258.

e a configurar um pensamento comum. Ele cria os pretensos consensos sociais, mostrando uma inter-relação na utilização dos canais de comunicação (mídia integrada), o que não os dispensa de influência ideológica.[197]

Ao se constituir num sistema, com uma lógica interna própria, há de atentar-se para a estrutura midiática e seu regime de linguagem, o que facilita a compreensão de como é que os meios de comunicação configuram-se em intérpretes da realidade social. Segundo Raymond Williams, só a partir do reconhecimento desses dois componentes essenciais é possível perceber o estatuto da cultura comunicacional.[198]

A literatura especializada permite elencar um conjunto de traços que perfilam o sistema midiático. Alguns referem-se a fatores endógenos da materialidade da produção e outros a aspectos exógenos. Entre os mais importantes, dos primeiros, encontram-se: a artificialidade da montagem, cujo êxito reside na capacidade de não apresentar fissuras e tornar natural a produção; a capacidade que o meio tem de construir a realidade a partir de experiências indiretas, forjadas no simulacro e no espetáculo, aproximando o indivíduo de uma realidade representada e manipulada, parecendo verídica, portanto, convincente; a própria forma estética, contendo uma beleza específica, que, associada à qualidade, pode chegar até a constituir-se em arte, seduzindo por seu caráter estético; a indissociabilidade da forma dos conteúdos, o que significa que toda forma concreta de comunicação é já uma forma de codificar a realidade, em termos de Marshall McLuhan (1967): o meio é a mensagem.[199]

Se essas características do sistema midiático ajudam a identificar os mecanismos e dispositivos que são acionados para viabilizar a lógica da materialidade da produção, cartografar o regime de linguagem desse sistema facilita a compreensão do porquê os meios de comunicação social se convertem em adversários morais da religião. Compreende-se por

---

[197] MATTELART, 2000.

[198] WILLIAMS, 1997.

[199] Proposta endossada por outros autores como: MATTELART, 2000; THOMPSON, 1999; WILLIAMS, 1997; SARLO, 1997; HALL, 1972.

regime de linguagem a categoria interdisciplinar que permite abordar o fenômeno midiático nas comunicações de massa, a partir de suas funções e efeitos. Esse regime atende a diversos aspectos como: o uso que se faz dos conteúdos-mensagens, as convenções sobre a natureza da mensagem, sua codificação e decodificação, o espaço social no qual se localizam os meios, e, finalmente, a pretensão e a finalidade das próprias mensagens.[200]

Em seu conjunto, regime e sistema midiático, que os meios intervêm na interpretação social da realidade, mesmo que para efeito de análise tenha-se que dissecar cada um.[201] Por isso, do modelo midiático o mais importante é a forma como produz e reproduz os esquemas culturais, dos quais os meios são portadores. Em termos McLuhanos fica explicitado no postulado: contrapôr à prioridade do conteúdo a forma, pois o meio determina o caráter do que é comunicado e conduz a um tipo de civilização.[202]

Assim, o modelo midiático pode, ou não, favorecer mudanças políticas e induzir comportamentos de consumo sendo, portanto, um instrumento conceitual de interpretação do mundo e dos comportamentos individuais.[203] Mesmo não sendo todo-poderosos, os meios de comunicação contêm em si a potencialidade de veicular valores morais, éticos e culturais, e até de confrontar os valores religiosos, constituindo-se numa outra opção na construção das subjetividades individuais.[204] É esse o cerne que converte a mídia em adversária da pretensa capacidade totalizadora da religião, especificamente, da Igreja Católica. Aqui está o embate que inicia uma relação de "ódio e amor" na apropriação dos meios, sendo essas as vértebras que estruturam as ambiguidades e dilemas dessa relação que precisa ser justificada, a todo momento, por parte dos que fazem uso dos meios de comunicação social em nome da Igreja.

---

[200] SÁNCHEZ, 1997, p. 23-49.
[201] Cf. MARTÍN-BARBERO, 2003; MIÉGE, 1997; WOLTON, 1997; CANCLINI, 1988.
[202] MATTELART, 1999, p. 179.
[203] HALL, 1997, p. 61; 2003, p. 354.
[204] ALLEN, 1987, p. 74-112.

Com isso, o leque de interpretação do sistema midiático e o impacto da mídia nas relações societais e na organização social vai desde a produção ideológica da mensagem e do meio até a configuração de subjetividades, a partir dos estoques culturais e sociais dos receptores. A cultura midiática, como parte do consumo cultural, responde pelas linguagens híbridas identificadas nos meios que as veiculam.

Esse quadro referencial facilitará a compreensão dos deslocamentos teóricos que ocorreram na própria Igreja, no longo processo que representou a apropriação da mídia; além de facilitar a descrição das disputas internas dos setores eclesiais, entre os quais alguns apostam na relação da Igreja só com os recursos tecnológicos da comunicação e outros na comunicação como processo social e cultural.

Adversários necessários

O primeiro documento oficial da Igreja católica sobre comunicação social data de 1487. A preocupação moral, desconfiança política e suspeita ética recaia sobre a incipiente revolução de Gutemberg: a imprensa. A postura da Igreja só começará a mudar a partir de Leão XIII (1878-1903), abrindo-se para a imprensa, ao raciocinar assim: "opôr o escrito com o escrito" a "publicação com a publicação". A partir daí a Igreja irá, paulatinamente, mudando sua abordagem sobre a comunicação, passando de uma condenação acirrada para uma postura de suspeita moral sobre o meio, de uma proibição a um uso com reservas. Na primeira perspectiva, os meios são vistos como meros difusores do mal e de mensagens negativas, na segunda passa a vislumbrar o meio como instrumento de serviço pastoral.

Na verdade o que subjaz a essa discussão é a compreensão que a Igreja tem dos avanços tecnológicos. Se num primeiro momento eles podem ser uma ameaça para sua hegemonia moral, num segundo momento, são susceptíveis de cooptação pela própria Igreja para difundir sua mensagem. Como uma espécie de "troglodismo" os meios de comunicação de massa serão incorporados às ações pastorais, afirmando o ideal do catolicismo intransigente de tornar tudo em cultura cristã. Esse deslocamento, de recusa para aproveitamento, só pode ser compreendido no contexto da emergência da cultura de massa, que impactará as instâncias eclesiais.[205]

Entretanto, ao positivizar os meios de comunicação de massa como instrumentos evangelizadores, surgiu no setor hierárquico do catolicismo uma nebulosa, impedindo-o de perceber que a pretensa imparcialidade dos meios não o isentava de sua lógica interna. Com isso, ao consagrar a mídia para o bem da Igreja como meros canais de transmissão e difusão, aquele setor iludia-se como fez a teoria do funcionalismo de outrora.[206] Visão que leva esse setor eclesial a apostar nos meios como veículos de ação pastoral, acreditando que basta fazer circular conteúdos catequéticos e doutrinais para eles cumprirem a função idealizada por eles e para eles.[207]

No contexto brasileiro, dar-se-á a explosão televangelista pentecostal, de origem protestante, em plena modernização liderada pela ditadura militar brasileira. Enquanto isso, em sua dimensão local/nacional, a Igreja católica enfrenta o dilema de ter seus próprios meios (rádio, televisão, jornais; enfim, uma cultura cristã) ou potencializar leigos que fossem seu braço secular na apropriação

---

[205] Uma série de documentos pontifícios ilustram essa postura no início do século vinte. Pio XI (1931) impressiona-se com a potencialidade do cinema, tanto para o bem quanto para o mal, alertando em sua encíclica Vigilanti Cura, em 1936; logo virá a encíclica Miranda Prorsus, 1957; o Documento do Vaticano II, *Inter Mirifica*, 1963; e a instrução pastoral Communio et Progressio, 1971.

[206] Lembra-se a indissociabilidade da forma e dos conteúdos, o que significa que toda forma concreta de comunicação é já uma forma de codificar a realidade (McLuhan).

[207] Mas nem todos os setores eclesiais concordaram com esse enfoque. Segundo Ralph Della Cava, a Igreja conservadora encontrou na TV um possível concorrente moral, já a progressista a via como um fator de alienação (DELLA CAVA, 1991, p. 24).

do campo midiático.²⁰⁸ Por sua vez, a Igreja católica reagiu ao avanço das igrejas eletrônicas, fazendo uma leitura do fenômeno através do viés anti-imperialista e ideológico, reduzindo seu êxito a ligação ao poder econômico e aos interesses de dominação que os Estados Unidos tinham sobre o Terceiro Mundo.²⁰⁹

Ao limitar sua análise somente ao dado econômico, obstruiu a observação do impacto que o televangelismo pentecostal trazia em seu bojo e que, a longo prazo, atingiria de cheio a cultura brasileira, além de aparentemente paralisar a ação eclesial em sua inserção na mídia. Nos anos 80, quando é indiscutível a urgência da presença católica nos meios de comunicação de massa e se inicia o Pontificado de João Paulo II, de novo no setor eclesial aflora a discussão da necessidade de investimento na área. Pouco a pouco, surgem as iniciativas lideradas por membros da Renovação Carismática Católica, concretizando esse ideal.

Mesmo assim, uma realidade de dupla direção constata-se nessa época. De um lado, a Igreja católica supera suas divergências internas e reforça a opção pela mídia como veículo que pode atrair os afastados e, do outro lado, o universo pentecostal, sem unidade doutrinária ou orgânica entre si, avança investindo maciçamente nos meios de comunicação em massa do país, avanço potencializado por uma mentalidade empresarial sem as amarras de um magistério centralizador, na procura de legitimação social. Todavia, ambos os setores com um discurso claro: ocupar o espaço midiático como estratégia de visibilização social e como um mecanismo de ampliação dos rebanhos: atrair os inalcançáveis. Contudo nos anos 90, não haverá mais dilema, somente a procura de fundos para investimentos.²¹⁰

---

²⁰⁸ DELLA CAVA, 1991, p. 33.
²⁰⁹ Cf. ASSMANN,1986; DELLA CAVA, 1991; LÖWY, 2000.
²¹⁰ Preocupação primordial da RCC, que, nessa mesma década, emergiria com a proposta de se utilizar do marketing religioso como alma da potencialidade pastoral do rádio. Vê-se, então, a maciça projeção da Comunidade Aliança, Canção Nova, com sede em Cachoeira Paulista/SP, expandindo-se com sua programação radiofônica. Liderada pelo Pe. Jonas Abib e uma equipe de leigos comprometidos, a rádio consolidar-se-ia como mediação social no meio carismático. CARRANZA, 2000; DELLA CAVA, 1991.

No que se refere à apropriação do dial radiofônico, como estratégia evangelizadora no Brasil, identificam-se três facetas, entre outras. A primeira, sua constituição como mediação religiosa nos processos de modernização brasileira, nos quais tanto a Igreja católica como pentecostal tiveram um papel ativo.[211] A segunda, a luta que representou para estas últimas o acesso à radiotransmissão, ativando o poder simbólico para ampliar o teto social na visibilização de sua capacidade expansiva e de influência política, ao se inserir nas esferas representativas do poder público.[212] A terceira, evidenciou-se o embate interno que, para a Igreja católica, trouxe essa expansão, na qual parece ter ganho, como se verá mais adiante na televisão, o modelo de possuir os próprios meios de comunicação de massa, sob controle da hierarquia e executado por seu braço secular: os leigos.

É nesse contexto que se insere o fenômeno Pe. Marcelo Rossi e a ampla constelação que representa o atual catolicismo midiático brasileiro, sendo o rádio sua prioridade pastoral, no qual investe maciçamente. Como se disse em páginas anteriores, sua presença iniciou-se no ano de 1997, na Rádio América, passando a liderar o Ibope dos programas de rádio noturnos, o que determinou sua ascensão para os horários nobres do rádio, ou seja, da manhã. Desde esse momento, ele firma-se nesse veículo de comunicação de massa, principalmente com seu programa diário *Momentos de Fé*, transmitido, atualmente, na Rádio Globo, às 9:00h, estando entre os 756 programas religiosos veiculados todos os dias pelas estações de rádio que operam no Brasil.[213]

---

[211] Esse último terá seu modelo inspirador na radiodifusão pentecostal norte-americana, no qual David Miranda será o pioneiro, seguido nos anos 80 pela IURD e, nos anos noventa, pela Igreja Renascer em Cristo.

[212] Se a corrida pelo "santo dial" mostra uma veemente disputa pelo rebanho de fiéis radiouvintes, o acesso a esse meio por parte das igrejas revela o poder político que elas têm e o tipo de caminhos excusos que algumas têm de percorrer para obter o direito de uso do rádio. Como se sabe, o acesso aos meios comunicacionais no Brasil é restrito e de controle difuso. O modelo pouco regulado permite que as emissoras transmitam qualquer tipo de programa. Já as concessões requerem um forte investimento econômico e de ação política (FONSECA, 2003 [b], p. 264).

[213] Folha de S. Paulo, 17 jul. 2003, p. E-3.

No programa é possível apreender seu discurso, por meio da interação com os radiouvintes, ao mesmo tempo em que se percebe a proposta evangelizadora da qual é portador. Já no Santuário, como se viu, essa interação é de outra natureza: a de lidar com as multidões modernas de forma carismática. Por isso, propõe-se agora explorar algumas dimensões dessa participação radiofônica, alertando para os mecanismos de comunicabilidade que são desencadeados, os quais, em seu conjunto, integram-se à ação midiática do sacerdote. Destaca-se a seguir qual é o caminho percorrido pelo padre para consolidar sua carreira radiofônica e as ambiguidades que nele se podem detectar.[214]

Como a bênção começou

O programa *Momento de Fé* passou para o horário nobre da Rádio América no momento em que liderou os índices de audiência, como aquele registrado no dia 22 de fevereiro de 1999, quando atingiu 1,97 ponto na verificação de audiência, enquanto a Rádio Globo AM pontuava 1,94, o que representou uma leve descida da Globo de seu topo, em sua liderança de doze anos. Após um registro de quase 800 mil ouvintes, a Rádio América concedeu uma hora de programação para o padre Marcelo

---

[214] Os primeiros 24 programas *Momento de Fé* foram gravados integralmente. Uma vez apreendido o formato radiofônico passou a ser acompanhado o programa. Gravaram-se parcialmente 47, do restante anotaram-se aspectos relevantes e informações, para logo serem inseridas no banco de dados, ao todo 129 programas registrados. Três critérios de seleção da programação acabaram direcionando a coleta. A escuta sequencial, isto é, de segunda a sábado. Uma audição esporádica, recaindo a escolha na segunda e no sábado, para captar início e fim da temática semana de mal-olhado, maldições hereditárias. E a seleção de datas significativas que estariam em conexão com atividades multitudinárias promovidas pelo sacerdote. Com o afã de fazer um cotejo dos meios utilizados, ora para confirmar intuições ora para comparar informações, houve ocasiões em que a escuta da programação sequencial ou esporádica mereceu, no final de semana, ser completada com as transmissões televisivas das missas da RedeVida, aos sábados, às 16h, e da Rede Globo, aos domingos, 5h50min.

e o incorporou a mais de 12 rádios na transmissão, além de continuar com o programa noturno e passar a retransmitir as missas de libertação das quintas-feiras, no Santuário.[215]

Após cinco anos de parceria com a Rádio América, no dia 20 de dezembro de 2001, o contrato foi rescindido por parte do Pe. Marcelo. Os motivos alegados para sair da Rádio foram que o padre teria entrado em desacordo com a diretoria da Rádio pela não compreensão de sua função evangelizadora, visto que a emissora teria veiculado nos anúncios comerciais propaganda de camisinha, o que iria contra os preceitos da Igreja.[216] No dia 23 de dezembro, três dias após ter saído da Rádio América, as portas abriram-se na Rede Globo de Rádio AM, que convidou o padre Marcelo a continuar seu programa de evangelização.

O *Momento de Fé* recomeçou em 21 de janeiro de 2002, na Rede Globo, com todo o apoio tecnológico da Rádio, e desde o início deu-se a integração rádio AM com internet. O provedor Terra hospedou o *Momento de Fé*, disponibilizando para os internautas, a partir do meio-dia, um compacto do programa. A utilização de todos esses recursos ganhou do Pe. Marcelo a seguinte expressão: "É maravilhoso saber que as pessoas poderão ouvir o programa a qualquer hora do dia ou da noite...será um programa um pouco menor, sem comerciais, mas com o mesmo conteúdo".[217]

Na época, a imprensa não conseguiu descobrir o valor do contrato entre o Pe. Marcelo e a Rádio Globo.[218] Independentemente disso, segundo

---

[215] O Estado de S. Paulo, 23 fev. 1999, p. A-13.

[216] Folha de S. Paulo, 19 dez. 2001, p. D-3.

[217] Disponível em: <www.padremarcelo.terra.com.br>. Acesso em: 11 jan. 2002. Seis meses após a mudança do padre-cantor, da Rádio América para a Rádio Globo AM, o Ibope registrou um aumento de 312 mil ouvintes, minuto/domicílio, enquanto a Rádio América desceu de 293 mil para 48 mil, no mesmo horário assumido pelo sacerdote (Folha de S. Paulo, 17 jul. 2002, p. E-2).

[218] Até o mês de julho do ano 2001, quem comandava o horário assumido pelo Pe. Marcelo, na Rádio Globo, era Paulo Lopes (o mesmo com quem disputou em 1999 o score de audiência), o qual ganhava, ao que parece, um não desprezível salário de R$ 100.000,00. No entanto, nas declarações do padre ele estaria fazendo o programa de graça (Folha de S. Paulo, 17 jul. 2002, p. E-2).

o exposto parece ser o negócio mais que abençoado da Rádio Globo AM, pois o padre não só trabalha de graça, como não é obrigado a participar em programas de intervalo. Mais ainda, carrega fiéis como ouvintes e alavanca a programação, elevando a audiência uma hora antes e uma hora depois do programa; com isso, ele é a maior atração da Globo para angariar afiliadas retransmissoras em todo o país.

Retomam-se os motivos oficiais da saída do Pe. Marcelo da Rádio América, os quais estiveram ligados à moralidade sexual e conjugal, ilustrados emblematicamente por dois apresentadores de tevê. Curiosamente, a mesma moralidade que o obrigou a sair da Rádio América não interferiu quando se tratou de aceitar o convite para batizar, publicamente e com a cobertura total da revista Caras, o filho do apresentador de tevê Gugu Liberato. Como é de domínio público, o próprio apresentador teria declarado à imprensa seu orgulho de ser pai independente, visto que seu relacionamento com uma médica teve como única finalidade gerar um herdeiro para seu império midiático.[219] Na mesma direção, o Pe. Marcelo não poupou elogios à maternidade de Xuxa Meneghel, no programa de TV *Planeta Xuxa*, sendo, também, amplamente conhecido o anseio da apresentadora de ser mãe independente.[220]

No caso do programa da rádio, o conteúdo dos comerciais pesou na decisão de sair. No entanto, esse mesmo conteúdo é relegado quando se trata de "dar suporte espiritual" aos apresentadores e de captar audiências, como no *Programa do Ratinho*; tudo justificado, pois, segundo declaração do assessor de imprensa do Santuário Bizantino, "Independentemente dos formatos o Pe. Marcelo quer estar naqueles programas que mais audiência dão".[221] Percebe-se que no momento de criar audiência os conteúdos, isto é, o formato do programa, não interessa, mas quando se trata de justificar "oficialmente" mudanças eles passam a ser essenciais. Entretanto, ambos

---

[219] Revista Caras, 26 jun. 2002.
[220] Revista Caras, 4 dez. 1998.
[221] Entrevista C.T, Campinas, 2 abr. 2003.

os momentos estão informados por uma mesma dinâmica: a procura de audiência, que integra a lógica de quaisquer meios de comunicação de massa. Mesmo que o fim último no discurso oficial seja evangelizar, cede--se ao maquiavelismo midiático.

Duas coisas parecem estar claras, de um lado a suspeita de que sejam outros os motivos da troca de emissora de rádio, entre eles o econômico e o de usufruir a melhor infraestrutura radiofônica do país para obter maiores índices de audiência, com o pretexto de evangelizar. E, do outro lado, a constatação de que a lógica no uso dos meios de comunicação de massa independe de boa vontade individualizada, ou seja, no momento em que se participa deles, se é integrado na sinergia do próprio meio, entrando em suas exigências, e disso ninguém escapa. Daí que não basta "batizar" o conteúdo, veicular mensagens "santas", pois o meio é, também, a mensagem.

Oralidade mediatizada: adesão

Se o radiouvinte sintonizar o programa *Momento de Fé* encontrar-se--á com um fluxo comunicativo cujo formato é basicamente desenvolvido em três etapas, cronologicamente delimitadas por intervalos: o tempo da catequese ou mensagem, o espaço da oração e da bênção e a possibilidade do ouvinte poder intervir pessoalmente no programa. Os intervalos serão preenchidos com músicas dos CDs do Pe. Marcelo e/ou chamadas internas de programação, seja para o próprio *Momento de Fé*, seja para as atividades do padre, além dos comerciais.

Esse formato, até o encerramento desta pesquisa, não apresentou nenhuma variável significativa, mantendo-se sempre com participação dos ouvintes, por fax, e-mail e telefone, sendo possível dar um testemunho ou pedir orações de intercessão. Todo dia era feita uma "chamada" que consistia em contar uma estória com caráter moral e também a oração do dia, que estava em sintonia com a temática da semana. Material que, como se viu, converteu-se em matéria-prima da produção editorial dos livros *Parábolas que transformam vidas* e *Momento de Fé*.

Na sequência do *Momento de Fé* percebem-se os elementos gerais que são acionados para manter o radiouvinte ligado no universo cultural conhecido, o catolicismo popular, transformando-o numa oportunidade de cotidianização do catolicismo no "santo dial". No programa observam-se as estratégias que são deflagradas para manter e aumentar a audiência, o tipo de performance oral e emocional que é utilizada, a linguagem comunicacional que amplia as estratégias de propaganda e publicidade relacionada ao universo religioso, a reposição subjetiva dos fiéis ao expressar sua aflição cotidiana no espaço interativo do programa, a maneira como as crenças são resignificadas na expressão dos fiéis e os elementos rituais que repõem criativamente o imaginário de intervenção sobrenatural para solução dos pedidos feitos pelos radiouvintes.

Toda semana o *Momento de Fé* mantém os ouvintes ligados em temáticas diferentes tais como mal-olhado, quebranto, doentes, parentes distantes, cura e libertação, namorados, porção dupla, pãozinho de Santo Antônio, equilíbrio, criancinhas, irritados... A sintonia com temas comuns nas aflições diárias abrem um leque de possibilidades para abranger a totalidade da vida cotidiana, permitindo ao sacerdote estar sempre "conectado" às necessidades de seus ouvintes.

No formato do programa existe uma interligação, bem explorada, entre o programa de rádio e o de televisão, ambos transmitidos pela Rede Globo. Assim, o sacerdote encaminha o programa de rádio para ter sua culminação no domingo na transmissão televisiva. Os programas reforçam sua audiência entre si, mantendo no circuito tanto a personalidade-celebridade do padre quanto suas atividades e produtos.[222]

---

[222] Chamou-me a atenção o fato de que nas teletransmissões da missa na RedeVida, sábado 15h, o sacerdote fala livremente do programa de rádio, anuncia a temática da semana e convida a participar na missa do domingo, na Globo, o mesmo não acontece nas missas e programas que ele faz na Globo, ou seja, não anuncia o que acontecerá na RedeVida.

O recurso que o Pe. Marcelo utiliza para manter ligado o público do *Momento de Fé*, que é popular, por ser da rádio AM, é dirigir-se aos ouvintes de maneira direta e identificando-os segundo seu segmento social: "Você, doméstica, que me está escutando, a senhora sabe que eu valorizo muito essa profissão (...) evangelize sua patroa (...) mande para nós seu testemunho...".[223] Além dessa segmentação da audiência, a linguagem comunicacional do sacerdote prima pela proximidade e intimidade, estabelecendo pontes de cumplicidade entre ele e seus ouvintes. Observe o tratamento dado:

> Marilena, oh nome bonito! (...) tem alguma intenção especial, Marilena (...), sim padre, por minha mãe que está no hospital (...) a dona Conceição que está no hospital, não desanime que Deus não a abandona... [Dez minutos depois, ao pedir que se prepare a água para fazer a bênção] dona Conceição que está no hospital, não esqueci não...[224]

A cumplicidade é reforçada por uma linguagem codificada que só pode ser compreendida pelo ouvinte do programa e pelo sacerdote. Assim, na celebração de Finados, diante de uma multidão de mais de 600 mil pessoas, o sacerdote diz: "só quem ouve o programa sabe do que estou falando, sabe o que hoje vai receber. Daqui a pouco vou abençoar".[225] O padre estava referindo-se aos adesivos que tinham sido prometidos durante toda a semana no *Momento de Fé*, a mensagem só podia ser decodificada pelos radiouvintes.

Palavras de carinho, de valorização e de reconhecimento permitem que se quebre a distância que o aparelho técnico traz e aproxime estranhos, estabelecendo elos de simpatia e autoridade moral:

---

[223] *Momento de Fé*, 7 jul. 2003.
[224] *Momento de Fé*, 8 jul. 2003.
[225] Missa de celebração de Finados, São Paulo, 2 nov. 2003.

> Alô, quem está no telefone?... Maria, meu padre Marcelo [voz emocionada] (...) Maria coloque sua mão na barriga... você que está com maus pensamentos... com cinco meses de gravidez (...) com risco de perda (...) o nenê ainda não tem nome? (...) posso dar o nome? (...) quero que se chame Rafael, porque é o anjo que liberta (...) que gostoso dar o nome, ele será meu filho espiritual (...) Deus vai salvar esta criança (...) eu a batizo no nome do Pai, do Filho e do Espírito Santo [se escuta barulho de água] Maria converse com seu marido e diga que a criança já tem nome...[226]

Quanto mais proximidade e intimidade no rádio, maior o desejo de poder ser atingido nos encontros multitudinários ou nas missas do Santuário. De modo que os fiéis devotos das caravanas que escutaram a "voz" no transistor agora confortam-se ao conhecer "pessoalmente" a vedete religiosa, almejando um leve "contato" com aquela "estrela" com quem todo dia têm "intimidade". É essa linguagem do padre Marcelo que aquece o meio, cria efeitos de sentido que fortalecem a rádio como uma mediação social, enfatizada por Martín-Barbero.

Contato que só aumenta a ligação entre o meio, via seu apresentador, e seus ouvintes, gerando a tão desejada fidelidade de audiências das radiotransmissoras. Nas grandes cidades, marcadas pelo anonimato e relações burocráticas, as pessoas precisam de pontos de referência que as localizem no meio de ambientes segregadores e fragmentados. São essas circunstâncias que atualizam, como outrora nos processos de urbanização, o rádio como mediação cultural, permitindo a aproximação de pessoas distantes para foros mais íntimos de expressões de subjetividades.

Essa necessidade vital de autoreferência é, para Bauman, uns dos maiores sintomas da pós-modernidade, pois funda-se na incerteza ontológica, causada pela efemeridade das experiências variáveis e da instabilidade do emprego que caracterizam as metrópoles.[227] A procura de certezas e refe-

---

[226] *Momento de Fé*, 19 jun. 2003.
[227] BAUMAN, 1999, p. 222.

rências é mais um problema de identidade social, que atinge a esfera religiosa por ela ser chamada a dar respostas.[228]

Nessa direção, numa visão durkheimiana, a religião teria a função social de reintegrar os indivíduos atomizados e segmentados por essas grandes cidades, daí o serviço que programas como o *Momento de Fé* podem prestar. Ou seja, ao permitir a vazão das expressões subjetivas e ser uma referência de crença confessional no rádio, o padre Marcelo coloca na esteira radiofônica a necessidade dos fiéis de se identificarem social e emocionalmente.

As intervenções e testemunhos dos ouvintes revelam que o *Momento de Fé*, com a linguagem carinhosa do Pe. Marcelo, a cumplicidade que estabelece ao narrar fatos pessoais, a familiaridade e envolvimento com o ouvinte, cativa seu público. O sacerdote desenvolve mecanismos de identificação com ele, como pai espiritual e com o programa, "este momento é uma bênção", mais ainda, desenvolve uma sinergia de adesão para seus empreendimentos. Retoma-se, em linguagem radiofônica, o que num outro momento se disse sobre a importância da identificação como um elemento caro à cultura de massa, pois é o motor subjetivo que move os radiouvintes para realizarem atividades em favor de seu líder carismático. Da mesma maneira que se fez a campanha contra a pirataria dos CDs, desencadeia--se, em nome da adesão ao sacerdote, uma outra: ir ao cinema, para manter no circuito os produtos religiosos gerados em nome duma causa maior: a evangelização.

Segundo Morin, a identificação é o mecanismo que garante a empatia com o produto e/ou vedete, angariando adesão, pois está ancorado no princípio de que a cultura constitui-se de símbolos e imagens, os quais

---

[228] Richard Sennett observa que uma das problemáticas do indivíduo contemporâneo é sua falta de referências para constituir um caráter sólido. Caráter que se consolidava, segundo ele, na rotinização de práticas éticas sedimentadas pela introjeção de valores convencionais. Uma das razões que o autor aponta como falha nesse processo é a instabilidade que o trabalho flexível trouxe para o trabalhador. Como exigir das novas gerações lealdade empresarial se o trabalhador não tem a oportunidade de se fixar num emprego que garanta um mínimo de estabilidade e vínculo com a empresa? (SENNETT, 2000, p. 9-33).

penetram a intimidade dos indivíduos e orientam suas emoções.[229] De modo que a cultura fornece pontos de apoio imaginários à vida prática, alimentando o ser semirreal, semi-imaginário, que cada um secreta no interior de si (sua alma) e no qual se envolve (sua personalidade). Por isso, para o analista social "é preciso seguir a cultura de massa, em seu perpétuo movimento da técnica à alma humana, da alma humana à técnica, lançadeira que percorre todo o processo social".[230]

Os resultados dessa linguagem comunicacional que identifica o fiel, radiouvinte, com o sacerdote, apresentador, garantem a fidelidade da audiência, ao mesmo tempo em que favorecem um espaço de expressão pessoal e subjetiva na qual o rádio é valorizado como veículo que permite alimentar essa fidelidade, dão testemunho os próprios fiéis-radiouvintes:

> "Desde que ouço seu programa sou outra pessoa"; "estava triste e escutei seu programa"; "o dia que o senhor me diz ao coração"; "desde então gosto de mim"; "padre, é uma bênção escutar o senhor, fico mais aliviada"; "o rádio, padre, tem poder"; "seu programa me devolveu a fé"; "foi escutando a rádio que voltei para a Igreja de novo..."[231]

Frases e intervenções como essas revelam com propriedade o movimento gerado pelo *Momento de Fé*, indo da alma humana à técnica. O programa passa a ser o lugar de troca identitária, no qual os ouvintes acham uma autorreferência. Nele encontram uma vazão para sua necessidade de reconhecimento pessoal, uma acolhida para suas aflições e uma resposta àquilo que querem escutar. Somam-se a isso, a simpatia e afabilidade do sacerdote, que criam um clima de cumplicidade, intimidade e autoridade moral, estimulando a permanência do programa nas ondas da rádio e confirmando esta última como mediação cultural e religiosa.

---

[229] MORIN, 1967, p. 85.
[230] MORIN, 1967, p. 96.
[231] *Momento de Fé*, 16 jun. 2003.

Além desses mecanismos de adesão acionados na linguagem comunicacional, o *Momento de Fé* revela certa competência comunicativa por parte do Pe. Marcelo no uso da performance oralizada que o rádio requer. Simultaneamente demonstra a orientação e antagonismos que seu discurso midiático-religioso trazem para sua proposta de catolicizar o cotidiano de seus fiéis-radiouvintes.

A voz que atinge os corações

O fenômeno midiático Pe. Marcelo encontra-se ancorado em sua performance oral, emocional e corporal. Entendida essa como uma codificação simbólica, tanto do espaço quanto do tempo, na qual a voz, os movimentos e os sentimentos eram enfatizados segundo o veículo ou acontecimento que estivessem em jogo. No rádio é possível captar, pela própria natureza do meio, a performance oral do padre-cantor performático, que ao se dirigir a seus fiéis-radiouvintes dá à voz uma plasticidade especial, ressoando imaginativamente nos ouvidos de quem escuta mensagens como esta:

> Toca, Jesus, essas pessoas que, coitadinhas, vivem em depressão (...) fiquem vocês no colo de Jesus, meus filhinhos, fiquem aí, se abandonem, fiquem quietinhos (...) você que pede a cura, você, acorde! (...) obrigado, Senhor, por tocar nessa pessoa que tem prisão de ventre... toca, Senhor, em seu intestino (...) o Senhor está tocando em você, tocando em seu coração, tocando sua alma...[232]

É bom recordar que os textos verbais não são essencialmente orais. Um texto que nasce para a oralidade depende basicamente da performance da voz, exemplo: as trovas medievais, os anúncios dos mascates, a literatura de cordel, os repentistas e outros. Já um texto verbal-escrito

---

[232] *Momento de Fé*, 10 nov. 2003.

é, primeiramente, pensado na "lógica da língua ocidental, da ideia em dígitos separados e combinados sucessivamente para representar abstratamente uma ideia".[233]

O processo que sofre a oralidade midiatizada, especificamente aquela veiculada na rádio, é variado. A oralidade utilizada no rádio é múltipla e a intencionalidade da linguagem radiofônica é surpreender o ouvinte, tornar verbal um texto escrito, lutar contra a efemeridade, perpetuar a marca ou conceito que se quer transmitir, sobretudo ajudar na assimilação e memorização das mensagens. Porém, a unisensorialidade, a ausência de imagem e a fugacidade da palavra fazem do rádio um meio limitado, num mundo imagético por excelência.

No entanto, o rádio ainda tem um caráter sugestivo e uma penetração ampla nos diferentes contextos socioculturais, libertando o ouvinte da verbalizacão feita para a visão (impressa e televisiva). É a combinação desses fatores que permite dizer que a linguagem radiofônica está locada na tradição oral, mais do que na escrita. Nos contextos latinoamericanos, de semianalfabetos, essa oralidade converte-se num veículo privilegiado de comunicação e de conhecimento, não desprezível, fazendo dos programas e apresentadores mediações culturais e referências comportamentais, como já se disse.

O acompanhamento sistemático do programa *Momento de Fé* permite afirmar que há certa qualidade técnica na performance interpretativa do Pe. Marcelo. É possível que ela advenha de algum tipo de versatilidade pessoal, natural ou treinada, do uso da própria oralidade. Entretanto, o abuso dessa habilidade gera uma determinada "verborragia" em suas intervenções, sobretudo nas orações, que primam pela sequência interminável de ideias conectadas por frases curtas, às vezes sem sentido. Recurso que lembra as intervenções, também, radialísticas de pastores pentecostais.

O programa *Momento de Fé* é povoado de imagens sonoras; por exemplo, os sons de água que escutam-se quando se realiza a bênção, as músicas que acompanham as temáticas, convidando à meditação ou produzindo

---

[233] SILVA, 1999, p. 45.

suspense. Essa sonoplastia, que trabalha com o efeito de sonoridade, ruídos, silêncio, trilha sonora, música e a voz do intérprete, juntamente com todo o aparelho cênico, ajuda a que a voz do Pe. Marcelo estabeleça um processo de significação e de sentidos ao texto radiofônico. A empatia, que foi ganha por outros meios, é magnificada nessa performance, segurando os cobiçados índices de audiência centralizados no apresentador. É a simpatia do intermediário cultural que atrai as verbas publicitárias, pois é ela que ajuda nos processos de memorização dos produtos e das mensagens.

Mais ainda, a performance do sacerdote é, sobretudo, uma performance impregnada de linguagem simples e direta, que faz com que seja entendido "porque fala igualzinho a nós" e escutado "porque ele nos entende", merecendo como explicação que "ele é povo como a gente". Uma performance oralizada alicerçada na emoção e no sentimento, que da mesma maneira como acontece nas missas do Santuário enfatiza a vivência cotidiana da aflição em termos de promessas carinhosas de intervenção divina para a solução da mesma.

São essas pontes estendidas que aproximam locutores de ouvintes, tecnologias das audiências. Porém, essa aproximação positiva, centrada na oralidade emocional, tem sua contrapartida, conforme alerta Ignácio Ramonet em sua análise sobre a comunicação num mundo globalizado. As características que constituem o discurso midiático, assinaladas pelo autor, são três. A primeira, o discurso é retórico e rápido, para não ter efeitos longos e evitar o tédio. A segunda, responde pela simplicidade, a qual permite a todo mundo identificar-se com o discurso por ser elementar e acessível. A terceira diz respeito aos elementos de espetacularização, como o riso, a dramatização ou a euforia, despertando dimensões emocionais na comunicação.[234]

O discurso midiático, focado na simplicidade, rapidez e emotividade, torna-se, segundo a crítica de Ramonet, um discurso para crianças, portanto, há uma infantilização do público que o recebe. O imperativo de sedução desse tipo de discurso impede o raciocínio, a crítica e a reflexão. Pior ainda,

---

[234] RAMONET, 2003, p. 249.

não respeita os cidadãos, os seduz, travestindo mentiras em verdades, vendendo promessas de felicidade ao alcance do ouvinte, porém promessas que, no complexo social, estão impossibilitadas de serem atingidas pelo simples desejo e boa vontade, seja de quem as faz, seja de quem as escuta.[235]

A escuta sistemática na rádio do padre-performático revelou que, em sua dinâmica de interatividade e oralidade, há um duplo antagonismo. De um lado, estabelecem-se pontes que resignificam experiências vitais de seus ouvintes, por um meio de comunicação aparentemente distante: o rádio. Do outro lado, a construção discursiva, alimentada pela própria participação dos ouvintes, torna-se um instrumento de infantilização dos radiouvintes.

Entretanto, não significa que aqui se esteja negligenciando a dimensão cultural que o próprio meio radiofônico traz, enquanto mediação religiosa, isto é, ser um canal de plausibilidade cotidiana perante a aflição do fiel-radioescuta, ao contrário, afirma-se a complexidade do meio. Com isso, uma vez mais sublinha-se a sinergia dos meios de comunicação de massa, com seu regime de comunicação e estrutura midiática, os quais independem da boa ou má vontade de seus comunicadores.

A alma do programa

Compreendida como uma estratégia de comunicabilidade que facilita a interação entre emissores e destinatários, uns organizando sua competência comunicativa e outros reconhecendo-se nesse processo de comunicação, a interatividade configura-se como parte essencial do programa *Momento de Fé*. Ela será promovida por diversos canais que podem ser identificados nas estratégias de interação do programa como: as campanhas de evangelização, a intervenção ao vivo, a conversa por telefone com o sacerdote, o envio de correspondência por carta, fax ou e-mail.

---

[235] RAMONET, 2003, p. 252.

A participação ao vivo, entre o Pe. Marcelo e seus fiéis-radiouvintes, é revestida de certos cuidados, entre os quais estão o de criar um ambiente ritual antes de iniciar a interação com os ouvintes pelo telefone. Clima que o sacerdote propicia dando as condições psicológicas que favorecem uma participação emocionada dos rádio-escutas, fazendo-os sentir que o contato com o programa foi providencial: "Senhor, vou rezar pelas pessoas com quem vou falar hoje por telefone (...) eu não sei quem são (...) mas você vai colocá-las na linha para que eu cure seu desespero...".[236] O fiel-radiouvinte também participa dessa atmosfera, adentrando-se na lógica religiosa que lhe é proposta como chave de sua intervenção: "Padre Marcelo, nem acredito que estou falando com o senhor...".[237]

A dinâmica que o programa estabelece com a participação dos rádio-escutas cria uma circularidade na comunicação que permite ao sacerdote apurar sua linguagem, obtendo de seu público-alvo todos os elementos para resignificar sua participação. Isso acontece ao longo do programa em três momentos: a intervenção do fiel, a resposta do sacerdote e de novo a intervenção do fiel. No primeiro momento, é captada a matéria-prima que permite acumular um referencial de situações e problemas que atingem a vida cotidiana do fiel, aqui um exemplo:

> Padre Marcelo, sua bênção (...) sábado eu levantei irritadíssima, com vontade de brigar com meu marido sem motivo, nervosa, gritando (...) o anjo da guarda me avisou que o inimigo estava me atacando e por isso estava irritada (...) graças a ele eu consegui evitar que a gente brigasse esse dia...[238]

No segundo momento, durante a intervenção do sacerdote, essa aflição cotidiana que chega ao programa em forma de pedido de prece ou testemunho retorna para o fiel-radiouvinte como comentário:

---

[236] *Momento de Fé*, 6 nov. 2002.
[237] *Momento de Fé*, 19 fev. 2003.
[238] *Momento de Fé*, 28 out. 2003.

> Você que anda nervoso, não sei o que tem levado você a esse nervosismo, problema financeiro, saúde, sua casa que anda um inferno por tanta gritaria, tanta briga, tanta confusão... prepare-se porque o programa começou... vamos transformar sua casa num paraíso...[239]

O terceiro momento é que completa o circuito da materialidade da produção do discurso oralizado do padre Marcelo. Após ter atingido o ouvinte, seja no comentário, seja na oração ou na bênção, o radiouvinte intervem de novo com seu testemunho escrito ou verbal:

> Sou Rosa de Taboão da Serra/SP (...) padre Marcelo o senhor me curou (...) quando diz: "você, mulher, que tem dores em todos os ossos, pelo corpo todo...agora você está sendo curada (...) foi milagre, padre Marcelo; sua oração é forte..."[240]

É essa circularidade nas fases da comunicação entre o sacerdote e seus fiéis, favorecida pela interatividade, que munem o padre de exemplos e materiais para sua programação. Além disso existem as estorinhas, cuja função é catequética e moralizante, que os radiouvintes enviam para o sacerdote. Na perspectiva da produção da materialidade da oralidade midiatizada ela é a responsável pela acumulação de um capital de linguagem que alimenta e retroalimenta as intervenções e rituais do padre.

Mais ainda, a interatividade alimenta, constantemente, a vedete religiosa, que longe do contato face a face com seus fiéis encontra-se intimamente ligada a eles, falando o que eles precisam e nos termos que eles preferem. É esse mecanismo que oferece a acertividade que o ouvinte percebe ao sentir-se reconfortado com os conselhos e orações do sacerdote.

Para compreender como a interatividade emerge no processo de produção e recepção do ato comunicativo, Stuart Hall alerta para o fato

---

[239] *Momento de Fé*, 26 nov. 2002.
[240] *Momento de Fé*, 10 mar. 2003.

da complexidade que representa o processo de produção midiática e sua recepção, assinalando que existem os movimentos mais amplos que envolvem as relações sociais, culturais e históricas as quais entram em jogo quando se participa da realidade comunicacional.[241]

Nessa direção da funcionalidade do codificar/decodificar pode ser apontado um outro aspecto, que parece vital não só no rádio quanto na televisão, qual seja a função de operador de sentido que o apresentador/sacerdote assume na interação com seu público. Segundo Abraham Moles a sociedade moderna assume uma feição de cultura mosaico por estar sujeita ao fluxo intenso de informações desconexas, produzidas e veiculadas nos *mass media*. Nessa voragem de estímulos os meios de comunicação social convertem-se em operadores de sentido, produzindo certa ordem no caos do qual, também, são produtores.

No fio da meada da reflexão de Moles, observa-se que a produção de sentido nos programas religiosos é tecida ao longo das diversas interações sociais propostas pelos formatos radiofônicos, as quais logo se verá nos televisivos. Tendo as igrejas eletrônicas públicos solitários e distantes, estes só podem ser aquecidos com a intervenção dos padres--pastores-apresentadores. Corresponde a esses funcionários midiáticos a responsabilidade de serem operadores de produção de sentido, isto é, ordenar as intervenções propostas, interpretar acontecimentos e deflagrar estratégias que os auxiliem no atendimento pastoral, transformando o programa, no caso do rádio, em radioatendimento.[242]

Como se percebe no *Momento de Fé*, os diálogos diretos entre o sacerdote e seus fiéis radiouvintes encurtam distâncias, convertendo essas intervenções em autênticos laboratórios emocionais nos quais é interpretada a biografia pessoal: "desde que escuto seu programa minha vida mudou". Realidade que adquire densidade ao ser expressada: "graças a Deus consegui linha,

---

[241] HALL, 1997, p. 59-61.
[242] MOLES, 1973, p. 10.

meu padre espiritual, estou com uma angústia terrível, gostaria de dizer-lhe que só de escutar sua voz sinto conforto".

Autoajuda no ar

Recorde-se que a linguagem da mídia não é apenas designativa, mas principalmente produtora da realidade, pois ela potencializa, segundo Sodré, ao modo de uma "antropotécnica" e requalifica a vida social, desde costumes e atitudes, até crenças religiosas.[243] Consoante a requalificação com que foram inseridos, os serviços radiofônicos tiveram serventia na criação de mentalidades aptas para se confrontarem com a modernização urbana. Se é verdade que os tempos são outros e que o rádio se acomodou nesse processo, passando a ser menos vital na adaptação das mentalidades às mudanças sociais, ele ainda veicula alguns serviços, embutindo neles formas concretas de agir socialmente.

No programa do Pe. Marcelo encontram-se alguns serviços educativos e religiosos que entrecruzam necessidades urbanas e mentalidades modernas. Percebe-se certa sintonia com a espiritualidade difusa, que dissemina religiosamente o direito a um corpo saudável e a referência constante a uma espiritualidade performática, ao ser invocado como chave de leitura do cotidiano um conjunto de certezas capsulares. Os serviços educativos são direcionados para os fiéis que precisam de orientação nos hábitos e cuidados com a saúde, enquanto que os serviços religiosos visam a resignificar as problemáticas cotidianas, repondo criativamente o arsenal simbólico do catolicismo popular.

Sobre os serviços educativos, o *Momento de Fé* ganhou uma feição científica com a parceria que o Pe. Marcelo fez com o Dr. Lucchese, especialista em cardiologia pela Universidade de Birmingham, EUA;

---

[243] SODRÉ, 2002, p. 26.

diretor do Hospital São Francisco, Porto Alegre, RS; e escritor do livro *Pílulas para viver melhor*, que está em sua 35ª edição.[244]

Dr. Lucchese iniciou no rádio com objetivo de agregar ao restabelecimento físico e psicológico o fator espiritual. Nas consultas radiofônicas do médico de corpos, como gosta de se autonomear no programa, as temáticas giram em torno da saúde em geral, ao mesmo tempo que se explora a veia de articular o emocional-espiritual com uma vida saudável:

> São dicas curtas para que o relacionamento com seu marido seja bom. Ele deve ser construído diariamente, ninguém pode imaginar que tem cadeira cativa (...) vale a pena até gravar (...) hoje nós vamos fazer coisas que vão mudar seu relacionamento para sempre (...) 1ª dica, aprenda a ver com os olhos do coração...[245]

Algumas vezes, essas intervenções do Dr. Lucchese aparecem no programa como uma espécie de serviço de autoajuda espiritual, na qual se fusionam ciência e espírito, com uma linguagem midiática, ou seja, rápida e curta, que fornece de forma simples ao radiouvinte o suporte prático para sobreviver com o estresse cotidiano. É assim que o *Momento de Fé* propõe cuidar da saúde corporal e emocional, como uma forma de alcançar o equilíbrio pessoal. Veja como o discurso que se escuta no programa é o da totalidade do bem-estar, sacralizado com as referências bíblicas e doutrinais, o que de certa forma evoca as espiritualidades difusas, que pregam as mais variadas expressões de reunificação interior e reconciliação pessoal.

Como se disse, anteriormente, a temática dessa espiritualidade gira em torno do sentir-se bem como expressão de qualidade de vida, na qual a realização pessoal e a consciência do prazer como direito e condição é pré--requisito.

---
[244] Revista Terço Bizantino, out/nov. 2001, p. 28.
[245] *Momento de Fé*, 14 jun. 2003.

Há nessa proposta uma visão da saúde e do corpo como formas de alcançar a harmonia regeneradora do eu. Segundo Hervieu-Léger, é próprio das espiritualidades difusas relegar para o terreno pessoal, privado e subjetivo, as realidades que formam parte de obrigações mais abrangentes da esfera política e social. Assim, pregando uma regeneração pessoal, outrora disputada no plano dos direitos coletivos (saúde, lazer, educação), no discurso difuso ela se desloca para a pura "interioridade pessoal".[246]

Se a oralidade midiatizada tem de ser extremamente criativa para segurar a atenção de seus rádio-escutas, a qual é disputada com outras mídias, o *Momento de Fé* não fica atrás nessa exigência. A seguir serão explorados, detalhadamente, como o sacerdote deflagra uma criatividade ritual na linguagem radiofônica, partilhando narrativas e discursos com seus "concorrentes" neopentecostais que, por sua vez, disputam as audiências religiosas e utilizam-se das mesmas estratégias de comunicabilidade.

Criatividade ritual: semelhanças discursivas

O programa *Momento de Fé* é feito fundamentalmente de oração e preces. Essas podem ser imaginativas, de intercessão e de bênção, adensando a criatividade ritual que acompanha o discurso oralizado do sacerdote. Assim, propõe-se, a seguir, "escutar" o "que" se diz no programa, observando-se a maneira "como" essa mensagem é integrada no circuito midiático e nas performances dos operadores de sentido religioso.

A oração imaginativa é conduzida pelo Pe. Marcelo, solicitando do radioescuta uma participação mais cognitiva, na qual a concentração para acompanhar as imagens que são narradas é importante:

---

[246] HERVIEU-LÉGER, 2001, p. 91-92.

> Hoje, você vai sentar no colo de Jesus... é isso... vai sentar no colo de Jesus (...) Ele colocará a mão em sua cabeça, sinta seu carinho (...) Senhor, preenche toda carência, toda rejeição que vem desde o ventre materno (...) pegue com força na mão do Senhor, segure (...) oh, meu Deus, ajuda teus filhos que sofrem de tristeza, de solidão, de síndrome do pânico, de problemas financeiros...[247]

Nessa oração, propõe-se a intervenção divina em assuntos tópicos como a cura do corpo e da alma; de problemas afetivos e conjugais; de necessidades financeiras; de problemas de aflição cotidiana. Antes de dar um conselho ou fazer uma bênção, a pergunta chave do sacerdote é: "você crê?". Como se sabe, essa pergunta remete para o elemento primordial no sistema de eficácia simbólica das expressões rituais. A dinâmica da oração imaginativa é um recurso que ajuda o fiel a tomar consciência da própria necessidade e garante, por meio de fórmulas consagradas, a intervenção divina como solução dos problemas rezados.

Na bênção, reforça-se a especificidade sacerdotal, seu poder simbólico, legitimado institucionalmente, porque ancorado na estrutura hierárquica. É nele e nas demais ações coordenadas dentro do programa que o padre insiste e o fiel acredita, vide os testemunhos relatados, que é possível a intervenção divina através dos meios tecnológicos: "a graça nas ondas da rádio".

Alerta-se para a profusão de imagens, objetos e sugestões imaginativas que o sacerdote dá a seus fiéis radiouvintes e interlocutores. Aquele mundo mítico e heroico, comentado anteriormente nas canções do sacerdote, de novo restabelece-se na ritualidade do programa. A vivência de uma subjetividade orientada por anjos, povoada de interrelações entre o além e a imediatez da vida cotidiana. Em seu conjunto forma-se um mundo encantado, onde velas, óleos, azeites, sal, água têm poder de resolução pessoal, bem como há orações que agem retroativamente no passado.

---

[247] *Momento de Fé*, 21 jun. 2003.

Mas essa criatividade ritual do *Momento de Fé* também forma parte da necessidade de sobrevivência do próprio programa e é, por sua vez, compartilhada pelas rádios em geral que são pressionadas pela concorrência no mercado radiofônico. Procurar cada semana uma temática, articular a temática com o recurso e o recurso com as atividades extrarrádio são estratégias para fugir da monotonia que pode tomar conta das programações.

Seja essa criatividade ritual o que mais aproxima as narrativas do jovem sacerdote e do catolicismo midiático, como se verá logo a seguir na análise televisiva, às expressões dos operadores de sentido pentecostais, mestres em invenção e resignificação de recursos, os quais são retirados do substrato da religiosidade popular do catolicismo tradicional.[248] Para demonstrar como esses argumentos perpassam o cotidiano dos programas religiosos, permitindo capturar as analogias discursivas que aproximam campos em aparente concorrência, serão brevemente narrados dois acontecimentos que, por sua sincronia, são surpreendentemente reveladores e emblemáticos, ambos acontecidos no intervalo de 15 dias.[249]

Assim, a temática do *Momento de Fé* foi sobre as maldições hereditárias e oração pelos antepassados. Essa semana representou mais que uma temática rotineira do programa, pois se articulou com outras ações propostas ao longo da semana. A ideia que estava por trás dessa campanha é que os laços de parentesco, além de unir na consanguinidade, são transmissores de todo pecado, praga, feitiço, maldições e pensamentos negativos, sendo transmitidos por herança. Durante toda a semana, extensivo ao mês de julho, os radiouvintes foram incentivados a realizar sua árvore genealógica e enviá-la para o Santuário. A árvore também poderia ser preenchida no desenho da Revista Terço Bizantino.[250] Ao longo da programação da semana, enfatizou-se que era uma oportunidade única, visto que só seria realizada uma vez por ano:

---

[248] Cf. ORO, 2004; FONSECA, 2003[b]; MARIZ, 2001; CAMPOS, 1999.

[249] O primeiro aconteceu na semana de 30 de junho a 5 de julho de 2003, e o segundo, o da IURD, na semana seguinte, de 7 a 13 de julho de 2003.

[250] Ver Anexo 2.

No final da semana vamos ter uma imensa fogueira, lá no Santuário, para queimar todas as árvores que serão enviadas (...) vamos fazer uma baita fogueira na missa de domingo (...) não esqueça de ligar o alarme do relógio para acordar e ver a Globo, ou procure sua caravana para vir diretamente participar no Santuário...[251]

No domingo 6 de julho, como sempre, a missa foi transmitida simultaneamente pela Rádio e TV Globo, pontualmente às 5h50min. As colunas em frente ao altar estavam enfeitadas com galhos e flores, simulando árvores. No palco-altar havia um imenso cesto metálico, contendo as milhares árvores genealógicas enviadas pelos fiéis. A celebração se iniciou com a seguinte intervenção do Pe. Marcelo: "Hoje, estamos libertando os nossos antepassados em nome do Senhor Jesus...".[252] No momento da oração de libertação, escuta-se:

Quebra, Senhor, toda influência ou tendência que herdamos pelo sangue de Jesus (...) Vamos fazer nossa bênção dos antepassados em nome da Santíssima Trindade, fale o nome completo de seus antepassados [a câmera mostra as pessoas falando] você em casa, também. (...) Quebra, Senhor, todo mal-hereditário negativo que caiu sobre as pessoas (...) Senhor, toda praga, feitiço que "possa" ter recaído sobre teu filho e tua filha, desfaz no poder do Sangue de Jesus, todo pacto e aliança que seus antepassados fizeram com o demônio. Feche os olhos, feche, imagine sobre sua cabeça as mãos chagadas de Jesus (...) Desfaz, Jesus, todo jugo negativo que pesa sobre eles, principalmente do álcool, do fogo dos vícios, liberte, Senhor, pelo teu sangue esse irmão, essa irmã (...) tu podes libertar de todos os grilhões, laço, tropeço e armadilha de Satanás, que Deus seja sempre louvado e adorado na vida de, fale o nome completo de seu antepassado. Amém. Que sejamos libertados do mal... diga forte, amém... agora, cura-me, Senhor...[253]

---

[251] *Momento de Fé*, 30 jun. 2003.
[252] Santa Missa com o Pe. Marcelo, 6 jul. 2003.
[253] Diferentes versões dessa mesma oração, com títulos sugestivos como: Oração para libertação do Jugo hereditário, Oração para libertar-se de uma maldição, podem ser encontradas no livro *Orações de Poder*, 38ª edição, Campinas, Editora Raboni, 1996.

Observem-se as similitudes com a campanha nacional *Fogueira Santa do Monte Sinai*, realizada uma vez por ano pela Igreja Universal do Reino de Deus (IURD). Essa campanha consiste em dar a oportunidade aos fiéis de poderem expressar suas necessidades, aflições e aspirações para que, no dia do culto, sejam resignificadas nas soluções rituais precedidas pelos bispos e pastores da Igreja. A ideia central da campanha é que existem obstáculos que impedem as pessoas de realizar seus sonhos, sobretudo aqueles que estão ligados ao sucesso financeiro. Para retirar esses empecilhos é necessário que o fiel realize um sacrifício a Deus dentro da Igreja, sacrifício que se concretiza em sua contribuição econômica.

No sábado à noite, como parte da preparação para a subida do Monte Sinai, o templo começou a ficar movimentado.[254] Com mais de 4 mil pessoas na Catedral da Fé foi realizado o culto. O palco-altar estava enfeitado por um imenso painel com a fotografia do Monte Sinai de Israel, um véu branco de renda descia, desde o teto até o chão, cobrindo-o. No meio do palco havia uma fogueira artificial. Todos os participantes receberam uma fronha de pano na qual estava impressa a mesma fotografia do painel, na fronha deveriam ser escritos os sonhos.[255] Foi distribuída uma caixinha, de papelão, que simulava uma bíblia, dentro havia um envelope que dizia: *meu sacrifício*, referência explícita da contribuição econômica que deveria ser feita.

Antes de se iniciar a cerimônia o bispo Luiz Cláudio jogou terra, que disse ser da Terra Santa, sobre o palco e fez longas orações por todos os males presentes, futuros e passados que impediam os fiéis de serem santos:

---

[254] Para perceber o ambiente e ter uma ideia dos preparativos rituais do evento estive na noite de sábado, até quando as portas, por segurança, foram fechadas. Voltei na madrugada do domingo. O clima, do mesmo modo que na caravana do Pe. Marcelo, era de animação e excitação, com a diferença que na IURD havia mais homens e jovens.

[255] O estoque de objetos resignificados é inúmero, a título de exemplo pode ser elencado: copinhos de plástico, para colocar o óleo santo; vassoura plástica – pequena – em cuja inscrição se lê: "Sexta-Feira Forte, reduzi-la-ei a possessão de ouriços e a lagoas de águas, varrê-la-ei com a vassoura da destruição, diz o Senhor dos exércitos" (Is 14,23); há também os objetos que visam retradicionalizar a Igreja, remetendo a um imaginário que firma a procedência santa da Igreja por seu contato com a Terra Santa, Israel. Todos esses elementos só têm sentido no contexto ritual, portanto, só são distribuídos, gratuitamente, durante as cerimônias.

> Senhor, nosso Deus e nosso Pai, em nome de teu filho amado, Jesus Cristo, unimos a nossa fé com todas as pessoas que já têm a fronha (...) onde estarei levando as mesmas para o Monte Sinai nesta Fogueira Santa, meu Pai. Pessoas, meu Pai, que estavam escravizadas, pessoas que já estavam desesperançadas, entregues ao inimigo [alusão ao demônio]. (...) elas tomaram uma atitude para que seus sonhos se realizem, por isso, Espírito Santo, eu lhe peço que vá ao encontro do coração dessa pessoa que está sacrificando, que está vivendo essa fé da Fogueira Santa (...) Senhor Jesus, que o senhor possa consagrar, agora, o copo com água para que o momento em que ela beber desta água todas as forças do mal sejam quebradas e o sonho dessa criatura venha a se realizar (...) Diga amém... Beba dessa água benta...

Imediatamente, todos os participantes foram convidados a tirar os sapatos e subir, em silêncio, ao palco para depositar sua fronha. Nos degraus que antecediam o palco, dois pastores se postaram, um para receber o envelope da oferta econômica, outro para ungir os fiéis com óleo santo de Israel. Ao subir ao palco pastores e obreiros distribuíam sandálias (de material sintético) e pequenas miniaturas de madeira em forma de cajados. As pessoas depositavam a fronha nas malas, que estavam distribuídas pelo palco, desciam e retornavam a seus lugares, em silêncio.

Enquanto os fiéis atravessavam o palco, o bispo berrava, no centro dele, pedindo a expulsão de demônios, a cura, a libertação e as bênçãos. Quando se cansava era substituído por outro bispo, que fazia o mesmo. Entre fala e fala alternavam-se cânticos. Uma vez feita a travessia, os participantes foram alertados de que os sinais, a partir do meio-dia, começariam a aparecer como prova de que seus sonhos estavam começando a realizar-se. Após o culto passou-se a incentivar os fiéis a darem testemunhos de suas conquistas, para, por meio deles, atrair mais fiéis a também se beneficiarem das graças recebidas na Fogueira Santa.[256]

---

[256] O ritual durou três horas e foi repetido mais seis vezes ao longo do dia. Participei da subida ao palco e vi que a fogueira, que podia ser visualizada de qualquer ângulo da plateia, era feita de uma caixa de madeira, um ventilador, lâmpadas cobertas de papel celofane vermelho e amarelo e uma fronha, que de longe produziam o efeito especial de chama. Tudo acontecia com uma velocidade alucinante, pastores e obreiros corriam para repor sandálias e cajados, não havia contato com os fiéis, o que me permitiu ficar à vontade e transitar livremente pelo palco e pelos bastidores. Todo mundo cumpria seu papel na grande representação, pautada por tempos cronometrados, passos definidos e espaços delimitados.

A plasticidade de ambos os eventos dispensa demoradas considerações. Ambos os universos são permeados por uma oralidade midiatizada centrada na aflição e angústia dos fiéis radioescutas e telespectadores, que se encontram à espera de respostas objetivas e imediatas. Embora essa cotidianização da aflição e suas conexões com o imaginário demoníaco sejam objeto de análise mais adiante, basta por agora registrar que é comum à religiosidade performática carismática pentecostal, católica e protestante, a interpretação de que todo mal que atinge o fiel tem sua etiologia no maligno. Imaginário que configura a sociabilidade religiosa proposta, tanto pelo programa *Momento de Fé*, quanto pelos neopentecostais.

Alerta-se sobre a diversidade de símbolos e objetos que ambos os segmentos utilizam, mobilizando, de um lado, o arsenal simbólico do catolicismo popular subjacente aos fiéis brasileiros, do outro lado, a versatilidade que os serviços religiosos propostos no rádio e televisão adquirem no uso ritual dos cultos.[257] Assim, bênçãos e objetos resignificados são compartilhados numa mesma finalidade: objetivar o que subjetivamente se oferece com a palavra. Mais ainda, a eficácia simbólica utilizada ancora-se no uso da palavra, como estatuto essencial do ato comunicativo.

Enfim, tanto Pe. Marcelo e padres ligados ao catolicismo midiático quanto pastores e bispos neopentecostais parecem pertencer à mesma linhagem na formatação dos serviços religiosos que são ofertados na rádio. Convergência evidente, seja nos recursos comunicativos que integram suas narrativas oralizadas, seja nas estratégias de comunicabilidade deflagradas para manter a adesão de seus fiéis e audiências.

---

[257] Em todos os cultos de que participei fiz questão de trazer para casa os objetos, revistas e jornais dados, ou vendidos, aos fiéis. Surpreendeu-me o estoque acumulado e a variedade deste. Podemos imaginar o que representa para o fiel acumular em casa esse arsenal de objetos. Mais ainda, pensar qual deve ser o ambiente que lhe permita realizar as tarefas assinaladas, sem muito atrito com os familiares ou cair na ridicularização. Sem dúvida que não deve ser fácil, talvez por isso o pastor, muitas vezes no programa de rádio, sugere que as tarefas sejam realizadas na madrugada ou durante o dia quando não tem gente em casa.

A rádio: epicentro de projeção

Até aqui, tentou-se demonstrar a complexidade que a interação entre o dado religioso e os meios de comunicação de massa, mais especificamente o rádio, representam no fenômeno midiático do Pe. Marcelo. Afirma-se que o sacerdote projeta-se num dos meios de maior penetração na vida cotidiana dos fiéis católicos radiouvintes.

Perante essa relação profícua, o sacerdote teve de recorrer às justificativas doutrinais que o colocam na linha de "estar na mídia sem ser da mídia", furtando-se, aparentemente, aos paradoxos que o *Momento de Fé* enfrenta, ao ser veiculado num meio que seu apresentador não controla. Mas o preço a ser pago (suspeita de cachê e contratos não explicitados de exclusividade) é endossado expressamente pelo sacerdote, em nome do projeto de cotidianização do catolicismo que se propôs a realizar: evangelizar por todos os meios.

A comunicabilidade do sacerdote se transforma num espaço de interação subjetiva, que permite a manifestação das aflições e angústias dos fiéis-radioescutas, tornando seu apresentador num operador de sentido das intervenções. É nesse horizonte intersubjetivo que o *Momento de Fé* se converte num meio que fornece suportes de plausibilidade cotidiana para seus radiouvintes.

Mais ainda, o rádio cumpre um papel fundamental nos processos de adesão institucional, reforçando interesses e opiniões dos fiéis católicos, a tempo que os familiariza com temáticas e performances que serão encontradas na Igreja católica, quando o fiel se dirige a ela para complementar o ciclo midiático, que exige o face a face. Porém, no meio dessa tentativa, os fiéis, na verdade, mais que serem atraídos para a Igreja o são para o Pe. Marcelo, para seu Santuário e para a Rede Globo.

No debate foram percebidas as conexões performáticas, oralizadas e emocionais entre o Pe. Marcelo e os neopentecostais, forçando a ampliar o foco da análise para as estratégias comuns de comunicabilidade que são compartilhadas para atrair prosélitos e audiências. Mesmo que indesejada, por ambos os segmentos, essa superposição de narrativas discursivas e de recursos rituais acontece, estendendo-se pelo vasto campo dos programas religiosos do meio radiofônico, não sem as correspondentes associações de serem semelhantes. Semelhança advinda do fato de, a todo momento, tanto o padre quanto os pastores evocarem um imaginário que ativa as matrizes do catolicismo tradicional. Realidade que acaba por minar, na forma e no conteúdo, as fronteiras identitárias que os operadores de sentido empenham-se em manter.

Contudo, o *Momento de Fé* revela-se como um programa de católicos para católicos, os quais têm a possibilidade de repor, diariamente, seu arsenal simbólico pelas ondas hertzianas, reforçando, assim, sua catolicidade. Resta auferir se o objetivo de atrair os afastados se cumpre, pois visto o público que participa o programa parece estar mais na linha confirmatória de sua identidade do que de atração dos afastados.

Cabe agora colocar no centro desse redemoinho de propostas religiosas, veiculadas nos meios de comunicação social, a rainha imbatível de preferência familiar no meio brasileiro: a televisão. "Telinha" que com pouco mais de 60 anos de vida é onipresente no cotidiano cidadão. Impossível de ser ignorada no momento de pensar a cultura midiática como fornecedora dos quadros de referência na construção da subjetividade dos indivíduos modernos. Sob esse escopo, a televisão religiosa vai cavando seu espaço, adensando com imagens as narrativas oralizadas, tanto de católicos quanto de neopentecostais, que disputam os fiéis e as audiências nas ondas da rádio. A seguir será ela, a televisão, objeto de análise.

6

IMAGEM, RELIGIÃO, IMAGINÁRIOS

A imagem é, por excelência, a linguagem da televisão. Estruturada no paradoxo de poder ser um instrumento de democracia direta ou de transformar-se em opressão simbólica, a tecnologia televisiva, com sua independência de código comunicativo, percorre cidades, ruas, lares, indivíduos, consciências, subjetividades, configurando sociabilidades. Ela desafia a crítica, diante da avalanche de signos e significados que se misturam no turbilhão semântico e hermenêutico em que se convertem suas imagens. Hoje, no meio brasileiro, a televisão pode ser objeto de interpelação pelas relações que estabelece com a violência, com o telejornalismo sensacionalista, com a religião, entre outros.

Se uma das preocupações da sociologia é a compreensão, por meio da mídia, da mudança de percepções, afetos, significações, costumes, hábitos sociais, também é fundamental perceber como, no plano da emissão das mensagens midiáticas, os formatos televisivos respondem a mecanismos que lhes permitem alcançar os objetivos de sedução e persuasão, alterando os processos de resignificação, sobretudo, quando o assunto é o imaginário religioso. No uso da televisão, os programas religiosos parecem estar sinalizando para uma nova tendência de sociabilidades religiosas, qual seja a de naturalizar uma interpretação da realidade a partir da espetacularização do sofrimento e da aflição urbanas, da ritualização demoníaca do cotidiano, da banalização do milagre e da procura do sucesso fácil como estilo de vida.

Dados aproximam, como se verá, o fenômeno Marcelo Rossi e os programas de tevê do catolicismo midiático ao imaginário neopentecostal, afinando-o a modelos de igreja centrados na performance emocional, na autorreferência da experiência religiosa e na reprodução institucional. Começar-se-á por localizar a participação do Pe. Marcelo na televisão, relembrando o "marco zero" que a televisão religiosa vivenciou na metade dos anos noventa e como o fenômeno midiático veio reforçar interpretações, que circularam e circulam, de a Igreja católica estar numa postura de "contra-ataque" para retomar sua hegemonia religiosa.

Trajetórias televisivas

O Pe. Marcelo participa da mídia televisiva a convite de apresentadores ou como apresentador/mediador dos próprios programas, porque "... hoje é por meio da televisão que se vai até o coração das pessoas".[258]

Diferentemente do rádio, a presença rotineira do Pe. Marcelo na televisão tem se reduzido aos seguintes programas: a Missa do Pe. Marcelo, Rede Globo, todo domingo às 6h, a Missa da Libertação, RedeVida, às 16h, ambas com transmissão ao vivo desde o Santuário Bizantino, e a reza do Terço Bizantino que vai ao ar diariamente na RedeVida, às 7h, às 17h50min e às 24h. Como foi descrito na primeira parte deste texto, a trajetória televisiva do sacerdote tem sua origem em sua superexposição nos meios de comunicação em massa e consolida-se com a construção do Santuário Bizantino, que virá a ser a plataforma a partir da qual ele se projeta sistematicamente na tevê. Na medida em que sua fama foi ascendendo, acirrou-se a corrida pela audiência televisiva, seja para obter o direito de transmissão das Missas do Final de Ano, seja para a Missa dominical.

---

[258] Pe. Marcelo, Revista Caras, 27 nov. 1998.

Com isso, uma disputa de rebanhos midiáticos vem se deflagrando na arena televisiva brasileira, a partir de 1995, com o famoso "chute à Santa",[259] considerado o "marco zero" que impulsiona a presença religiosa na televisão, além de ser um acontecimento a partir do qual a Rede Record e a Rede Globo entraram em franca guerra. O "chute à Santa" toma as dimensões de uma batalha política porque o poderio econômico da Rede Globo foi colocado em tela de juízo desde a compra da Rede Record, em 1992, pela Igreja Universal do Reino de Deus (IURD). Há também a batalha simbólica, visto que a Globo vê confrontada sua hegemonia, mesmo que de maneira insignificante, pela emergência da Rede Record, que trazia fortes investimentos econômicos e articulações políticas que ultrapassavam a concorrência normal com as outras televisões seculares.[260]

Longos e interessantes são os desdobramentos desse fato, ora no campo religioso ora no campo político. Entre esses encontram-se a veiculação da imagem do bispo Edir Macedo e a de seus pastores como fanáticos e intolerantes religiosos. O que podia ter sido um ato isolado, de um pastor irado, tomou proporções que envolveram reações de disputa *vis-à-vis* com o catolicismo, revelando limites de tolerância e hostilidade no campo religioso.

---

[259] O fato, por todos conhecido, é a agressão a uma imagem de Nossa Senhora Aparecida, quando lançada pelos ares por um pastor da Igreja Universal do Reino de Deus, no programa, ao vivo, da TV Record, em 12 de outubro de 1995.

[260] Muitos são os acontecimentos que envolvem a compra da Rede Record, configurando-se uma imensa nebulosa sobre as transações, tanto no que diz respeito à rapidez das negociações quanto ao pagamento, que envolveu milhões de dólares, e à concessão federal da rede. Compra que rende, até hoje, inúmeros processos contra o bispo Edir Macedo e o Senador Marcelo Crivella (bispo da IURD e sobrinho de Edir Macedo), além dos pastores deputados que respondem a ações judiciais nas varas criminais do Rio de Janeiro e de São Paulo (MARIANO, 1999; SIEPIERSKI, 2001; FONSECA, 2002; ORO, 2004). Notícia informava que o procurador-geral da República pediu ao Supremo Tribunal Federal a quebra do sigilo fiscal da IURD, para apurar inquérito que envolve empresas que participaram da compra e de transações da TV Record, sediadas em paraísos fiscais (Folha de S. Paulo, 13 maio 2005, p. A-10; Revista IstoÉ, 25 maio 2005, p. 37-41).

Mesmo com isso, ou apesar disso, tanto o catolicismo quanto o pentecostalismo saíram fortalecidos. Os católicos tiveram a oportunidade de realizar manifestações de tradição popular, como procissões, com a intenção de desagravo, o que criou um clima de autoafirmação identitária, apoiados no dado quantitativo de continuar a serem a maioria do país.[261] Já os pentecostais, diante do escândalo, reagiram, novamente, autoafirmando-se como povo profético objeto de calúnia e difamação. Tudo isso, tendo como palco e arena a mídia.[262]

É nesse contexto que, a partir dos últimos dez anos, a televisão religiosa tem adquirido mais notoriedade, visto o impulso que a Igreja católica veio a ter com o investimento maciço da TV Século XXI, a TV Canção Nova, a RedeVida de Televisão e outros canais católicos, além da expansão da programação das teletransmissoras neopentecostais. Se é verdade que a Rede Record leva a dianteira televisiva em relação à Igreja católica e das outras pentecostais, seja na disponibilidade de recursos econômicos, seja na competência profissional, pautando o modelo e formato comunicacional religioso, também é certo que no espectro da televisão cada vez mais aumenta a presença de outros setores pentecostais. Com isso, a televisão religiosa é consolidada em sua dupla vertente concorrencial: no âmbito institucional, ampliar os rebanhos e/ou atrair os afastados; no plano comercial, acirrar a disputa pela captação de audiências.

Interessa, então, mostrar como se dá essa consolidação no contexto geral da tevê brasileira, assinalando de que maneira a televisão religiosa pleiteia seu acesso à teletransmissão. Em seguida, será feito o desenho geral das programações religiosas, alertando-se para o estilo de gerenciamento econômico que as caracteriza. O que ajudará a compreender em que direção a religiosidade televisiva se afirma.

---

[261] Folha de S. Paulo,16 out. 1995, p. A-4.

[262] Cf. BIRMAN, 1999, p. 145-164; GIUMBELLI, 2002, p. 316-317; FONSECA, 2003, p. 33-52.

Televisão religiosa

Como bem discrecional da sociedade moderna a televisão constitui-se no líder dos meios de comunicação de massa, ou seja, passa a ser parte do equipamento doméstico da família, convertendo-se numa presença imediata e numa companhia, explicitando o regime de presença do sistema midiático.[263] No Brasil, no momento, o sistema televisivo encontra-se organizado em 6 redes privadas nacionais, através de 138 grupos filiados, os quais controlam 668 veículos (TVs, rádios e jornais), constituindo-se em instrumentos de influência regional e nacional. Às 296 emissoras de TV se vinculam 374 outros veículos; portanto, a televisão encabeça o sistema integrado da mídia eletrônica.[264]

A estruturação das redes privadas nacionais de TV aberta no país é liderada pela Rede Globo, cujo grupo cabeça de rede tem todos os tipos de mídia integrada. Depois vem a Rede SBT, presente em todos os estados. A terceira rede, em número de retransmissoras e em audiência, é a rede Record. Em seguida a Rede Bandeirantes, em quinto lugar a Rede TV e em sexto a Rede Central Nacional de Televisão – CNT.

Enquanto a fascinação pela sintaxe visual alavanca as audiências televisivas; em geral, a fragmentação dessas audiências ancora-se nos interesses diversos dos indivíduos, pois consegue ter o potencial de satisfazer suas demandas. É nessa diversidade de audiências e no espectro televisivo nacional que a televisão religiosa perpassa as infovias brasileiras, oferecendo programações religiosas independentes, sob responsabilidade de instituições confessionais ou não.

No universo católico, com mais de 170 estações de TV's ligadas, a RedeVida, o canal da família cristã, a Século XXI e a Canção Nova destacam-se entre os *mass media* com maior projeção. A RedeVida inicia suas atividades em 1995, em São José do Rio Preto (SP). Gerenciada pela família

---

[263] Cf. MATTELART, 1987, 1994; RAMOS, 1995.
[264] Instituto de Estudos e Pesquisa em Comunicação, EPCOM/POA, 2002.

Monteiro, com forte apoio da Conferência Nacional dos Bispos do Brasil (CNBB) e das dioceses que solicitam colaboração de seus fiéis para instalar as antenas repetidoras. O que orgulha a RedeVida, desde sua fundação, é o fato de constituir-se numa tevê religiosa em defesa da moralidade cristã; portanto, não veicula propaganda de cigarros e bebidas alcoólicas, denominando-se o canal da família cristã.

A seguir vem a TV Século XXI, fundada pelo padre Eduardo Dougherty, em julho de 1999, e pela Associação do Senhor Jesus, iniciou como produtora de televisão especializada em programas dramatúrgicos. Além de caracterizar-se como televisão religiosa católica, atualmente é a Século XXI uma das maiores produtoras independentes de programas religiosos e minisséries, consolidando-se como núcleo de produção teledramatúrgica, com produtos exportados para países do Leste Europeu, Ásia, África, América Latina, Estados Unidos e Europa. No circuito televisivo a Século XXI é o terceiro maior centro de produção do país, da Rede Globo e do projeto Anhanguera, do SBT.

O sistema televisivo da Século XXI desenvolve um modelo de captação de recursos financeiros para sua manutenção inspirado no modelo norteamericano pentecostal, o mesmo que se aplica ao rádio. Entre as estratégias gerenciais utilizadas destacam-se a filiação de sócios evangelizadores que fazem suas contribuições econômicas sistematicamente, por meio de boletos bancários, ou espontaneamente, através da venda de materiais produzidos pela Associação e campanhas de arrecadação.

A terceira tevê mais relevante no cenário midiático católico é a TV Canção Nova (TVCN), ganhadora do certificado da Guinness World Records (Guinness Brasil), em 13 setembro de 2003, por ter uma programação de 24 horas totalmente religiosa e sem comerciais. Da mesma maneira que a Século XXI, a TVCN é fruto da iniciativa de um sacerdote da Renovação Carismática Católica, o Pe. Jonas Abib, com ampla experiência no rádio. Nascida em dezembro de 1989 a TVCN tem sua sede em Cachoeira Paulista/SP, no momento conta com mais três estações geradoras (Brasília/DF, Belo Horizonte/MG, Aracaju/SE), através de antenas parabólicas, 146 operadoras de TV's a cabo e 263 retransmissoras, sinal que cobre via satélite e TV's a cabo na Europa Ocidental, África, Paraguai e Uruguai.

Utilizando-se do mesmo modelo de arrecadação da TV Século XXI, a Fundação João Paulo II, responsável jurídica pela TVCN, desenvolve as mesmas estratégias de sócios contribuintes fixos (depósito bancário) e campanhas esporádicas de arrecadação. Entretanto, ela utiliza-se de outras estruturas, como organização de arrecadadores (voluntários que se propõem a coletar contribuições pessoalmente), clube do ouvinte da rádio Canção Nova, colaborações on-line, televenda de produtos Canção Nova, loja virtual.[265]

Sob imperativos como "Seja um sócio comprometido que sabe o valor desta obra...", "Una-se a esta família, fique sócio fiel e verá maravilhas...", "Deus proverá, no final pagaremos nossas contas com sua ajuda...", a TVCN veicula insistentemente, durante todo o dia de programação, tanto da rádio quanto da tevê, a necessidade de o fiel telespectador ser responsável pela rádio e pela teletransmissão. Embora todas as tevês católicas solicitem colaborações com veemência, a que mais sobressai por sua insistência e criatividade é a TVCN.

Na disputa pela audiência religiosa, no campo pentecostal, a IURD destaca-se pelo investimento maciço no meio televisivo como a Igreja da televisão, título outrora dado à Igreja Deus é Amor como sendo a Igreja da rádio. A presença internacional da IURD requer muita criatividade para se utilizar da legislação que regula a concessão, venda e aluguel dos espaços na mídia em cada país. A Record transmite, desde 1998, seus programas

---

[265] No momento existem três programas destinados a incentivar e manter os sócios: *Juntos Somos Mais*, que incentiva novos sócios, transmite encontros de arrecadadores, contabiliza qual estado tem mais contribuintes; *Deus Proverá*, que presta contas dos gastos, necessidades e conquistas da TVCN; e *Momento de Adoração*, dedicado especialmente para as intenções dos sócios. Além das campanhas de arrecadação como: *Porta a Porta: um jeito novo de servir a Deus, Dai-me Almas...*

em Moçambique (com uma cobertura de 80% do país), Angola e África do Sul.²⁶⁶ Já nos Estados Unidos, desde 2001, só transmite programação comercial. Em Portugal, em 1996, foi barrada a compra de espaços na mídia local. Em Buenos Aires, a regulação não permite participação estrangeira no setor de comunicações sendo a saída de aquisição a utilização do pastorado local, isto é, os pastores argentinos da IURD realizam as transações em seu nome.²⁶⁷

Embora menos expressiva e poderosa, a que segue no ranking é a Renascer em Cristo, que inicia sua investida televisiva em 1992, com aluguel de espaços na antiga Manchete e na CNT, cujo carro chefe da programação foi *De Bem com a Vida,* programa até hoje no ar. Com uma mentalidade de empreendimentos empressariais descentralizados, em pouco tempo, a Igreja chegou a ter mais 70 horas de programação semanal.²⁶⁸ Posteriormente, em 1996, consegue a concessão de um canal de TV de sinal aberto, o canal 53 UFH, chamado o Gospel TV, sob a fundação Rede Gospel Comunicações (RGC).²⁶⁹ Como a IURD, a Renascer almeja uma projeção internacional, mas a pretensão não tem dado certo.²⁷⁰

Tanto o catolicismo quanto o pentecostalismo mostram a mesma dinâmica de obtenção de tevês e rádios, a qual requer influência política. Procede-se mais ou menos assim: com ajuda de técnicos em TV, são detectados canais livres e a viabilidade de criar novos, logo os parlamentares religiosos fazem seu trabalho junto ao governo e ao Ministério das Comunicações. Um exemplo é o deputado federal, membro da Renovação Carismática Católica (RCC), Salvador Zimbaldi:

---

²⁶⁶ FONSECA, 2003[b], p. 261.
²⁶⁷ FRIGÉRIO, 2001.
²⁶⁸ SIEPIERSKI, 2001, p. 130.
²⁶⁹ A RGC é de propriedade do casal de bispos Sônia e Estevam Hernandes. É dessa empresa que saem os recursos para manter a TV, que além de produzir os programas presta serviços de produção para outras Igrejas evangélicas, da mesma forma que faz a Século XXI para as produtoras independentes católicas.
²⁷⁰ SIEPIERSKI, 2001, p. 118.

Eu mesmo articulei com o presidente FHC e com o ministro Sérgio Motta a concessão para a geradora de Valinhos (da TV Século XXI) e a de Cachoeira Paulista (TV Canção Nova) [pois] ...as pessoas têm sede da palavra de Deus e a todo lugar que vou a população me pede uma repetidora. Anoto em minha agenda e em seguida começo meu trabalho político.[271]

Diferentemente do modelo de concessão de meios de comunicação do Brasil, os televangelistas norte-americanos, inspiradores do modelo de televisão religiosa latino-americana, encontram no livre mercado a âncora para sua expansão. Segundo Gutwirth, sob o argumento de que o *business* audiovisual é um bem público, portanto, não deve haver restrição para seu acesso, os televangelistas tornaram-se defensores zelosos dessa premissa. Isso permitiu-lhes garantir uma fatia, não desprezível, no mercado de bens eletrônicos, pautando a tevê religiosa com um modelo comercial de gerenciamento.[272]

Os atuais investimentos na mídia religiosa têm, no segmento protestante, suas origens na década de sessenta com Pat Robertson, o fundador da coalizão cristã, que influencia a política religiosa da direita estadunidense, projetando-se como animador do famoso *Clube 700*. Com a finalidade de salvar a alma de seu público espectador, apropriando-se dos avanços profanos das mídias audiovisuais, os televangelistas propõem-se a fazer sua programação mais sedutora do que as atividades nas igrejas tradicionais. Alguns traços desse modelo serão abrasileirados na mídia religiosa do país.

É importante perceber como os promotores da mídia religiosa ancoram-se no discurso teológico, o qual alicerça a arrecadação econômica para

---

[271] Revista Época, n. 271, jul. 2003, p. 57. Trabalho que mais adiante tem seu retorno ao se transformar em apoio político na época eleitoral, quando Salvador Zimbaldi se utiliza da infra-estrutura eclesial para se candidatar a deputado federal (CARRANZA, 2000, p.162). Agora essa plataforma se faz extensiva ao filho, Rafa Zimbaldi, que inicia sua carreira política como vereador de Campinas com o apoio explícito da Canção Nova e TV Século XXI, alicerçando seu discurso com a proposta de PHN (Por Hoje Não [peco mais]), que, como já se disse, é a linha doutrinal que reforça entre os jovens a vivência da abstinência sexual antes do matrimônio. Ver Anexo 3.

[272] GUTWIRTH, 1998, p. 223.

estarem na mídia. Sob o imperativo de salvar almas, de estarem cumprindo o mandato divino de multiplicar os meios de difusão da fé, envolvem seus telespectadores na proposta, resignificando, sob o signo da providência, os empreendimentos milionários a que se lançam. Cumprir a vontade divina nos meios que, por sua própria lógica, colidem com princípios doutrinais exige que os empreendedores da tevê religiosa procurem autossustentação. Assim a RedeVida, a TVCN, a Século XXI, para não ter que veicular comerciais, acodem a seus fiéis e engajam-nos na manutenção dos canais.

De certa maneira, as televisões religiosas parecem mais preocupadas com uma visibilidade social do que em fazer com que o projeto seja rentável, ou no mínimo autossustentável, como se verá mais adiante nos processos confirmatórios da programação.

Ofertas telerreligiosas

No Brasil, 88% dos brasileiros escutam rádio todo dia e 81% da população assistem à TV, sendo que 87,7% dos domicílios têm televisão. Calcula-se que o brasileiro assiste a 3,5 horas diárias, o que representa grosso modo 1/4 de seu tempo útil.[273] Acredita-se que num país com altos índices de pobreza e baixos níveis de equipamentos públicos de educação, lazer e meios alternativos de informação a telinha constitua-se num hábito cotidiano e cultural da população brasileira.[274]

Além dessa razão extrínseca ao meio, existem outras razões para assistir a televisão, entre elas a de ser uma fonte de entretenimento e de estímulo de emoções, fornecedora de relaxamento e descanso, o que, em seu conjunto, desobrigam o indivíduo, ajudando-o a esquecer dos problemas pessoais.[275] Entretanto, no plano da recepção, a televisão é compreendida como um ato

---

[273] EPCOM, 2002.
[274] RAMOS, 1995, p. 44.
[275] SÁNCHEZ, 1997, p. 44.

cultural, enquanto inserida num contexto que a refere a outros aspectos da vida social, mesmo que os produtos televisivos sejam consumidos individualmente. Raymond Williams sugere que o texto televisivo é uma narrativa interpretada de forma individual, como resultado do confronto entre a expectativa do leitor e o esquema apresentado pela produção.

Todavia, essa interpretação é um ato social, porque o indivíduo pertence a uma comunidade de leitores mais ampla que ele mesmo.[276] A programação televisiva mantém a adesão, convertida em hábito cotidiano, do telespectador. Adesão potencializada pela circularidade de interpretação que os formatos televisivos apresentam.[277] Por isso, quando a programação televisiva transita livremente na mídia, tanto na produção quanto na leitura dos produtos disponíveis, é possível pensá-la como prática de consumo cultural.

É claro que no conjunto do sistema midiático a oferta não representa um volume significativo para se falar em ofensiva religiosa no espaço aberto televisivo. No entanto, a tendência a esse espaço ser ocupado pelas instituições religiosas é cada vez maior nas últimas três décadas, convertendo-se num veículo decisivo de proselitismo para as igrejas e de visibilidade da religião no campo midiático.

Ao se analisar a grade de programação observa-se que os produtos que são veiculados distribuem-se nos mais diversos gêneros de programas, que podem ser assim agrupados: de entretenimento (diversificados para jovens, crianças, adultos e idosos), de jornalismo (normalmente notícias e imagens negociadas de outros telediários), programas de auditório (realizados nos locais de estúdio das tevês), litúrgicos (realizados diretamente de templos e/ou igrejas), catequéticos (para crianças ou para adultos, geralmente em formato de entrevistas), programas infantis, programas de promoção social (entrevistas e ações comunitárias), institucionais (sobretudo de informação intraeclesial), de informação econômica e orientação empresarial.

---

[276] WILLIAMS, 1974, p. 94-118.
[277] MARTÍN-BARBERO, 1997.

Nos programas das redes católicas, tanto na RedeVida quanto na Século XXI e na TVCN, percebe-se que o público-alvo é intraeclesial, ou seja, os programas são produzidos por católicos para serem assistidos por católicos. Muitos deles visam a confirmar a pertença institucional de quem já forma parte da igreja, identifica-se com ela, ou então dos que encontram-se afastados.[278]

No que se refere à programação religiosa neopentecostal, esses traços permanecem. Entretanto, segundo Gutwirth, o ritmo espetacular é mais fluído, a edição e produção de melhor qualidade se comparados com os católicos e de menor qualidade com relação à tevê profana.[279] Também pode ser assinalado que os programas pentecostais, sobretudo da Rede Record, possuem mais recursos técnicos para serem realizados fora dos estúdios, e verifica-se maior qualidade nas interpretações e simulações que integram os formatos televisivos, amplamente utilizados na programação.

Contudo, tanto a programação neopentecostal quanto a católica carismática são perpassadas pelo imperativo de fazer contraponto à programação profana. Isto é, veicular programas "sadios" que moralizem os *mass media*. Esforçam-se por fazer apelos morais, estendendo para o estúdio a exortação que se realiza pelas agências religiosas no estádio, na tribuna, no púlpito. Assim sendo, o eixo estruturador dos programas religiosos televisivos é a televangelização, que se converte no meio de reconquista

---

[278] Os programas da IURD observados são: *Fala que Eu te Escuto* (atualmente fora do ar), 4 gravados integralmente, 6 acompanhados; *Terapia do Amor*, 10 gravados e 20 acompanhados; *Ponto de Luz*, 6 gravados, 10 acompanhados. Da Rede Gospel, deu-se atenção especial ao programa *De Bem com a Vida*, por sintetizar o estilo evangelizador da Igreja, sendo gravados integralmente 10 e acompanhados 18; *Escola de Profetas*, 2 gravados e 12 acompanhados; os outros 27 programas foram assistidos tomando-se nota de alguns aspectos. Dos programas do Pe. Marcelo, mereceram atenção, quando monitorados em conjunto com a rádio, as missas transmitidas pela Rede Globo e RedeVida, sendo gravadas 3 e acompanhadas 7; o *Terço Bizantino*, transmitido diariamente pela RedeVida às 7h e 18h, acompanhados 2; outros programas da emissora acompanhados 6, gravados 1. Da televisão Século XXI, gravaram-se 12; acompanharam-se 25 da RedeVida; e da TV Canção acompanharam-se 16 e foram gravados 3.

[279] GUTWIRTH, 1998, p. 19-20.

da individuação do homem moderno sob a promessa de que ele pode gerenciar sua vida e seus problemas cotidianos, com ajuda da programação. Ganhar almas para Deus e salvá-las é a atividade-fim do televangelismo, ao se propor aumentar o rebanho de fiéis ou atrair os afastados, a qualquer custo, transformando a mídia em veículo de teleproselitismo.

Como assembleia eletrônica o próprio espaço midiático constitui-se em púlpito, no qual opera a interface dos programas religiosos. Sem interação entre televangelista e espectador/ouvinte não acontece o televangelismo, sendo diferente dos programas "profanos". O espectador comunica-se por carta, fax, e-mail ou telefone, solicitando conselho pessoal ou expondo seu testemunho de libertação. Esse tipo de interação permite aos televangelistas alimentar suas pregações de realidades cotidianas e ficar mais atualizados; aos radioevangelistas, acumular seu capital de linguagem.

Enquanto os programas de tevê católica tendem à cotidianização do catolicismo, consolidando a própria instituição, a programação pentecostal vai além disso, tendo a intencionalidade de ser a isca que amplie suas igrejas, o que não significa que o consiga, como se verá mais adiante. Os programas visam a atrair o cidadão comum, o telespectador genérico, o desavisado que cai no programa: "você que está assistindo neste momento, que parou sem se dar conta (...) é Deus que lhe quer falar, Ele que está chamando...". Esse leitor audiovisual é um fiel potencial.

Visibilizar e confirmar

Se no rádio os pastores e padres são transformados em mediadores de sentido ao ordenar e resignificar as intervenções dos radiouvintes, transformando o rádio em radioatendimento, na televisão isso acontece da mesma forma, passando a assumir o caráter de teleatendimento. Esse auxiliará nas tarefas pastorais propostas na linguagem televisiva, criando novas interfaces permitidas pelas técnicas do próprio veículo.

Na Igreja os cultos/celebrações litúrgicas acontecem com certa forma de comunhão entre o celebrante e os crentes. Na televisão a questão espacial é outra, a interação com o telespectador dá-se de maneira privada, emissão e recepção, no domicílio. A tarefa fundamental do pastor e/ou padre, leigo apresentador, é a de estabelecer com o telespectador-fiel uma relação de intimidade, falando tudo aquilo que ele acha que interessa a sua assembleia ausente. Para isso, são posicionadas várias câmeras que permitam enfocar mais de perto o operador de sentido, ele fala direto para uma das câmeras, criando a sensação de que tem um interlocutor real: o telespectador. Com esse recurso técnico, mais a edição final do programa e a interface, é que se cria a interação entre o televangelista e o telespectador, estabelecendo-se vínculos, sem os quais não acontece o teleatendimento, que aproxima ao máximo o face a face do contato direto da comunidade litúrgica que se cria nos templos.

Com isso, completa-se a função dos programas religiosos de serem uma comunidade intermediária. Comunidade enquanto conjunto de operações complexas que envolvem interesses, objetivos, pessoas, projetos, interações sociais e mediações de comunicabilidade. Sendo uma comunidade intermediária, a programação, com seus formatos, estabelece o nexo entre o indivíduo telespectador, simpático ou fiel dos programas religiosos e a instituição religiosa que lança seus produtos no ar, independentemente de ser dona do meio televisivo. Consequentemente, é a comunidade intermediária que alicerça a igreja televisiva, e grande parte do êxito é apostado em seus mediadores/produtores de sentido.

O teleatendimento parece ser a aposta estratégica de adesão institucional pentecostal e a concretização da televangelização como um meio de reconquista da natureza urbana que adquiriu a individuação moderna. O êxito dos programas, se alguém lhes assiste, encontra-se em manter por um tempo, mais ou menos longo, a sedução do público oscilando entre o espírito doutrinário e a linguagem midiática. A isso se soma o fato de serem incluídos aspectos psicológicos. Ao se falar de uma nova vida, de um renascimento, inclui-se a possibilidade de rever as próprias atitudes de egoísmo, de isolamento, oferecendo-se recursos de ajuda como a cura espiritual e a instrumentalização da linguagem de saúde psíquica.

Visto que uma das faces dos programas religiosos é mobilizar a interpretação do sentido da existência pessoal, sua outra face é a de constituirem-se espaços e tempos de manifestação do sagrado. Na televisão católica as celebrações religiosas acompanham o *tempo cronológico* da vida cotidiana. A RedeVida retransmite os rituais (missas/ terços) no tempo e espaço em que acontecem, simultaneamente, fora da tevê, alocando público para participar de certa paroquialização televisiva. Com isso, o tempo litúrgico é prolongado no tempo televisivo. Ao serem esses rituais transmitidos ao vivo acompanham os horários institucionais e não sendo objeto de *reprise* em horários noturnos ou de madrugada só atingem os tempos diurnos, da mesma maneira que os serviços paroquiais.

No outro lado, os serviços oferecidos nos programas pentecostais adquirem outro ritmo: o espetacular. Eles são mais rápidos em seu fluxo de imagens, sons, músicas, deslocamentos de câmeras, *close-up* e na utilização de recursos eletrônicos. A concepção de tempo é outra, pois a transmissão de cultos não tem horário, podendo ser gravados nos templos e retransmitidos posteriormente, num *continuum* de transmissão cultural independente da rotina institucional.

No que se refere à resignificação do espaço sagrado, na televisão religiosa essa acontece no próprio formato televisivo. Isto é, na condição de sua produção, enquanto formato, o próprio programa é transformando em templo religioso, com finalidades diferentes, seja católico seja pentecostal o programa. Lembra-se que o templo é o lugar da ruptura com o cotidiano, o espaço que demarca o limite entre sagrado e profano, que favorece o encontro interpessoal face a face, exigindo deslocamento físico e simbólico.[280]

---

[280] ELIADE, 1996.

Na televisão essas funções são transformadas. De um lado o emissor e do outro o receptor, sendo que a partir do templo/santuário que é, também, o estúdio televisivo, o qual é preparado para que o culto/showmissa aconteça nos moldes próprios da produção, se dá a emissão. Enquanto estúdio televisivo o que muda em relação a uma assembleia litúrgica é a disposição e participação dos fiéis, visto que passam a integrar-se à produção, ora como público, ora como telespectadores, que, ao mesmo tempo, posteriormente na retransmissão podem se descobrir na televisão. Além disso o culto/missa é transformado num programa de auditório com sua respectiva interação, no caso religiosa, com salva de palmas, expressão verbalmente dos milagres acontecidos, dos males de que se queixam os fiéis, louvores, elevação de mãos, rezas... Do ponto de vista do receptor, o templo é reduzido à vida doméstica, ao consumo individual, adquirindo o tempo e o espaço televisivo conotações diferenciadas.

Se o templo convencional atende os fiéis em dois períodos, nos programas pentecostais, por exemplo, a televisão é o templo que está aberto 24 horas, atendendo à demanda de fiéis do terceiro turno. Enquanto que os fiéis dos primeiros (manhã) e segundos (tarde e noite) turnos podem ir à igreja, os do terceiro período, os da madrugada, caracterizados nos programas como os sofredores, desesperados e aflitos, têm na igreja televisiva a oportunidade do templo virtual. Mas essa assistência só se completa quando o espectador dá o primeiro passo para a adesão, ou seja, desloca--se para o templo. Somente nesse momento será completado o circuito proposto pelo formato televisivo: interatividade-produção de sentido--adesão, mostrando a eficácia de evocar vínculos, mesmo que tênues, de dito formato.

Nos programas católicos as atividades litúrgicas são o prolongamento midiático das paróquias, nos programas pentecostais são a isca que atrai os fiéis potenciais, predominando o teleproselitismo em sua expressão cultural. O templo e o espaço televisivo para os primeiros são a extensão da instituição, para os segundos uma oportunidade de atrair um rebanho potencial de fiéis. Em ambos os casos, mesmo que sem comunidade cultual de referência, esses programas constituem-se em igreja eletrônica.[281]

Apesar dos programas pentecostais parecerem mais ágeis, reproduzem o mesmo erro que os da televisão católica: o predomínio da palavra sobre a imagem. Ambas as televisões religiosas cometem o mesmo pecado, qual seja negar a natureza imagética da televisão, negligenciando sua capacidade de sedução midiática.

Mesmo que o televangelismo norte-americano seja, em muitos aspectos, modelo histórico inspirador dos programas religiosos da América Latina, no que diz respeito a sua proposta de entretenimento religioso, na televisão religiosa brasileira isso não acontece. Ao contrário, tudo indica que nas programações os postulados *soft* do sagrado no espaço televisivo transforma-se em *hard*. Ainda que existam os programas de entretenimento nas emissoras religiosas, o que realmente pesa na programação é o componente doutrinal e catequético; mesmo quando os programas se propõem a entreter, eles vêm carregados de elementos doutrinais e catequéticos, vide os programas musicais, como *PHN* (Por Hoje Não [peco mais]) da TV Canção Nova.

Com isso, os programas religiosos brasileiros ganham seu próprio formato, predominando a racionalidade, a explicitação e adesão confessionais, a extensão de atividades pastorais no espaço midiático, a ênfase doutrinal e a naturalização de imaginários, como se verá mais adiante. Mais que entreter pelo relaxamento e o descanso, esses programas pretendem instruir com formatos mais convincentes do que persuasivos, mais cognitivos do que sensitivos, mais descritivos do que intuitivos, estabelecendo uma outra dinâmica midiática na tevê.

Numa palavra o *soft* do sagrado, enquanto proposta e sugestão, nos programas religiosos americanos, vira *hard* nos brasileiros. Afirmação que pode ser ilustrada com programas como: *Terço Bizantino*, veiculado três

---
[281] GUTWIRTH, 1998, p. 226.

vezes por dia na RedeVida e duas na TV Século XXI. No campo da tevê pentecostal, quem exemplifica bem esse abuso discursivo é o *Santo Culto no seu Lar* (Rede Família e Rede Record), com transmissão diária em diversos horários. O abuso das narrativas enunciativas mediatizadas pela linguagem oral, provocando o uso excessivo da palavra, levada até o exaustão, sobrepondo-a à imagem, caracteriza ambos os segmentos televisivos. Com efeito, a tevê religiosa deixa de lado a sedução da imagem, do texto curto e breve, para dar ênfase ao discurso verbal, tudo com um mesmo objetivo: ganhar o Brasil para Cristo.

De tal forma que, se o religioso é transformado no entretenimento espetacular, nas showmissas e nos megaeventos do Pe. Marcelo, observa-se que na mídia televisiva é o entretenimento que se transforma em religioso, mostrando, uma vez mais, a complexidade da interação entre mídia e religião, ao mesmo tempo que se constata a regionalização dos programas religiosos, inspirados nos modelos norte-americanos.

Impacto e pertença institucional

Apesar do maciço investimento econômico das instituições na tevê religiosa, propondo-se a fazer do espaço televisivo um instrumento de televangelismo, tal propósito parece não acontecer, uma vez que o *teleproselitismo* tende a não gerar, nas audiências, mecanismos de conversão e adesão às propostas doutrinais das igrejas.

Em pesquisa do Centro de Estatística Religiosa e Investigações Sociais (CERIS), indagou-se sobre o conhecimento dos meios de comunicação social e sua utilização pelos fiéis católicos. Do universo pesquisado, 5.211 entrevistados, em 6 Regiões Metropolitanas brasileiras, registrou-se que 79% dos entrevistados conhecem as missas na TV, dessa porcentagem 45% assistem, entre eles 18% ocasionalmente, 12% raramente e 2% diariamente. Ao serem questionados sobre a qualidade da programação, 21% consideram-na ótima, 23% acham-na boa e 5% regular. No que diz respeito à tevê evangélica 70% a conhece, 24% a assiste. Dessa percentagem que a assiste, 8% fazem-no ocasionalmente, 9% raramente e 2% diariamente. Sobre a qualidade dos programas pentecostais, 4% consideram ótima, 15% boa, 10% regular e 2% ruim ou péssima.[282]

A partir desses dados, infere-se que o investimento num veículo tão dispendioso como o televisivo não tem o retorno que deve ser esperado, isto é: audiência e adesão. Mesmo assim seus promotores não desistem dessas iniciativas, como mostra uma reportagem sobre a TV Canção Nova afirmando que:

> ... não para de multiplicar seus números. Até dezembro, pretende conquistar 100 mil novos associados, que contribuem, em média, com R$15,00 por mês. Atualmente, são 500 mil sócios ativos. A arrecadação anual beira os R$ 110 milhões. Quase todo o dinheiro é aplicado na difusão dos programas...[283]

Numa outra pesquisa foi revelada a recepção dos programas e sua interface com os propósitos de seus produtores.[284] Realizada na Região Metropolitana do Rio de Janeiro, entrevistaram-se 935 membros das Igrejas pentecostais, 20 de suas lideranças ligadas à mídia, e analisaram-se 8,6 mil horas de programação religiosa. Desse universo 56% atribuem à pregação um peso maior em sua conversão. Quando questionados os entrevistados sinalizaram para o fato de a mídia ser o elemento menos indicado como influenciador na conversão, sendo 25,8% para o rádio e 14,7% para a tevê. O índice dos que consideram esses veículos importantes na adesão à igreja é de 36%; no entanto, só 18% dos que se converteram nos últimos três anos confirmaram alguma influência da mídia em seu processo.[285]

---

[282] CERIS, 2000, p.112.
[283] Carta Capital, 23 jun. 2004, p. 14.
[284] Pesquisa coordenada por Alexandre Brasil Fonseca entre 1996-2001.
[285] FONSECA, 2003[b], p. 276.

De acordo com esses dados, Fonseca alerta para o fato de que, mesmo a IURD investindo decididamente em televisão, não parece ser esta o elo causal de conversões e adesões de seus membros, transformando-se mais num veículo confirmatório da conversão do fiel que já está e participa da Igreja, do que num elemento decisivo no processo de ser atraído a ela.[286]

Evidentemente que a mídia requer um complemento: o face a face, tão solicitado pelos programas. Esse contato é, na verdade, o mediador da conversão e da adesão do fiel, que talvez tenha começado na interpretação da experiência pessoal, realizada pelo operador de sentido, o pastor/padre. Não obstante, encontram-se aqueles fiéis que não são alcançados pela intervenção direta de amigos e parentes, que intercedem em sua conversão. Para eles, parece que a mídia pode adquirir uma função um pouco mais significativa.

Enfim, por pouco que seja, a mídia parece ter uma dupla finalidade no processo de adesão dos fiéis, alvo tão acarinhado pelas instituições religiosas. De um lado, reforça os interesses e opiniões de seus membros já participantes; portanto, os veículos assumem um papel secundário no proselitismo e confirmam o imaginário performático e doutrinal que o fiel "engajado" encontra na Igreja. De outro lado, os programas religiosos tendem a aproximar e naturalizar as temáticas e performances para o fiel potencial, bem como publicitar perante a sociedade aquilo que acontece nos templos. Nesse sentido, a mídia traz para o seio social as Igrejas, e estas migram para a mídia, transformando e acomodando suas mensagens, como se vem discutindo.

Além dessa função confirmatória no processo de adesão do fiel, a televisão religiosa parece cumprir mais outras duas: a) desenvolver mecanismos de pertença e vínculos de participação, via contribuição econômica, b) visibilizar as igrejas, em meio a diversidade religiosa do país.

O fiel espectador ou o membro da igreja é responsável pela manutenção da televangelização. Sob o imperativo de que a televisão é um meio privilegiado de "levar a Palavra de Deus a todos os inalcançáveis", nos progra-

---

[286] FONSECA, 2003[b], p. 276.

mas escutam-se as seguintes exortações: "... seja um sócio evangelizador!" (TV Século XXI); "Seja um gideão que sustente a Palavra na tevê" (Rede Gospel);[287] "Contribua para que mais pessoas sejam libertas do mal! (TV Record); "... Participe, sua contribuição faz maravilhas acontecer!" (Rede-Vida); "Faça parte da campanha: Dai-me Almas, ... Deus lhe pague"; " Evangelizador Porta a Porta – um jeito novo de servir a Deus" (TVCN).

Essa contribuição, por sua vez, é um elo que mantem os membros unidos em torno de uma mesma causa: possibilitar a visibilidade de sua igreja. Se a capacidade de estar presente na televisão é um indício de existência real, no regime ontológico midiático, veicular programas da própria religião torna-se num elemento identitário, necessário num espectro diversificado de opções de sentido e grupos produtores do mesmo. No caso das Igrejas pentecostais quanto mais tempo no ar mais reforça--se o imaginário de estar saindo de sua minoridade, outrora silenciosa, num universo marcadamente católico. Para a Igreja católica representa a possibilidade de reativar seu estoque simbólico, para cotidianizar o catolicismo e reforçar o imaginário de ainda "sermos o maior país católico do mundo". Em ambas as realidades, a contribuição econômica talvez seja um fator, a mais, que se some ao fato de a mídia ser uma das arenas de disputa pela hegemonia cultural e religiosa do Brasil. Com isso, mais que ganhar adeptos/fiéis ou promover adesão ou conversão, o que a mídia parece alavancar são processos de existência social.

Além disso, incentivam-se os mecanismos de pertença institucional daqueles que já participam, o que consolida os tecidos sociais que sustentam as instituições. Tudo isso, alicerçado com discursos de providência di-

---

[287] Gideão é o nome que o adepto da Igreja Renascer em Cristo recebe quando se compromete com ela e com sua manutenção, fazendo, sistematicamente, depósitos bancários. Normalmente, nas chamadas dos programas da Renascer, o gideão é sempre associado a pequenos empresários que, segundo a propaganda, a partir do momento em que passaram a pagar seus carnês bancários, aumentaram seus rendimentos. Assim, os telespectadores são motivados a fazer tantos carnês quantos empreendimentos tenham. Isso não dispensa o fiel do dízimo, ritualmente lembrado.

vina e missionariedade, enfatizando o caráter profético de se participar nos processos de modernização da igreja, mesmo que não se aceite a modernidade que os impulsiona.

Mas, diante das poucas audiências e do pouco êxito proselitista, cabe perguntar: quem assiste, e por que assiste, a esses programas? Para onde sinalizam as práticas religiosas estruturadas nos mesmos moldes que são ofertados e reforçados nos programas da tevê religiosa?

As respostas à primeira pergunta podem ser as mais variadas. Há aquelas que explicam pelo viés da faixa etária, aludindo que os programas são mais para pessoas da terceira idade. Com isso, os idosos que não têm como se locomover para ir até a igreja e participar dos cultos e/ou missas assistem pela televisão, além da televisão ser sua companhia no meio da solidão urbana e esquecimento de parentes. Uma outra resposta pode ir à direção de: se a televisão converteu-se num hábito de consumir imagens, próprio da cultura mosaico, então consumir programas religiosos é mais uma atividade do telespectador simpático a eles. Uma terceira resposta, talvez, se encontre na referência ao contato emocional dos formatos televisivos, sensibilizando o telespectador para uma determinada temática presente em seu cotidiano.

A resposta à segunda pergunta, sobre as práticas religiosas, faz referência à própria compreensão do impacto que os meios de comunicação de massa têm no telespectador, ao conteúdo que as programações religiosas veiculam, em formatos melodramáticos, conectando com as matrizes culturais de seus telespectadores. Procurar sinalizar para onde orientam-se os programas neopentecostais e do catolicismo midiático na tevê religiosa e seu possível impacto social é a tarefa que a seguir se sugere, tentando dar uma resposta a essa pergunta.

Dramaturgia da aflição

O monitoramento dos programas religiosos permitiu perceber que eles giram em torno de uma série de temáticas recorrentes, as quais pautam os assuntos que mais preocupam seus apresentadores e operadores de sentido. Com isso, de certa forma, os assuntos configuram-se em eixos estruturadores de imaginários que circulam intensamente nos programas, os quais, na força da repetição e da rotinização, criam um clima religioso que ultrapassa as fronteiras televisivas.

Nesse sentido, a tevê é resultado de uma operação imaginária, enquanto imagem e instrumento da linguagem midiática, convertendo-se em mediação que institui o espaço público, ao mesmo tempo que veicula de forma atomizada o conhecimento, joga ao acaso opiniões, preconceitos, reforçando, de forma pulverizada, imaginários nos cidadãos que diariamente participam da vida social que a telinha lhes oferece.[288] É na telinha e na materialidade da produção de suas mensagens que se realiza a passagem da identificação à identidade, ou seja, da ficção ao fato, pois ela não só oferece modelos a imitar, mas é o espelho no qual se acredita estar refletida a própria imagem.[289]

Os imaginários que parecem vertebrar as narrativas discursivas que orientam as sociabilidades propostas pela tevê religiosa são sintetizados, neste trabalho, em quatro: dramatização aflitiva, melodrama existencial, banalização do milagre e demonização do cotidiano. Por meio deles é possível destrinchar alguns programas para demonstrar como eles retomam elementos da natureza urbana, resignificando-os perante seus fiéis-espectadores, enfatizando-se que a força desses imaginários se encontra em sua potencialidade de vir a traduzir-se em práticas sociais.

Assim, enquanto a madrugada, no horário televisivo comercial, não merece maiores atenções, para os programas religiosos é o momento privilegiado do teleatendimento com programas como: *S.O.S Espiritual*; *Orientação Espiritual*; *S.O.S. do Amor*; *Oração pelos aflitos*; *Atendimento Espiritual*; *Acompanhamento bíblico*; *Quais são suas aflições?*; *Madrugadas de Bênçãos*; esses realizam-se no momento do desespero, da necessidade existencial em

---

[288] SÁNCHEZ, 1997, p. 311.
[289] BUCCI, 2004, p. 9.

que a orientação espiritual pode ser mais eficaz. Daí que "... este programa é feito especialmente para você que se encontra nas trevas, angustiado, desesperado",[290] porque:

> Você está aí angustiado (...) com ideias de suicídio (...) sem ninguém para te consolar (...) ligue agora para nós, temos muitos atendentes a sua disposição para dar uma palavra amiga.[291]
> A noite é sempre aquele momento onde bate a solidão, onde a síndrome do pânico aperta a quem sofre disso, onde a solidão oprime, onde a pessoa fica mais solitária, sozinha e bate aquela vontade de conversar e não temos com quem...você optou pela companhia da Século XXI, não se arrependerá...vamos trazer a esperança...[292]

Os programas católicos como *Madrugada de Bênçãos*, da TV Século XXI, *O Amor Vencerá* e *Ele Está no Meio de Nós*, da TVCN, têm exatamente o mesmo formato: duração de aproximadamente 3h, são ao vivo e reprisados após as 3h, os apresentadores são padres ou leigos, começam com uma oração introduzindo a temática da madrugada, a interatividade dá-se via telefone ou entrevistas com voluntários, nos intervalos conta-se com alguém tocando um instrumento e terminam com uma oração final. Não muito longe desse esquema encontram-se *Fala que Eu te Escuto, Ponto de Luz, Pare de Sofrer* e *Terapia Espiritual,* todos transmitidos na TV Record, Rede Família e Rede Mulher. Do mesmo modo, o programa de *De Bem com a Vida* e *Espaço Renascer* da Rede Gospel.

A relativa influência dos programas religiosos parece residir em dois aspectos: do lado da produção identificam-se a narrativa, o contato emocional, a mediação sensorial das imagens, a esteticização generalizada de seus cenários; do lado da recepção reconhecem-se as referências morais que veiculam os programas e os parâmetros de gosto que propõem, mais ainda

---

[290] Pastor Cristian, *Pare de Sofrer*, 22 ago. 2004.
[291] *Pare de Sofrer*, jul. 2004.
[292] Padre Cleodon, *Madrugada de Bênçãos*, 21 jul. 2004.

na extroversão sistemática de emoções a que é submetido o fiel-espectador quando interage nos programas. De maneira que a televisão cria o cenário do que se deve ser, através de todos os programas, não restringindo sua manipulação ao recorte de imagem, edição e superposição. Mesmo porque a manipulação explícita e direta dificilmente acontece, grande parte dela é sutil, pois está atravessada de recursos técnicos simulatórios. Consequentemente, o código televisivo será o que responda pela resignificação e manipulação, substituindo o discurso objetivista, argumentativo e racionalista pela narrativa emotiva midiatizada, daí que o uso da palavra revestida de imagens será interceptada pela percepção estética da performance.[293]

Com isso, a competência do discurso imagético é enunciativa e comunicativa, concretizando suas operações no *fazer ver*, visibilidade; no *fazer saber*, informação; e no *fazer crer*, função ideológica ou religiosa. Essa última função na tevê religiosa perpassa os gêneros, as resoluções visuais, os processos de edição, os tipos de enquadramento, os níveis de angulação, as animações gráficas e o desempenho dos atores/apresentadores. Mais ainda, as imagens midiatizadas são portadoras de grande variedade de repertórios culturais, isto é, ideais, mitos e saberes que circulam na vida social. Observe-se, então, como se dá, tecnicamente, a produção do imaginário, pois eles se entrecruzam na construção dos formatos veiculados na programação da tevê religiosa.

Surpreende observar que tanto os programas católicos quanto os evangélicos apresentam uma mesma estrutura narrativa na formatação de seus programas, divergindo, apenas, em alguns, na performance de seus apresentadores e nas referências simbólicas utilizadas nos cenários. Quando os programas são católicos não faltam imagens ou estátuas de Nossa Senhora, de Jesus Cristo, de algum santo, ou referências simbólicas do catolicismo popular na composição cênica. Os programas evangélicos primam por um cenário mais voltado para es-

---

[293] SODRÉ, 2002, p. 45.

téticas sóbrias e despojadas. Já a performance corporal, entoação de voz, conteúdos e preocupações financeiras parecem responderem a um mesmo *script*.

Os discursos dos apresentadores e as estruturas narrativas seguem a mesma lógica: o padre/pastor/bispo/leigo introduz a temática do programa, fazendo uma alusão bíblica e longa oração, depois interage com o espectador (fone, fax, e-mail), que invariavelmente faz um depoimento, ou então se realiza uma entrevista ao vivo. Depois o apresentador, com voz performática persuasiva, faz sua interpretação, entrecortada por simulações de casos reais que reforçam o discurso (no caso evangélico) ou cenas bíblicas (no caso católico). Finalmente exorta-se para a vida moral e adesão à igreja, participando das atividades do templo (os evangélicos) vivenciando uma vida sacramental (os católicos).

O discurso do telespectador ou entrevistado, evangélico, é sempre nesta direção:

> Por favor, [diz o apresentador e/ou entrevistador] me diga como era sua vida antes de (...) eu tive uma infância muito dura (...) meus pais (...) meus irmãos (...) a vizinhança (...) quando eu tinha tal idade (...) afundei nas drogas, vícios, prostituição, fiz aborto, tentei suicídio (...) era alcoólatra cheguei a ficar nas ruas (...) tinha um negócio, mas...[294]

A intervenção do apresentador/operador de sentido é a resignificação, como já se disse, e normalmente vai na seguinte linha:

> Neste copo de água vamos colocar todas nossas preocupações (...) essa falta de vontade para largar o vício (...) o filho nas drogas (...) a violência nas ruas.[295]

---

[294] *Ponto de Luz*, jul. 2004.
[295] Rede Record, *Terapia do Amor*, Bispo Romualdo.

Recontar a vida, tecida de desgraça e desacertos, resignificá-la nas intervenções dos apresentadores e reforçar o discurso trágico é a tônica que perpassa depoimentos, narrativas e simulações, encenadas por atores amadores e gravadas em estúdio ou espaços abertos como a rua, cemitérios. Todos os testemunhos são pessoais, sem causas e nexos com coletivos sociais. A violência doméstica sofrida é individual, os amigos que levaram pelo caminho das drogas vitimizaram a pessoa, o insucesso financeiro é só de quem o sofreu, do mesmo modo o desemprego. Personalizar o problema e procurar a solução individual é parte da ideologia que percorre o discurso e o formato dos programas.

Frisar a trágedia e o "descer ao fundo do poço" como exacerbação dos dramas é parte do formato, sendo que cada depoimento é mais trágico que o outro. Uma mesma mulher pode ter sofrido agressão do pai, ter-se prostituído, experimentado drogas, abandonado a escola, namorado bandido, ter casado e sido agredida pelo marido, entrar em depressão e tentar suicídio. Após esse depoimento vem outro, tentando superar o anterior, numa sequência de participações que mais parece uma concorrência de quem tem a estória mais trágica do que uma experiência emocional catalizadora.

Por isso, ao assistir continuamente à programação, percebe-se que todas as narrativas são pautadas no mesmo esquema: retorno à infância, relação familiar deteriorada, situação financeira paupérrima, recorrência às drogas (lícitas e ilícitas) como solução, depressão e desespero. Se os programas evangélicos enfatizam essa espetacularização da aflição cotidiana, os programas católicos da madrugada não ficam muito longe dessas propostas.

Há uma lógica da reprodução social que subjaz à estrutura espetacular dos programas dramatizados por cidadãos comuns, convertendo a representação em "show de sentimentos" ou "dramas de harmonia social". Isso expressa o segundo imaginário aqui proposto, o de melodramatizar a vida, que é um imaginário tipicamente latino-americano que se compraz em espectacularizar a dor cotidiana, estruturando na aflição, angústia e medo as sociabilidades religiosas, como a seguir se verá.

Melodrama existencial

Nos programas religiosos, tanto quem os assiste quanto quem os produz parecem partilhar de um mesmo imaginário melodramático que faz da aflição e da dor cotidiana a matéria-prima da programação, colocando como prioridade a dor, a desgraça, a tristeza, a violência na seleção dos temas e no tempo dedicado a eles. São esses elementos que Edgar Morin coloca como a semântica da construção do discurso cotidiano dos meios de comunicação de massa, referindo-os à fusão de espaços espetaculares com técnicas ficcionais.[296]

Essa semântica discursiva do cotidiano é, para Martin-Barbero, o gancho do melodrama que toca a vida do dia a dia. Seu êxito é ancorado na secreta conexão com as fidelidades primordiais da origem do sofrimento. O centro da trama tece-se na procura de identidade (filho sem pai) e do reconhecimento (irmãos separados quando crianças por destinos bipolares, um pobre outro rico) presentes na vida cotidiana.[297]

O drama do reconhecimento será compreendido como o ato de reconhecer, questionar (interpelar) ou ser interpelado como sujeito social e coletivo, fazendo e refazendo as tramas simbólicas dos sujeitos capazes de se reconhecerem nos programas que assistem. Reconhecer-se no drama é uma dimensão subjetiva poderosa, segundo Martín-Barbero, que perpassa a sociabilidade proposta pelas mediações sociais. Ele atinge diretamente a veia profunda da vivência pessoal e coletiva da dor, da perda, da aflição, de todas as dimensões afetivas perpassadas pelo sofrimento e aspirações de felicidade.[298]

No momento em que os processos de urbanização e metropolização das grandes cidades tenham dilacerado as relações entre parentes, vizinhos, amigos, transformando o tempo familiar em anacrônico, o melodrama

---

[296] MORIN, 1972, p. 19-53.

[297] MARTÍN-BARBERO, 1997.

[298] Segundo o autor, não existe memória latino-americana que não passe por esse imaginário (MARTÍN-BARBERO, 1992, p. 40-57).

consegue seu resgate. É essa anacronia que dá sentido, em última instância, ao melodrama e o que explica as razões de sua permanência na televisão e de seu êxito na adesão, a começar pela telenovela. Mais ainda, a experiência popular urbana que alimenta o melodrama, ao mesmo tempo, torna-se sua primeira experiência narrativa, viabilizada pelos dispositivos da *teatralização* dos sentimentos; da *degradação*, como meio de enfatizar o genuinamente popular (as bebedeiras, o machismo, o folgado, o fanático religioso); e da *modernização* das imagens e mensagens, introduzindo novas linguagens e moralidades. Todos esses quesitos são plenamente preenchidos pelos formatos televisivos religiosos, sobretudo os dos programas evangélicos.

Os programas religiosos, ao incorporarem a estrutura melodramática em seus formatos, interpelam o popular a partir do entendimento da realidade através da aflição, fazendo a ponte entre a impotência social e a aspiração heroica dos salvos, dos que encontraram a Cristo na igreja. Como todo melodrama, sua força social advém da capacidade de perpetuar estruturas sociais ou de ajudar a transformá-las simbolicamente. Por meio dos formatos televisivos são oferecidos mecanismos de resistência perante os processos de urbanização desumana. É por isso que, como gênero, o melodrama entrecruza as demandas pessoais de felicidade e/ou salvação e as dinâmicas socioculturais de pobreza e exclusão.

Entretanto, mesmo oferecendo mecanismos de resistência, o gênero melodramático nos programas religiosos não deixa de ser um problema. Não pela exposição pública dos sentimentos, mas pela sentimentalização, a explosão falsamente dramática da privacidade (estandarizada, esteriotipada, homogeneizada), por meio da espetacularização das simulações, que procuram manter o ritmo das audiências televisivas, acima das conversões e adesões, como já foi dito. A dramatização da dor não deixa de ser um entretenimento barato, esteticamente pobre, ideologicamente conformista, que tem sua eficácia na criação de consumo dos meios, na difusão de preocupações afetivo-sentimentais, acima de preocupações político-sociais, ou no incentivo à criação de aparelhos conversacionais.

O melodrama estrutura os programas televisivos, essa teleaflição na espetacularização cotidiana e na dramatização da realidade socioeconômica de milhares de brasileiros está presente no tempo dedicado à desgraça, e a oralidade mediatizada.

Do exposto, pode ser deduzido que tanto o neopentecostalismo quanto o catolicismo midiático, em suas versões carismática e na figura do Pe. Marcelo, não diferem na ênfase que o melodrama e a espetacularização da dor ocupam no tempo e formato dos programas radiofônicos e televisivos, nem nas possíveis saídas para as problemáticas que dramatizam. Ambos os segmentos do cristianismo brasileiro apostam na força social que o melodrama latino-americano revela, investindo nele como meio de segurar audiências, de manter a sintonia com seus fiéis, de angariar novos adeptos, ao mesmo tempo em que oferecem os mesmos recursos para amortecer as aflições da maioria da população.

Ressemantizando religiosamente a angústia e colocando-a no centro das programações (televisivas e radiofônicas) esses grupos religiosos fazem do melodrama um estruturador de imaginários sociais, os quais conectam vivencialmente com a realidade dos fiéis-telespectadores e radiouvintes. Com isso, dor, aflição, angústia alimentam diariamente a subjetividade de milhares de pessoas que, na telinha, nas "ondas hertzianas", nas Catedrais da Fé ou no Santuário Bizantino, procuram mecanismos de resistência e plausibilidade perante a realidade de precariedade emocional e física que os atinge.

Essa "indústria da aflição", com seus recursos técnicos e circularidade midiática (da tela ao templo, do templo à rádio, da rádio à tela), como se viu, é uma realidade complexa, sobretudo no que diz respeito à força que imaginários centrados na performance emocional possam vir representar nas sociabilidades religiosas, que entrecruzam a impotência da aflição com a aspiração de salvação, sem mediações históricas e representativas, pois tendem mais ao conformismo social.

A angústia, vivenciada como antecipação do medo real e como experiência infundada, que coloca a vida cotidiana em tensão imaginária, é a mola que alavanca audiências e fiéis à procura de intervenções sobrenaturais, que dispensam representações sociais como partidos, sindicatos, estado, parece ser um outro elemento essencial na estrutura dos imaginários em que circulam os programas religiosos. O que torna mais complexa sua análise, portanto, mais fascinante.

Banalização do milagre

Na busca por audiência, a televisão espetaculariza o cotidiano, portanto, o rotiniza, esvaziando desse modo um de seus elementos fundamentais: o extraordinário e o inédito. Nessa direção a espetacularização e o melodrama fazem do ordinário o elemento extraordinário dos formatos televisivos, criando o hábito de consumir aquilo que deveria ser eventual. Daí que, continuamente, esses formatos precisam ser alimentados de novidade refazendo *ad perpetuum* as fórmulas que dão certo.

O que acontece no espaço televisivo secular se reproduz nos programas religiosos, de forma invertida. Isto é, o sagrado, o sobrenatural, a intervenção extraordinária do poder divino, o milagre passam a ser rotinizados e a fazer parte da vida cotidiana. A divisão entre sagrado e profano, o primeiro caracterizado pela distância, por ser inatingível, extraordinário, é resignificada ao fazer do milagre parte da retórica discursiva que positiviza e legitima as ações econômicas e pastorais das igrejas.

Assim, encontram-se nos diversos programas as mais variadas interpretações do que é o milagre e sua função na vida do fiel. Ao mesmo tempo, associar êxito financeiro a intervenções divinas coloca o neopentecostalismo na direção da Teologia da Prosperidade, que em linhas gerais:

> defende a crença de que o cristão, além de liberto do pecado original pelo sacrifício vicário de Cristo, adquiriu o direito, já nesta vida e neste mundo, à saúde física perfeita, à prosperidade material e a uma vida

abundante, livre de sofrimento e das artimanhas do diabo (...) o fato é que Deus não só prometeu como, no plano espiritual, já concedeu tais bênçãos a todos os portadores da fé sobrenatural. Agora cabe ao cristão tomar posse delas, tomando uma atitude.[299]

O sucesso econômico na Teologia da Prosperidade atesta a intervenção divina no milagre, que por sua vez é um quase direito que o fiel tem, porque é chamado a tomar posse das bênçãos prometidas. O milagre estaria atrelado, no caso da Renascer, à associação que o fiel faz com a Igreja, sendo gideão, ele é um empreendedor, com isso o êxito está garantido, portanto, o milagre acontece. Fecha-se, então, o círculo do televangelismo: anuncia-se a Palavra, esta tem poder; há uma intervenção sobrenatural, o milagre; o fiel toma uma atitude de mudança, filia-se à igreja.

A intervenção divina é expressa nos depoimentos e testemunhos que os programas, com sua interatividade, facilitam. Assim a experiência cotidiana e corriqueira passa a ganhar uma dimensão miraculosa na resignificação que os fiéis fazem ao estar na linha telefônica ou na entrevista televisiva. Mais ainda, nos cultos, televisados, os fiéis são incentivados a levantar os braços, bater palmas, manifestar-se quando são perguntados: "quem de vocês teve uma doença e depois de encontrar Jesus ficou curado? Levante a mão...". Essa interpretação percorre todos os formatos, variando de programa para programa:

> Venha você, também, na Tenda dos Milagres... você, que não tem rumo (...) que nada dá certo na sua vida (...) você, que procura uma luz (...) venha![300]

> Estamos aqui com Renata, que hoje é da Canção Nova (...) quanto milagre na sua vida (...) por favor, me conte;... como foi que os milagres aconteceram (...) eu era uma pessoa afastada da Igreja... gostava de bebedeiras, não ia na missa (...) um dia me falaram vai na Canção Nova, fui. Todo mudou (...) que beleza! Vê como os milagres acontecem.[301]

---

[299] MARIANO, 2003, p. 242.
[300] Chamada para participar das atividades da IURD, Rede Record, jul. 2002.
[301] *Ele Está no Meio de Nós*, TVCN, 3 ago. 2004.

Essa profusão de milagres no cotidiano torna-se banal, pois acontecem constantemente, podem ser controlados segundo a fidelidade do crente; com isso a imprevisibilidade, a surpresa, o extraordinário fica de lado, perdendo-se na retórica discursiva. O uso excessivo dos milagres levou a sua banalização, passando a ser, de dádiva entre o fiel e a divindade, uma aposta econômica; portanto, o milagre acontece como resposta desta. Por isso, as promessas de superação material (prosperidade) são a garantia de que Deus é fiel e o milagre o atestado dessa garantia.[302]

Contudo, a veiculação nos meios de comunicação de massa desses imaginários que banalizam o milagre parece ter algum impacto tanto na compreensão do fiel do que é uma intervenção divina, quanto na relação de forças que as instituições ostentam no campo religioso.[303] Num primeiro aspecto, na medida em que a banalização do milagre se apropria dos discursos pseudopsicológicos e pseudocientíficos, para colaborar com a "regeneração pessoal" e "harmônica" dos indivíduos modernos, as próprias instituições desmetaforizam o milagre, portanto, negam a institucionalidade dele. Com isso, as próprias instituições entram num paradoxo, o milagre testa-as socialmente como aquelas que contém o sagrado, no entanto, ele afasta-as dessa legitimidade. Já num segundo aspecto, o milagre se ergue como atestado moral das igrejas, reforçando-se um clima religioso em disputa, pois o fiel irá aonde tenha a garantia de que esse se realize, ao mesmo tempo que confirma em qual das igrejas o divino se encontra.[304]

No entanto, o que parece uma disputa, na verdade, converte-se numa mesma oferta; pois, utilizando-se dos mesmos discursos e das mesmas performances, tanto os neopentecostais quanto o catolicismo midiático encontram-se no mesmo patamar de construção de imaginários. Porém, esses últimos parecem correr o risco de incorporar a força argumentativa da banalização do extraordinário, deixando de lado toda uma tradição

---

[302] BIRMAN, 1999, p. 155.
[303] CORTEN, 1998, p. 199-210.
[304] MARIZ, 1999, p. 40.

interpretativa milenar e aproximando-se, cada vez mais, do espírito neopentecostal, tudo isso numa mesma arena: os meios de comunicação, utilizados sob o imperativo de atrair os afastados para dentro da Igreja.

O último imaginário, entre outros, que circula na tevê religiosa e será abordado, é o da demonização do cotidiano. Ele parece repor, em linguagem simulatória e com os correspondentes efeitos de verossimilhança, componentes milenares do cristianismo, atraindo não só audiências televisivas, mas adeptos aos templos, engrossando as tão desejadas (re)adesões institucionais.

Demonização da vida cotidiana

A literatura e os estudiosos autorizam a afirmar que no cristianismo o imaginário demoníaco, personificado no maligno, sempre ocupou um lugar relevante na vida dos crentes. O mal, com todas as suas modulações: agressividade, violência, sofrimento, disfunção pessoal e social, pecado, parece estruturar a cultura ocidental, revelando-se nos mitos, lendas, contos, doutrina religiosa e sistemas filosóficos.[305]

No atual campo religioso brasileiro, o demônio é a etiologia dos males da humanidade e o responsável por todas as mazelas pessoais e sociais, presentes e passadas. Travestido como a figura central das sociabilidades propostas pela mídia religiosa, converteu-se na matéria-prima dos programas televisivos e radiofônicos, no alimento do imaginário melodramático que o responsabiliza pelas tragédias familiares, fracassos econômicos e pela ausência de milagres na vida cotidiana de todos os fiéis e cidadãos, esses últimos independentemente de acreditarem ou não nele.

O maligno, enquanto denominador comum do catolicismo midiático e do neopentecostalismo, terá um tratamento diferenciado em cada confissão religiosa, seja na performance utilizada para sua proscrição (orações

---

[305] Cf. MAFFESOLI, 2004; GIORDANO, 1983; THOMAZ, 1991.

de exorcismos, sessões de descarrego), seja na identificação de sua presença em outras religiões, sobretudo, as mediúnicas. No caso neopentecostal, a interpretação de que as religiões afro-brasileiras, Umbanda e Candomblé, são demoníacas raia à intolerância religiosa, levando a uma pluralidade não pacífica, nos termos de Oro, e a um clima de agressividade religiosa que promove uma guerra espiritual.

Para o efeito da discussão em curso, interessa exatamente focalizar duas dinâmicas em que a cotidianização do demônio transparece, tendo como palco privilegiado a mídia. A primeira sinaliza que os programas radiofônicos e televisivos, dos neopentecostais e dos católicos midiáticos, mostram indícios nítidos de aproximação em suas performances e na homogeneização de suas estruturas narrativas. A segunda mostra quais os mecanismos midiáticos que contribuem para potencializar confrontos inter-religiosos e gerar, na população brasileira, um clima de batalha espiritual.

Assim, nos discursos radiofônicos do Pe. Marcelo e nas narrativas televisivas da IURD podem ser encontradas as mesmas explicações sobre a sinergia totalizante que representa o demônio na vida cotidiana dos cidadãos, crentes ou não, revelando uma mesma visão etiológica dos conflitos sociais e pessoais. Em ambas propostas religiosas o mal encontra-se em toda parte e na própria pessoa, visto que tanto o Pe. Marcelo quanto os pastores e bispos da IURD coincidem na classificação dos sintomas que transtornam a humanidade, conforme descrições:

> Hoje, estou aqui no Santuário (...) Por favor, Dr. Lucchese, nos fale dos 7 males do século XXI (...) o primeiro é a ansiedade (...) a irritação e nervosismo, que é a doença do estresse (...) e a depressão, essa é a grande doença do país, por isso é fundamental uma bênção.[306]

---

[306] *Momento de Fé*, 7 maio 2003.

A mesma tipologia, com outras palavras, circula nas chamadas dos programas televisivos da IURD, as quais dramatizam – em simulações de estúdio – incessantemente os 10 sintomas da possessão:

> Dores de cabeça; vícios; insônia e nervosismo; perturbação; desmaios constantes; medo; depressão; audição de vozes e visões; doenças sem solução; desejo de suicídio...[307]

Ler as limitações físicas (doenças crônicas), as relações interpessoais (conflitos afetivos) e as dificuldades financeiras, a partir do passado, é uma das recorrências constantes nos dicursos neopentecostais e nos do Pe. Marcelo: "O que é praga: toda palavra que deseja o mal para outra (...) Por causa de pragas que foram lançadas sobre você no passado é que você não consegue emprego...".[308]

Escutar o passado, investigar as conexões que as desgraças presentes têm com possíveis acontecimentos e pessoas levou o sacerdote católico a propor a elaboração da árvore genealógica, a qual permite exorcizar o passado e libertar os fiéis de malefícios herdados e pragas jogadas sobre as gerações anteriores, porque "... toda influência negativa é herdada... você tem que se libertar de toda maldição que tenha sido jogada contra seus antepassados...".[309]

O mal perpassa, num *continuum*, a totalidade da vida dos crentes. Assim como a quebra desse mal se dá ao se exorcizar o passado com uma oração realizada no presente, ato reservado aos sacerdotes, pois é aí que se reforça a validação institucional e enfatiza-se que nela reside o poder simbólico sacerdotal: "em profunda comunhão com o bispo, com o Papa... nesta autoridade... eu desligo tudo o que é diabólico...eu desligo tudo o que é maldito, maligno (...) você é livre, liberto, renovado...".[310]

---

[307] Chamadas na programação da Rede Record, ano 2003.
[308] *Momento de Fé*, nov. 2002.
[309] *Momento de Fé*, 5 jul. 2003.
[310] *Momento de Fé*, 3 jul. 2003.

Nessa interpretação da realidade ligada ao passado, tendo o demônio como fio condutor, a culpa é transferida para um terceiro, no caso uma força maléfica sobrenatural, portanto, a construção da subjetividade desloca-se de uma visão histórica de compreensão da própria existência, transferindo para forças a-históricas fatos e situações objetivos.[311] Em outras palavras, pessoas acostumadas a colocar em terceiros a responsabilidade que lhes compete, também, tendem a esperar de terceiros soluções mais amplas, com a consequente desmobilização social.

Se a essa desresponsabilidade pessoal soma-se a economia da angústia, veiculada continuamente nos programas midiáticos religiosos como eixo estruturador do imaginário vulnerável às forças ocultas do mal, compreende-se o porquê padre Marcelo insiste em proclamar: "... tudo pode contribuir para você ser contaminado (...) um mal-olhado (...) uma palavra que derrube (...) por causa de pragas não consegue namorar (...) uma brincadeira da vizinha ...".[312]

Quando os programas na mídia veiculam o imaginário demoníaco *ad infinitum* geram a necessidade de libertar-se do mal, essa por sua vez é satisfeita na resposta que é oferecida pelos próprios operadores de sentido. Ou seja, uma vez que o maligno tomou conta da vida do fiel, no presente e no passado, aqui está a solução mediante sua adesão ao programa, ao Santuário, à igreja.

Como até aqui foi exemplificado, é possível argumentar que existem fortes indícios de semelhanças discursivas e narrativas entre o neopentecostalismo e o catolicismo midiático, ora na totalização do mal, na ideia de que o mal está em toda parte e quais os meios que permitem identificá-lo; ora na interpretação da desgraça presente a partir do passado; mais ainda, na utilização dos mesmos recursos rituais. Dessa demonização cotidiana midiática vale a pena destacar dois aspectos: o

---

[311] GUTWIRTH, 1998, p. 221.
[312] *Momento de Fé*, 19 dez. 2002.

fato dos meios de comunicação social terem se convertido na arena de certa batalha espiritual e o de serem meios privilegiados para desencadear um clima beligerante no campo religioso brasileiro.

Ambos os aspectos podem sustentar a ideia, proposta no início desta análise, de que os imaginários que transitam nas ondas do rádio e repetem-se na telinha têm seu impacto tanto nas subjetividades dos fiéis quanto em suas práticas sociais; portanto, interessa acenar para a orientação que essa rotinização televisiva traz. A seguir discute-se como se passa do ficcional televisivo para as práticas sociais, daí a importância da configuração que as narrativas têm nas subjetividades religiosas.

Subjetividades religiosas e práticas sociais

O mal, personificado no demônio, não é só a etiologia de problemas sociais e pessoais, ele é, também, o motivo para deflagrar um discurso emulatório, competitivo e concorrencial no campo religioso, em franca batalha espiritual, entendida enquanto "advoga que evangelizar – pregar a mensagem cristã – é lutar contra o demônio, que estaria presente em qualquer mal que se faz, em qualquer mal que se sofre e, ainda, na prática de religiões não cristãs".[313] Enquanto guerra, visa a vencer, provando perante os fiéis e potenciais adeptos quem tem a maior superiorioridade moral para libertar o fiel dos "encostos" e "do maligno".

No catolicismo midiático, sobretudo nos programas da madrugada, tanto da TV Canção Nova quanto da Século XXI, a referência às práticas mediúnicas é feita sempre com discrição e não agressividade, embora exista uma recorrência à temática na série de entrevistas que são promovidas, sendo a oportunidade de se esclarecer doutrinalmente a

---

[313] MARIZ, 1999, p. 34.

posição da Igreja perante essa diversidade religiosa. Muitos depoimentos dos fiéis são permeados da possibilidade de transitar por expressões religiosas diversas:

> Eu sempre fui católico, mas tive um problema, fui para o espiritismo (...) agora estou retornando à Igreja (...) já frequentei terreiro, macumba (...) mas vi que isso era perigoso (...); Pe. Alair, eu já procurei outras coisas... você sabe como que é, no desespero até num terreiro fui parar...[314]

Diante dessas intervenções, invariavelmente os sacerdotes ou leigos apelam para a necessidade de se aprofundar na doutrina católica, reforçando que um católico esclarecido precisa ter consciência de sua pertença exclusiva à Igreja, deixar os erros do passado e voltar-se para Deus. No monitoramento dos programas observou-se que a saída para essa realidade foi sempre recorrer à oficialidade da Igreja, retomando, de um lado o discurso identitário que reclama pertença exclusiva do fiel e do outro lado a proclamação de qual é a religião certa e qual a errada.

Não distante dessa postura, que estabelece a oficialidade do religioso, os neopentecostais – fundamentalmente iurdianos – afirmam-se como a Igreja que contém a "verdade". Para isso, desenvolvem atitudes agressivas, principalmente, contra a Igreja católica, acusando-a de ser idólatra (lembre-se que foi esse o *leimotiv* do "chute à santa"), e contra as religiões afro-brasileiras, com a qual vem deflagrando um espírito beligerante, que configura um clima de "guerra santa".

Ao eleger as expressões afro-brasileiras como inimigas religiosas, a IURD desenvolve dispositivos que levam à construção de um repertório simbólico alimentado das crenças e rituais do chamado adversário. Incorporando e ressemantizando os elementos estruturais afro, os iurdianos re-simbolizam os conteúdos tradicionais da religião de origem, adquirindo

---

[314] *Madrugada de Bênçãos*, TV Século XXI, jul. 2004.

uma nova expressão.³¹⁵ Por meio do recurso midiático da verossimilhança, na construção das experiências indiretas e das simulações representadas melodramaticamente, os programas produzidos pela IURD sofisticaram sua perseguição contra a Umbanda e o Candomblé. De forma explícita nas referências culturais e de maneira velada no discurso sucedem-se agressões contra as religiões de possessão acusando-as de serem responsáveis por desgraças pessoais e sociais:

> Para você que já pisou num cemitério, numa casa de encosto,³¹⁶ pó de pemba, já pisou numa encruzilhada [aparece na tela uma série de objetos rituais de Umbanda e Candomblé: guias, ponteiros, velas, fumo, pinga, pemba...] e o mal entrou pelos pés [simulação de jovens drogados, crianças chorando ao assistir a uma cena de violência doméstica, na qual o pai bêbado espanca a mulher...] nesta terça-feira vamos fazer um círculo aqui no Templo Maior, e você vai ter que passar por esse círculo da divindade para se libertar.³¹⁷

As religiões afro são objeto de ressemantização, com suas entidades, rituais, espaços sagrados (terreiro) assumindo um sinal negativo: morada do demônio, espíritos malignos, rituais de Satanás. Entretanto, é o uso abusivo e exaustivo dos símbolos e rituais que fazem com que a IURD passe a incorporar as práticas rituais na Igreja, para lutar contra aqueles que persegue. Os rituais performáticos são padronizados nas sessões de exorcismo, nas quais são expulsos os demônios, que impedem o fiel de obter prosperidade econômica, êxito afetivo, alcançar o bem-estar desejado. Com isso repete-se a sequência: invoca-se o demônio, o pastor o questiona, o demônio responde, é humilhado pelo pastor e logo é expulso.

---

³¹⁵ Assim, quem não conhece nada da Umbanda e do Candomblé e quer informar-se sobre seus rituais pode assistir à programação televisiva da IURD ou participar dos cultos nos templos para ter aulas extremamente didáticas, que narram o universo simbólico dessas religiões afro-brasileiras.

³¹⁶ Aqui o encosto assume o nome genérico que denomina as entidades afro-brasileiras identificadas com o demônio.

³¹⁷ Chamada da programação da Rede Record, out. 2002.

Os especialistas, de modo geral, tendem a coincidir indicando que a batalha espiritual contra as religiões afro representa o âmago da própria constituição religiosa da IURD, a qual elaborou, pela guerra, uma antropofagia da fé inimiga, desenvolvendo um caráter religiofágico, literalmente comedora de religião, que procedeu a uma fagocitose religiosa.[318] Fazendo uma mistura entre conteúdos afro e elementos pentecostais, a IURD elabora um sincretismo às avessas, o que gerou:

> uma religiosidade que mistura exus com glossolalia, exorcismo com transe; de tal maneira que se estabeleceu uma continuidade pela qual as entidades conseguiram transitar nesses universos e puderam, pelo transe, se comunicar. Os pares negação/inversão e assimilação/continuidade são os mecanismos fundamentais pelos quais se processou essa antropofagia religiosa. Graças a esses binômios, a Universal pôde manter o proselitismo de fiéis e, ao mesmo tempo, ser sincrética com outras crenças, que, juntamente como os infortúnios vividos pela população brasileira, formam o alimento constitutivo de seu simbolismo religioso.[319]

Isso se confirma na observação sistemática dos exorcismos realizados nos programas televisivos. O caráter performático do ritual praticamente esgota-se nele mesmo, visto que, além de ser padronizado nos termos de consumo midiático, ele é descontextualizado, reduzindo-se o combate à agressão. De sorte que a demonização das religiões afro, de seus lugares de culto e de seus membros ocupam um lugar central na constituição ritual da IURD, recriando um pentecostalismo macumbeiro.[320] Mas as agressões não são só narrativas ficcionais ou discursivo-televisivas, elas ultrapassam os âmbitos dos meios de comunicação social, visto que:

> oito pais de santo "ingressaram na Justiça com ações contra a Igreja Universal do Reino de Deus exigindo direito de resposta no programa televisivo *Ponto de Luz*, porque nele são usados símbolos e elementos do

---
[318] ALMEIDA, 2003, p. 341.
[319] ALMEIDA, 2001, p. 99.
[320] ORO, 2004.

candomblé para criticar as religiões afro-brasileiras. Ainda segundo a reportagem, além do direito de resposta, os pais de santo também pedem uma punição aos responsáveis pelo programa".[321]

> Entidades do movimento negro e religiões afro fizeram manifestação na Avenida Paulista (...) entregaram ao Ministério Público pedido de abertura de ação civil pública contra os programas religiosos da TV Record e Rede Mulher (...) o movimento argumenta que os programas "esmeram-se em difamar e enxovalhar as religiões de matriz africana, incitando o preconceito racial e discriminação religiosa".[322]

É inegável que a mídia potencializa o imaginário demoníaco e contribui para a formação de subjetividades que, por um lado, desresponsabilizam o indivíduo de suas ações e, por outro lado, atiçam um espírito beligerante produtor de gestos e atitudes de intolerância. Mesmo que a televisão não seja todo-poderosa na construção de subjetividades, não é menos real que ela persuade, mediante seus recursos imagéticos, a seus leitores audiovisuais. Com efeito, o símbolo discursivo dos programas iurdianos alimenta os mitos e o imaginário presentes nas matrizes culturais e religiosas do Brasil, trazendo na força da imagem, do som, da palavra uma interpretação da realidade. O mesmo acontece, em menor grau, com os programas do catolicismo midiático, como já se disse.

Na mesma linha de raciocínio, Roger Silverstone, fazendo um paralelo entre a vida cotidiana e a prática televisiva, sugere que os símbolos e mitos veiculados nos programas televisivos são processados como motor de significação para os desafios do dia a dia.[323] São essas significações cotidianas que fazem dos meios de comunicação de massa mediações.

A cotidianização dos programas televisivos, junto a seus formatos e processos de produção, contribuem para a naturalização de imaginários; consequentemente, na ordem das relações sociais podem vir a desencadear

---

[321] ORO, 2004, p. 29.
[322] Folha de S. Paulo, 11 dez. 2003, p. C-3.
[323] SILVERSTONE, 1989, p. 79.

determinadas atitudes e comportamentos nos indivíduos e grupos. Dito de outra forma, a reprodução *ad infinitum* dos programas acusatórios contra as religiões afro não fica só no âmbito ficcional, ela estimula um discurso emulatório que ultrapassa a telinha e os templos, provocando conflitos, até, de ordem judiciária, como se registrou.

Semelhantes porque diferentes

A riqueza da análise televisiva procurou demonstrar que a televisão religiosa avança pela mídia brasileira, firmando-se como espaço específico que alimenta fiéis e telespectadores com suas soluções rituais e disseminação de imaginários. Nesse sentido, não se sabe ao certo qual a potencialidade desses espaços; não obstante, uma coisa é certa: todo espectador é um rebanho virtual que pode se transformar em fiel ativo, passando da telinha para o templo. Ou, simplesmente, o telespectador forma parte das audiências anônimas, dos consumidores solitários, porém, nada impede de alimentar sua subjetividade a partir dos modelos interpretativos da realidade que os programas religiosos lhe apresenta.

Embora na tentativa televisiva ambos os segmentos do campo religioso brasileiro parecem oscilar num vai e vem que ora os aproxima nas narrativas e discursos de seus programas, ora os afasta na insistente veiculação de elementos rituais que marcam suas fronteiras identitárias; no conjunto das performances essas diferenças parecem diluir-se, tornando o catolicismo midiático cada vez mais próximo do neopentecostalismo.

Contudo, ambos os segmentos, católico midiático e neopentecostal, compartilham do mesmo mecanismo, de dramaticidade e espetacularidade, na cotidianização demoníaca, deslocando a construção da subjetividade de seus seguidores/leitores audiovisuais para uma visão a-histórica da realidade, com a consequente desresponsabilidade de suas ações.

Ao mesmo tempo mostram traços de certo fundamentalismo religioso, que os impede de reconhecer o lugar social das outras expressões, subordinando-as às próprias categorias de certo ou errado, quando não as desqualificam como demoníacas.

Na constituição de imaginários demoníacos, magnificados pela rádio e a televisão, fica claro que o catolicismo midiático, personificado no Pe. Marcelo e nas teletransmissoras Século XXI e TVCN, e o neopentecostalismo, na IURD e Renascer em Cristo, aproximam-se nas narrativas, nos recursos técnicos, em suas performances, surpreendendo pela semelhança. Diferem, no entanto, no tratamento às religiões mediúnicas, posto que no atual cenário a IURD constitui-se numa máquina de intolerância religiosa, levantando, em nome de Deus e do demônio, um muro divisório entre o que acredita ser a religião legítima e oficial no Brasil e os "pagãos". O que não significa que, na procura de atrair os afastados, o catolicismo midiático não contenha, também, uma discreta insistência sobre a Igreja católica ser a verdadeira religião.

Inserem-se na formação de subjetividades religiosas os demais imaginários, cujo pivô é a economia da angústia, que ancora a banalização do milagre e a procura do sucesso fácil e rápido. Imaginários que têm seu impacto na vida social quando, da mesma forma que a demonização, desresponsabilizam o indivíduo de suas ações, imobilizando-o coletivamente para possíveis reivindicações a problemas que dizem respeito aos coletivos. Com isso, tanto os formatos televisivos quanto as propostas viabilizadas nas outras ações pastorais enveredam por caminhos de conformismo social.

Campo desafiador que se amplia, na medida em que as tecnologias avançam pelo mundo da cultura da virtualidade real. É nessa área do conhecimento informacional e da interatividade em tempo real que, também, será encontrado o Pe. Marcelo, propondo-se a ser o pai espiritual via on-line dos fiéis-internautas que o procuram, encontrando-o numa cibercatequese. Desde os púlpitos virtuais, o sacerdote propôs-se a "modernizar" a imagem da Igreja, colocando-a a par das linguagens mais novidosas da era digital, ao mesmo tempo em que cumpre o mandato de João Paulo II de evangelizar por todas as mídias.

Fiel a essa exortação, o jovem presbítero estende-se até aquela mídia que parecia um sonho: o cinema. Adentrando-se nos bastidores das celebridades, o fenômeno midiático Pe. Marcelo coroa seu itineário carismático, complexificando a relação Igreja-modernidade, religião e meios de comunicação em massa. No mundo das estrelas cinematográficas, uma "estrela religiosa" emerge, abençoando meios, conteúdos e mediadores, embora para o padre-artista a fama, o prestígio e a admiração que se alastra o façam "sofrer". Mas tudo vale a pena, porque: "eu sou só um instrumento de Deus", desabafa a mais original das presenças sacerdotais da mídia brasileira, que a seguir será objeto de considerações.

7

MEIOS DIGITAIS, CONTEÚDOS DOUTRINAIS

Com os alucinantes avanços tecnológicos que perfilam uma era caracterizada por: *chips* e computadores, telecomunicações móveis, ubíquas, mercados financeiros globais integrados eletronicamente e funcionando em tempo real, economias interligadas planetariamente e uma força de trabalho urbana centrada no processamento de conhecimentos e informação, emerge uma sociedade em rede, articulada por outras percepções de tempo e de espaço que, no dizer de Manuel Castells, se converterá em paradigma: a Sociedade da Informação.

Se a Era da informação fechou o segundo milênio, o cinema abriu o século XX. Ambos os eventos profundamente interligados pela exigência de novas categorias de interpretação fornecedoras de parâmetros para a compreensão de seu impacto social. Cinema e internet, cada um segundo sua natureza comunicacional, presentes no horizonte intersubjetivo dos meios de comunicação, alimentando imaginários e subjetividades do indivíduo moderno, sem se furtar à tarefa de contribuir para sua individuação.

Esses dois meios se encontram, também, no processo de ascensão midiática do Pe. Marcelo, presença que se justifica pelo firme propósito de estar em todas as mídias, como resposta à exigência do projeto evangelizador inspirado num carisma midiático que o sobrepassa: o pontificado de João Paulo II. Vê-se então coroada sua participação na internet e no cinema brasileiro, com isso seu projeto encontra-se realizado; restando, portanto, a manutenção desse amplo leque midiático.

A seguir será delineada, primeiramente, a inserção do padre-artista e operador de sentido no universo da internet e sua recente incursão no cinema; logo após, abordar-se-á a incursão comunicacional do sacerdote no cinema. Nesse percurso, interessa mostrar que a utilização de ambos os meios, na ação pastoral do sacerdote de todas as mídias, não o isenta das ambiguidades que a própria lógica dos veículos e a sinergia midiática lhe impõe, alertando, uma vez mais, para os paradoxos que a Igreja, em seu diálogo com a modernidade, vivencia.

Cultura da virtualidade real

Em 1995, com a portaria 004/95 do Ministério das Comunicações, o Brasil entraria oficialmente na competição comercial do universo da virtualidade e da conexão em rede. Nascida no seio militar, na década dos anos 60, nos EUA, a sociedade informacional percorre os âmbitos acadêmicos nos anos 80, concluindo seu percurso em sua comercialização, nos anos 90, quando inicia um processo de popularização global.[324]

Sob a premissa de que a comunicação molda a cultura e de que a cultura é um processo de produção e consumo de sinais, Manuel Castells analisa o impacto que o paradigma informacional tem sobre ela. Caracterizado pela forma como a tecnologia age sobre a informação, pela lógica das redes interligadas estruturando uma sociedade em rede, pela criatividade, flexibilidade e reconfiguração cognitiva (liberdade e/ ou repressão) e pela convergência de tecnologias específicas para uma

---

[324] Autores como Daniel Bell e Alain Tourraine debruçam-se sobre as transformações sociais e seu impacto nas Ciências Sociais. O primeiro pensa o advento da sociedade pós-industrial e faz uma tentativa de previsão social, já o segundo questiona a sociedade programada ou do conhecimento, que esboça a emergência de um novo paradigma nas Ciências Sociais (BELL, 1973, p. 530; TOURAINE, 1986, p.15).

integração e interdependência social, econômica e política. Enfim, o paradigma informacional seria a maneira como a tecnologia penetra na vida humana.[325]

Do seio dessa sociedade em rede nasce uma cultura da virtualidade real, mediada por interesses políticos, sociais, governamentais e estratégias do mundo de negócios. A cultura da virtualidade é a realidade em si da pessoa (sua existência material e simbólica) que está imersa num embate de imagens virtuais, nas quais os símbolos não são apenas metáforas, mas abarcam experiências reais capazes de mudar indivíduos e coletividades. Com isso, a base material da cultura, o modo de vida no espaço de fluxos e no tempo intemporal, têm valores e funções que se organizam em simultaneidade, sem contiguidade, construindo sequências imprevisíveis, sem passado e sem futuro, instantâneas. O veículo dessa cultura são os meios de comunicação social e a mídia eletrônica. Esta última entendida como um sistema tecnológico, funcionando através dos materiais midiáticos.[326]

Nesse novo tempo social encontra-se a mídia eletrônica, que tem um papel decisivo com seus processos de simultaneidade e intemporalidade. Ela apresenta-se como a concretização do desenraizamento de fronteiras e culturas, como uma versão eletrônica das "raízes comunais". Sua outra face está na capacidade de interligar, apagando tempo e lugar, pessoas, grupos, interesses, negócios, criando uma comunidade virtual ou rede virtual, com objetivos de comunicação interativa.[327]

Assim, o impacto social e cultural da internet pode ser avaliado em duas direções, de um lado, na convergência de trabalho, casa e lazer encontrado num mesmo meio, com a consequente alteração do sistema produtivo e das relações de trabalho. Do outro lado, a cultura da virtualidade com a internet e a informática, como um todo, abrange as dimensões subjetivas e as experiências reais dos indivíduos.

---

[325] CASTELLS, 2000, vol., 1, p. 71-78.
[326] HARVEY, 1994, p. 315-317.
[327] CASTELLS, 2000, vol., 1, p. 486.

No horizonte teórico que focaliza as mutações íntimas, Sherry Turkle, a partir da ótica psicanalítica, propõe-se a refletir sobre a interação entre tecnologia, cultura do simulacro e o imaginário de significações que a era da internet traz. Sua preocupação centra-se no processo de construção da identidade do indivíduo moderno e em como a interatividade da cibercultura possibilita a configuração de "novos *selfs*".[328] Elas estão sujeitas a simulação como novas normas de interação social, favorecendo o ensaio de formulação de regras, outrora transmitidas por mecanismos tradicionais de face a face às gerações anteriores, emergindo, assim, outros dispositivos na formação do alterego, via simulações lúdicas.[329]

Nessa mesma linha, Pierre Lévy dirá que o ciberespaço é o *locus* da radicalização, da autonomia identitária e de sua maleabilidade, visto que a circulação da informação, sem propriedade intelectual, entre outros aspectos, leva a utilizar-se indiscriminadamente da informação que circula, sendo modificada infinitamente, até ceder à fragmentação do eu.[330] Sendo assim, o *ciberespaço* constitui-se, na visão de Turkle, num novo modelo cognitivo e num meio para projetar ideias e fantasias, agilizadas tecnicamente por outras formas de interface, permitindo a interpretação metafórica do *self* num sistema múltiplo de simulação.

A essa perspectiva identitária soma-se a proposta de pensar como a cultura da virtualidade viabiliza um *ethos* midiatizado. Muniz Sodré atenta para o fato de que a interatividade e conectividade permanentes, produzidas pela mediatização da comunicação técnica, encontram-se a serviço de uma lógica que direciona valores, opções éticas, pauta normas de comportamento e encontra-se a reboque das regras do mercado. Desse

---

[328] TURKLE, 1997.

[329] Nos jogos interativos é possível criar um mundo virtual com regras de interação própria, as personagens podem ser autorrepresentações e projeções, superando o campo de mero entretenimento. Assim, criando jogos é possível namorar, casar, matar, interagir, com isso a simulação passa a ter uma função ritualizadora, normativa, o que dá uma função educativa, ou não, ao meio.

[330] LÉVY, 1999, p. 92-93.

modo emergem outras formas de relacionamento social, imbuídas de uma nova ordem de consumo, cujo *ethos* dita estilos de vida, orientados por prescrições morais difusas e pressuposições lógicas midiáticas.[331] Estilos pautados pelo imperativo dos indivíduos estarem sempre interconectados, "plugados" à "tecnocultura" que gera o hábito de consumo.

Outra abordagem, que aqui interessa, é olhar pelo viés da tradição e das consequências que as novas redes de comunicação trazem para a interação face a face. John Thompson sugere que a revolução tecnológica, se não chega a extinguir a tradição, a modifica, tanto no declínio da autoridade quanto no deslocamento da forma de transmitir seus conteúdos simbólicos no substrato material.[332] De tal forma que subordinar a transmissão da tradição à transmissão midiática pode ter como contrapartida a desritualização, passando a tradição a depender menos da reconstituição ritualizada no face a face e mais da interatividade midiática.

Interessa destacar que as novas tecnologias configuram a interação social e a transformação, mesmo que lenta, pois está condicionada a seu acesso, da experiência humana, modificando normas e valores na medida em que se enraiza nas práticas cotidianas. Embora ainda seja cedo para avaliar com profundidade as repercussões societárias que a internet e a sociedade informacional trazem, é possível afirmar que essas são complexas, visto que oscilam entre a lógica capitalista do consumo e a apropriação cultural e individual que os usuários fazem delas.

Com esse mínimo de parâmetros interpretativos, pode-se então aproximar-se do novo espaço "doméstico" em que se transformou a internet, na qual circulam milhões de informações e interações, inclusive as religiosas. Nela é possível encontrar propostas desritualizadoras como esta: "Construa seu espaço sagrado na internet, um lugar onde você pode acender velas, meditar, orar e ver um lindo jardim crescer! É fácil, rápido e gratuito, experimente!"[333]

---

[331] SODRÉ, 2002, p. 46.
[332] THOMPSON, 1999, p. 159-180.
[333] Disponível em: <www.terra.com.br/planetaweb>. Acesso em: 15 mar. 2004.

Sugestão que o site faz para os internautas religiosos, ou não, que desejem ter "um cantinho para meditação, adoração. Para quando você precisa fugir para um lugar calmo – mas só tem o computador à sua frente!" Nesse espaço virtual, desterritorializado, a pessoa é convidada a "acender velas (...) em seu altar privado, o que significa que só você pode acessá-lo. Os altares públicos podem ser abertos para quem quiser visitar e colocar velas, e podem ser criados para causas comuns".[334]

Um novo paradigma tecnológico informacional a serviço do sagrado, simulando alteridade real: "As velas duram uma semana, e você pode colocar quantas quiser. Quando a última estiver no fim, você receberá um e-mail avisando que precisa acender outra. Seu altar não pode ficar sem velas, ou será respeitosamente retirado após uma semana". O tempo sagrado das práticas ritualizadas, das resignificações, transformado em tempo real, simulando espaços sagrados, templos e comunidades de crentes: é a religião na internet e a internet a serviço da religião.

E é nela que a Igreja católica aposta como meio "privilegiado" de evangelização, pois estar nela é prova de sua sintonia com as novas linguagens dos homens e mulheres contemporâneos. Fiel a esse chamado, encontra-se o www.padremarcelo.terra.com.br, que a seguir será objeto de atenção.

Púlpitos virtuais

> Atendendo ao pedido do Santo Padre, o Papa João Paulo II, e de meu bispo diocesano, Dom Fernando Figueiredo, é que viemos evangelizar com novos métodos, mas sem contudo perder o conteúdo, que é a doutrina da Igreja. É uma alegria muito grande poder contar com o apoio do Terra (...) vou chamar você, internauta, de filho espiritual, com muito carinho e respeito como filho amado de Deus, afinal como Padre sou um Pai espiritual. Acompanhem nossa programação neste site, em que faço questão de dedicar uma boa parte da minha vida.[335]

---

[334] Disponível em: <www.terra.com.br/planetaweb>. Acesso em: 15 mar. 2004
[335] Disponível em:<www.terra.com.br/padremarcelo>. Acesso em: 6 maio 2000.

É com essa mensagem que se inaugura a partipação de Pe. Marcelo na internet, no mês de abril do ano 2000, no provedor Terra. Com o aval de Dom Fernando, essa presença na internet:

> torna-se mais um veículo de comunicação e de evangelização, não só para o Brasil, mas também em outros países (...) Justamente por isso e também por sua idoneidade que foi escolhido pelo megaportal Terra (...) Como seu bispo eu o apoio nesta nova proposta.[336]

Idoneidade coroada no final de 2001 com o iBest Company (prêmio lançado em 1995 para destacar os melhos sites), que recebeu 30 mil inscrições de sites em suas 48 categorias e mais de três milhões de votos. Pe. Marcelo venceria na categoria personalidade, isto é, conforme os critérios de seleção, correspondia ao reconhecimento de ser a personagem melhor qualificada no meio e a mais "visitada" no ciberespaço.

Para quem visitasse o site, na época, encontrar-se-ia com uma página bem produzida, pois durante os dois anos de contrato com o megaportal Terra o site contaria com jornalistas responsáveis por alimentá-lo. No espaço virtual o internauta teria a possibilidade de ter direção espiritual, por meio do chat; catequese (O Evangelho do dia); avisos paroquiais (notícias); celebrações (missa semanal, ao vivo); testemunhos; oportunidades de concorrer a prêmios, como o de ganhar um lugar privilegiado perto do altar no Santuário Bizantino; espaço para cumprimentar o sacerdote por seu aniversário; tomar conhecimento de cursos, eventos e campanhas de evangelização; assistir aos vídeos; acesso aos compactos, escritos e sonorizados, dos programas de rádio da semana; biografia do sacerdote, ilustrada com fotografias; orações pelos mais diversos acontecimentos; loja virtual, com os produtos da logomarca Terço Bizantino; compactos do programa de rádio *Momento de Fé;* e acesso ao chat-show. Enfim, frequentar o site do padre-midiático significava participar de sua megaparóquia virtual.

---

[336] Disponível em: <www.padremarcelo.terra.com.br>. Acesso em: 6 jun. 2000.

Ao se inserir nesse micro universo religioso em que se constitui a internet, Pe. Marcelo, também, participava do fluxo de centenas de sites católicos, evangélicos, espíritas, de religiões afro-brasileiras e de expressões esotéricas, entre outras, compondo assim um painel virtual de diversidade religiosa disponível no ciberespaço.

Na tentativa de compreender qual o modo de presença institucional que pode ser lastreado na internet, Jungblut registra que os sites católicos se caracterizam por uma forte presença organizacional, privilegiando os espaços diocesanos, com pouca interatividade (difícil encontrar listas de discussão) e pouca publicidade. Esse perfil institucional não difere dos sites evangélicos, privilegiando-se o espaço congregacional.[337]

As observações de Jungblut alertam para o esforço que as instituições mantêm, especificamente, a católica e a evangélica, para fazer do ciberespaço lugares de retransmissão tradicional e veículos de difusão da fé, com seu respectivo proselitismo.[338] Três dimensões de uma mesma interlocução entrecruzam-se, metaforizando o mundo virtual em igreja virtual, o ciberespaço (on-line), o mundo real da sociedade (off-line) e a pertença religiosa (off-line). Ambos os segmentos prolongam na internet comportamentos habituais das instituições (disciplina, rotinização, atividades rituais, padronização de ações), tendendo a fazer igrejas e paróquias virtuais, embora o espaço cibernético seja um local, por excelência, contrário a essa caracterização.[339]

Com isso, nota-se certo saudosismo dos encontros interpessoais, que precisam, ainda, das mediações corporais. É no meio dessa proposta, de transformar o espaço virtual em igreja, que se encontra o *chat* como espaço mais próximo da interatividade corporal. Por meio da conversa sincrônica,

---

[337] JUNGBLUT, 2002, p. 160-165.

[338] Em um outro texto o autor debruça-se sobre a análise da participação dos evangélicos nos chats, analisando as listas de discussão e seus conteúdos ele indica que na tentativa de colonizar a internet e o mercado eletrônico os evangélicos levam a dianteira (JUNGBLUT, 2000, p. 306).

[339] JUNGBLUT, 2002, p. 163.

de caráter informal, às vezes apaixonada, com pobreza de linguagem, falhas ortográficas, sem conexões lógicas e, frequentemente caóticas, as pessoas interagem. Em princípio, o chat é uma arena onde se expõem as idiossincracias identitárias, um canal de demostração de experiências pessoais, no qual podem-se ter atos livres sem consequências coercitivas do mundo off-line, de irresponsabilidade e licenciosidades morais.

É possível analisar a presença de Pe. Marcelo no ciberespaço, por meio de seu chat, e perceber o tipo de discurso que se apresenta na interatvidade comunicacional. Com duração de aproximadamente uma hora e meia os chat-shows parecem ter sido idealizados para animar com música a interatividade do internauta e lançar a discografia do sacerdote, bem como são um instrumento a mais de publicidade para a multiplicidade de eventos relacionados com o sacerdote, os artigos com a logomarca Terço Bizantino, as atividades extra-santuário e lançamentos dos CDs via internet.

Mostra-se, uma vez mais, como esse tipo de integração entre mídias é o que impulsionou a formação do carisma midiático do sacerdote e o que permitiu a acumulação da competência profissional do padre cibernético, para estar em todos os meios, em todas as mídias, em todos os "cantos" da Terra.

Padre espiritual on-line

Fiéis ao regime "filhinhos", os internautas, e pai espiritual, padre Marcelo, navegaram on-line durante 24 meses em noventa e quatro (94) chats,[340] posteriormente seria cancelado o portal no provedor Terra.

---

[340] Nesta pesquisa foram monitorados noventa e uma (91) dessas interlocuções, registrando-se no ano de 2001 cinquenta e oito (58) e no ano de 2002 trinta e seis (36); os participantes foram dois mil setecentos e vinte e nove (2.729), sendo mil oitocentos e quarenta e três (1.843) mulheres, quinhentos e trinta e três (533) homens e trezentas e cinquenta e três (353) pessoas que se identificaram com *nicknames*; as perguntas registradas foram ao todo duas mil oitocentas e oito (2.808) e as respostas mil oitocentas e quatorze (1.814). Com isso, teve-se uma participação feminina de 68%, masculina de 20% e 12% de pessoas que se identificaram com pseudônimos.

O formato do chat foi sempre o mesmo: começava com uma invocação (nome do Pai, Filho e Espírito Santo) e terminava com uma benção (solicitando do internauta preparar a água para ser abençoada). Cada semana o chat tinha uma temática, a mesma do *Momento de Fé*, embora as intervenções não se restringissem a ela. Entre elas registraram-se: chat da Renovação, assuntos relacionados à vida espiritual; chat da depressão, angústia, enfermidade, estresse, explicações sobre os males do século XXI. Nessas temáticas participava frequentemente o Dr. Lucchese, parceiro do padre Marcelo no rádio. Houve os dedicados ao trabalho e a campanhas pela paz, estes últimos em razão do atentado de 2001, no EUA.

Sobre o conteúdo dos chats, a natureza econômica da linguagem, inerente ao meio, impede de fazer uma análise mais aprofundada sobre os discursos oferecidos – coisa que, como se viu, na rádio e televisão é relativamente mais fácil –; mesmo assim, foi possível perceber alguns traços da tendência que se dá na interlocução.

Da mesma maneira que na rádio, a linguagem do sacerdote caracterizou-se pela afetividade, cumplicidade e uso e abuso de diminutivos. Após um cumprimento, um internauta lançava a primeira pergunta, o padre respondia, e assim sucessivamente durante os trinta minutos do bate-papo.

Na tentativa de organizar esse universo caótico, realizou-se, durante o monitoramento dos 91 chats, uma classificação dos assuntos por temática, selecionando-se as perguntas e suas respectivas respostas, para se obter um mínimo de coêrencia da participação. Para se ter uma ideia do que se falava, a seguir apresentam-se os resultados em percentuais sobre as linhas temáticas abordadas: moralidade sexual 3,77%; doutrina e catequese eclesial 30,98%; sacramentos e espiritualidade 13,21%; imaginário demoníaco e assuntos relacionados com doenças 16,24%; dúvidas sobre outras religiões e ecumenismo 6,87%; testemunhos de louvor e solicitações de bênçãos 9,44%; matérias relacionadas a assuntos sociais 9,58%; intervenções relacionadas com a pessoa e as atividades do sacerdote 9,90%.

Como se vê o peso maior recai nas temáticas relacionadas com a doutrina e catequese, seguido do imaginário demoníaco, logo vêm os sacramentos e a espiritualidade, sendo que os outros temas distribuem-se mais ou menos equitativamente, obtendo menor atenção a questão da moralidade sexual. Os assuntos sobre a temática "Igreja" oscilaram de questionamentos complexos, como escatologia e predestinação, até simples perguntas sobre adoração de imagens, passando por questões doutrinais e litúrgicas. O maior filão temático foi o de questões catequéticas sobre a Bíblia, seguido de questionamentos sobre dogmas de fé, santos e Nossa Senhora, a missa e a participação nela e dúvidas sobre a parusia.

Dessas intervenções, o que mais chamou a atenção foi a necessidade que os internautas mostraram de esclarecer suas dúvidas, pelo fato de estarem sendo questionados pelos "irmãos separados" (pentecostais). Com isso, muitas respostas foram na linha de "você deve estar claro em sua fé e esclarecer a outros católicos para que não procurem outras igrejas".[341] Quando as perguntas se referiam a assuntos relacionados com vocação sacerdotal, as respostas eram bem mais longas que do restante.

Na moralidade sexual a recorrência de dúvidas é maior no assunto homossexualidade, aborto, relações sexuais pré-matrimoniais. A julgar pelas intervenções, era evidente o público jovem que as fazia, chamando a atenção que não se teve registro sobre o assunto "masturbação", preocupação frequente entre os adolescentes. Em geral, as perguntas revelam a necessidade de se obter parâmetros do que é certo ou errado, bem como esclarecimentos sobre se determinadas condutas representam pecado, observe-se um exemplo:

> Princesa diz: Gosto de um rapaz há sete anos. Descobri que é homossexual. Ele gosta de mim, mas não consegue sair dessa e nem ficar comigo. Já tentei ajudá-lo de todas as formas possíveis, estou sofrendo e ele também. O que faço Padre? Estou em pecado eu também?

---

[341] Chat, Pe. Marcelo, 5 jul. 2002.

Padre Marcelo diz: Princesa, Deus a abençoe. Em primeiro lugar muita compreensão e respeito. Mas sai dessa. E também você pode rezar por ele na novena que irei fazer na rádio para que todas essas pessoas que sofrem da doença se regenerem.³⁴²

As perguntas e respostas relacionadas ao imaginário demoníaco não diferem dos assuntos tratados no *Momento de Fé*, nem dos abordados nos programas televisivos do catolicismo carismático. Anjos, maldições hereditárias e pragas, depressão, possessão demoníaca, ideias de suicídio, síndrome do pânico, interligados a problemas de saúde, todos, navegam pela internet. As interlocuções no chat só confirmam o imaginário demoníaco e de economia da angústia que pauta a orientação religiosa do sacerdote.

Outra temática é a dos sacramentos e orientação espiritual, essas perguntas e respostas são as que melhor confirmam a utilização do espaço cibernético como um "ambiente" catequético e paroquial. Querer saber sobre práticas rituais e suas orientações e horários de atividades no Santuário foram a maior preocupação dos fiéis internautas.

Afirma-se que o chat converte-se num instrumento catequético, por duplo motivo: de um lado, a dinâmica pergunta/resposta orientada para uma temática pré-determinada configura uma intervenção pedagógica. De outro, o conteúdo propriamente dito, cuja ênfase é dada ao aspecto doutrinal, dogmático e moral, carregando as interlocuções com tons moralistas e soluções individuais a problemáticas sociais mais abrangentes. Dessa forma, não difere dos outros meios e mantém-se a linha inicial de "evangelizar com novos métodos, sem, entretanto, perder o conteúdo, que é a doutrina da Igreja". Mais ainda, é nessa direção que o padre on-line afina com o que deve ser a internet, segundo as orientações do Papa João Paulo II.

---

³⁴² Chat, Pe. Marcelo, 14 jan. 2001.

Cibercatequese

Para a Igreja, o novo mundo do espaço cibernético é uma exortação à grande aventura do uso de seu potencial para proclamar a mensagem evangélica. Este desafio está no centro do que significa, no início do milênio, seguir o mandato do Senhor, de "avançar mais para o fundo: *Duc in altum!*" [343]

Desse documento, lançado na celebração anual do dia mundial das Comunicações no ano 2002, sob o título: Internet, um novo foro para a proclamação do Evangelho, vários aspectos chamam a atenção.[344] Um é o fato de a Igreja solicitar aos fiéis leigos fazerem da internet um uso pedagógico e catequético, ao mesmo tempo que são exortados a descobrir "formas muito especiais de ajudar aqueles que, pela primeira vez, entram em contato com a Internet, a passar do mundo virtual do espaço cibernético para o mundo real da comunidade cristã".[345]

Isto é, o âmbito do ciberespaço é o de proclamação da mensagem, entretanto, essa só se complementa se o fiel se dirigir ao templo. Proposta que se sintoniza com a de fazer da internet um espaço de reinstitucionalização religiosa, como foi alertado anteriormente. Mais ainda, embora o espaço seja tido como bom, não se deixa de alertar sobre os "perigos" que ele oferece, isto é, sendo um meio tecnológico, em princípio é neutro, mas está sujeito a veicular conteúdos que representam uma ameaça para os valores morais dos cristãos.

Um outro aspecto é a postura utópica da Igreja sobre o possível potencial democrático que a cultura virtual traz, dizendo:

---

[343] JOÃO PAULO II, 2002, § 2.

[344] O texto é um de três documentos publicados neste quinquênio sobre a internet. Os outros dois são: Igreja na Internet e Ética na Internet, ambos do Conselho Pontifício para as Comunicações Sociais, 22 fev. 2002. Os documentos foram publicados após o citado acima. Os três são essencialmente iguais, mudando só sua extensão e elaboração da linguagem. O documento que aqui é citado é a versão sintética, enquanto os outros dois têm mais referências filosóficas e teológicas.

[345] JOÃO PAULO II, 2002, § 3.

Por fim, nestes tempos de dificuldade, permiti-me perguntar: como é que podemos garantir que este maravilhoso instrumento, inicialmente concebido no âmbito das operações militares, pode agora servir à causa da paz? Pode ele favorecer a cultura do diálogo, da participação, da solidariedade e da reconciliação, sem a qual a paz não consegue florescer? A Igreja acredita que sim; e para assegurar que isto acontecerá, ela está determinada a entrar nesse novo foro, armada com o Evangelho de Cristo...[346]

O documento, também, expressa os dilemas institucionais que a Igreja sofre ao se utilizar da mídia como instrumento de ação pastoral, repondo a velha-nova disputa Igreja e modernidade, que emerge no uso do espaço cibernético. Tanto a Igreja quanto a cultura midiática disputam sua hegemonia de dar sentido existencial e interpõem-se entre indivíduo e sociedade. Mas a Igreja "precisa" modernizar-se, fazer uso dos recursos tecnológicos para evangelizar, e para isso ela terá que negociar com a cultura midiática. Com isso, a Igreja apela para argumentos plausíveis que a justifiquem perante esses dilemas interpostos, desenvolvendo alguns mecanismos que a coloquem acima, epistemologicamente falando, do meio que utiliza para difundir sua mensagem, o que lhe permite exercer sua vocação de *Mater Magistra*.

Observe-se como no documento se faz a separação entre a cultura virtual e o meio internet, tido como instrumento de difusão que oferece:

... o tipo de continuidade requerida pela evangelização. Especialmente numa *cultura desprovida de fundamentos*, a vida cristã exige *a instrução e a catequese permanente*, e este é, talvez, o campo em que a *internet pode oferecer uma ajuda excelente*.[347]

Primeiro o documento não diz qual é a cultura desprovida de fundamento, supõe-se seja a cultura de consumo em oposição à cristã.

---

[346] JOÃO PAULO II, 2002,§ 2.
[347] JOÃO PAULO II, 2002,§ 3, grifos meus.

Ora, é a cultura de consumo a que alicerça a cultura midiática, como já se demonstrou em páginas anteriores, e é esta última a que produz a internet. Assim, como evangelizar por meio do ciberespaço sem se deixar "afetar", ao mesmo tempo, pela cultura que o gera?

Mais ainda, note-se que o documento aposta na instrução e catequese permanentes como uma forma de dar sentido à vida do fiel, que se encontra submerso na "cultura desprovida de fundamento", sentido esse que acontece quando se veiculam os conteúdos nos meios virtuais. Visto que "Na 'Net' já existem inúmeras fontes de informação, documentação e educação sobre a Igreja, sua história e sua tradição, a doutrina e seu compromisso em todos os setores, em todas as partes do mundo".[348] Em sendo assim, a internet é "batizada", pois nela são colocadas mensagens boas, catequéticas, doutrinais e morais.

Quer dizer, o meio de comunicação, no caso a internet, é neutro, basta colocar conteúdos sadios para que cumpra sua função positiva de veicular mensagens que influenciem comportamentos desejavelmente bons. Essa separação entre o meio internet e a cultura midiática revela um dado fundamental, qual seja o de que a cultura virtual vai além do simples veicular mensagens, em meios tecnológicos de difusão – como os autores da teoria comunicacional já alertaram.[349] Focalizar o meio sem a cultura é, de certa forma, adotar uma leitura funcionalista dos meios de comunicação de massa, na qual, como se disse, basta transmitir mensagens boas para recompor o tecido social que foi rasgado por "antivalores", os quais esses mesmos meios veiculam.

Há então uma guerra de conteúdos difundidos nos "instrumentos neutros", e por isso tanto a Igreja quanto certa visão funcionalista e conservadora da apropriação e uso dos *mass media* apostam na inversão dessa realidade. Veem os meios como meros difusores tecnológicos, desprovidos de

---

[348] JOÃO PAULO II, 2002, § 6.
[349] Cf. MATTELART, 2000; THOMPSON, 1999; WILLIAMS, 1997; SARLO, 1997; MARTÍN-BARBERO, 1997; HALL, 1972; MORIN, 1972.

sua capacidade de intervir na alteração de percepção e sensibilidade de seu usuário. No caso da Igreja, isso acontece numa dupla direção: de um lado, evangelizam-se os próprios meios, quando ela se apropriar deles; do outro lado, ao colocar conteúdos/mensagens doutrinais, catequéticos e éticos, a Igreja evangeliza o mundo.

O que se quer afirmar, com as limitações desta modesta análise, é que a Igreja talvez esteja sofrendo da síndrome do feitiço contra o feiticeiro, pois ao proclamar a bondade do uso da internet e dos meios de comunicação de massa, a partir do "batismo" de seus conteúdos, está sacralizando o meio, através de verdades ostensivamente unívocas que isentam o veículo de sua cultura, de seus valores e potencialidades. Com isso, assevera com a prática o que nega com seu discurso, educa os fiéis nas novas sensibilidades, incentivando-os a manterem-se "plugados" à Igreja, mas os exorta a serem fiéis à tradição, à autoridade, à doutrina, o que significa na prática: não ao divórcio, não às relações sexuais antes do casamento, sustentar que o homossexualismo é doença, o cigarro pecado etc.

Esses conteúdos antimodernos, pois recusam a própria dinâmica de autonomização do indivíduo, sua liberdade moral, sexual e societária, são veiculados nos meios ultramodernos. O uso desses meios, tornando-se um hábito – mesmo que só posto em prática "plugando-se" em "ambientes cibernéticos religiosos" –, acaba por transformar seus usuários, uma vez que são postos em contato com valores modernos, com a construção de subjetividades autônomas, características intrínsecas a esses meios. Pode-se dizer: o meio é a própria mensagem da modernidade. Para a Igreja o dilema continua, ainda que sua elasticidade teológica tente batizar veículos e conteúdos, meios e mensagens. Paradoxo que se expressa quando ela condena tanto a cultura de consumo como a midiática; entretanto, ambas são instrumentalizadas em nome de um bem maior: a evangelização.

Contudo, quando Pe. Marcelo, fiel ao mandato papal, declara: "Viemos evangelizar com novos métodos, sem contudo perder o conteúdo, que é a doutrina da Igreja", ele não faz mais que desencadear a sinergia que leva seus "filhinhos internautas" a uma "afinidade moderna", não só pela novidade tecnológica, mas pela transformação que essa opera em seus fiéis-usuários por meio da cibercatequese comandada pelo padre-espiritual. Ele educa nas novas sensibilidades da sociedade informacional, ao mesmo tempo que insiste nos mais arcaicos discursos demoníacos.

Mais ainda, orienta religiosamente estilos de vida e de consumo, presentes na lógica informacional, ora em seus chats-shows, ora quando seus fiéis internautas navegam por seu site na procura dos "lugares desritualizados" onde podem encontrar-se com seu padre on-line empenhado em evangelizar, também, a tecnocultura. Tudo isso, sem perder o conteúdo, pois é a aposta nele que encobre o dilema estrutural que acompanha a Igreja e suas ações midiáticas.

Fascina observar que a apropriação religiosa de todas as mídias entrecruza, de maneira complexa, tantas dimensões e que o fenômeno Pe. Marcelo Rossi, no Brasil, parece ter chegado ao topo dessa apropriação: a indústria cinematográfica. Admira-se ele no mundo das estrelas, uma estrela a mais na constelação do maravilhoso universo ficcional do cinema, da tela grande. Lá está ele, o padre que se incomoda quando é chamado de artista, deslizando "singelamente" entre câmeras, luzes e ação.

Encontra-se na Globo Filmes, braço cinematográfico da Rede Globo, a mesma empresa que um dia lhe abriu as portas para continuar evangelizando pelas ondas do rádio e que lhe permite chegar ao "coração de cada lar católico brasileiro" por meio da televisão. Convida-se, então, a percorrer os bastidores da produção filmográfica daquele que já atuou em dois longas-metragens produzidos ao longo de dois anos, o que perfaz um por ano, no período. Mas ele mesmo declara não gostar de cinema e de ser visto como celebridade:

> Em vez de ir ao cinema, prefiro ir a um hospital. Não me sinto bem. Fui a uma sala de um shopping para ver "Maria", e imagine a loucura para

eu entrar e sair. Posso andar na rua, mas tem que ser uma coisa muito rápida. Se vou a um lugar e demoro mais de meia hora, já crio tumulto. Sofro com tudo isso, mas é o sacrifício que ofereço para Deus.[350]

Promessas, estrelas, disputas

Na palestra no Rio o Papa disse: não adianta ficar na igreja sentado. Estamos num outro mundo. Busque novos meios, sem perder o conteúdo. Vá ao encontro dos católicos. Caiu a ficha. Falei com dom Fernando: pode haver crítica mas vamos fazer (...) fiz tudo em comunhão com o Papa. Até que, há três anos, achei que já tinha atuado em todas as áreas, e a promessa estava cumprida. E alguém falou: "Padre, só falta o cinema".[351]

Dessa maneira Pe. Marcelo justifica sua presença na última das mídias com que é coroada sua personagem midiática: o cinema. Ele estreia a carreira em 10 de outubro de 2003, com o primeiro longa-metragem *Maria, Mãe do Filho de Deus*. Um ano depois, na mesma época, lança o segundo filme *Irmãos de Fé*. Ambos produzidos pela Diler & Associados, cujo acionista majoritário é Diler Trindade, e dirigidos pelo reconhecido diretor teatral Moacyr Góes, em parceria com a Globo Filmes.

Maria narra a história da Virgem Maria, e sua narrativa é formatada no esquema estória moldura (o drama de uma mãe solteira) e estória núcleo (a narrativa bíblica), tudo ambientado num vilarejo (Litoral do Rio Grande do Norte), onde o pároco (Pe. Marcelo) fará as vezes de narrador dos acontecimentos que na trama se entrelaçam no filme. O elenco foi composto por Giovanna Antonelli (Maria), Ana Beatriz Cisneros (Joana, filha da dona de casa), Luigi Barricelli (Jesus). O final feliz da estória prolonga-se no relato bíblico, sem representar novidade nenhuma para o espectador.

---

[350] Folha de S. Paulo, 28 set. 2004, p. E-1.
[351] Folha de S. Paulo, 28 set. 2003, p. E-3.

O segundo filme, *Irmãos de Fé*, mantém a mesma estrutura narrativa e formato, ancorado no relato bíblico da história vocacional de Paulo de Tarso, o apóstolo. Nessse filme o protagonista é o artista global Thiago Lacerda no papel de Paulo de Tarso. A FEBEM, hoje Fundação Casa, será o cenário do filme, e nele se desenvolvem duas estórias paralelas: a da personagem bíblica e a de um menino infrator, acabando com um final *hollywoodiano*, típico de harmonia social.

Na tarefa de escolha do elenco, Góes contou também com a ajuda direta do Pe. Marcelo Rossi, que declarou:

> Eu mesmo participei do roteiro e da escolha do elenco. D. Fernando aprovou tudo (...) escolhi a Giovanna porque vi uma foto dela e me apaixonei. Apaixonei-me no sentido de que essa mulher é a Maria que conheço. Depois, a conheci, e ela é uma pessoa do bem. Ela realmente é a Maria que queríamos (...) depois de assistir ao filme liguei para ela e lhe disse: Parabéns, você me fez chorar várias vezes. Ela encarnou Maria. Não vejo outra pessoa nesse papel.[352]

Em ambos os roteiros dom Fernando Figueiredo foi o consultor teológico que no dizer do próprio bispo teria como objetivo o de:

> O filme [Maria] nos desperta para a realidade da família (...) é valorizada ao descrever a Sagrada Família e, ao mesmo tempo, numa linguagem muito acessível, pois é uma história contada para uma criança, somos levados à profundidade do mistério de nossa fé.[353]

Maria e *Irmãos* são realizados e lançados num curto intervalo de 11 meses, representando para as equipes de produção e o sacerdote-astro uma maratona, seja para a filmagem seja para a divulgação e campanhas publicitárias. O primeiro revelou-se um sucesso de bilheteria, que abriu as portas para o segundo, pois "quando fizemos Maria, [declara Diler

---

[352] Folha de S. Paulo, 28 set. 2003, p. 3.
[353] Revista Terço Bizantino, out. 2003, p. 6.

Trindade] não conhecíamos o segmento e não sabíamos no que ia dar. Para *Irmãos* esperamos, no mínimo, bilheteria semelhante à do anterior".[354]

Apostar no público "certo", os fiéis do Pe. Marcelo, parece ter sido a intenção da produção, como o próprio sacerdote confirma: "Os espectadores não são fãs meus, são fiéis. As pessoas vêm pedir a bênção após o filme e se evangelizar".[355] Entretanto, o *Irmãos* não obteve o êxito esperado (não chegou a um terço dos espectadores de *Maria*); pelo contrário, notou-se uma queda violenta de público.

Mesmo assim, na visão do padre, o cinema cumpre uma missão religiosa: "Hoje, por intermédio do cinema, você pode fazer muita coisa. A imagem é uma ferramenta forte para se levar a palavra de Deus para as pessoas que precisam".[356]

A imagem que transforma os corações

Se as razões que levam o sacerdote a se lançar no mundo das estrelas são, segundo ele, de cunho evangelizador, pois "Eu vejo uma única realidade no mundo: a carência do amor. O que nós queremos com o filme é exatamente levar a solução para esta carência. Se eu levo a pessoa ao amor, eu resgato essa pessoa para a fé",[357] os motivos do produtor e da Globo Filmes são outros, como são explicitados na fala de Moacyr Góes: "Queremos pegar o filão do cinema bíblico".[358]

A relação cinema/religião esteve sempre presente, ora para fazer filmes sobre a religião, retomando o meio como canal estético com suas múltiplas interpretações das personagens bíblicas, ora para fazer críticas sobre as-

---

[354] Folha de S. Paulo, 9 set. 2004, p. E-4.
[355] Folha de S. Paulo, 28 set. 2003, p. E-3.
[356] Revista Caras, 27 ago. 2004.
[357] Revista Terço Bizantino, out. 2003, p. 6.
[358] Folha de S. Paulo, 9 set. 2004, p. E-4.

pectos religiosos desmistificando-os ou ironizando-os em suas instituições, como o filme *Nazarín* de Luis Buñuel (1958); dos anos 80 é bom lembrar de *Entre Tinieblas* de Pedro Almodóvar, mais recentemente de *O Crime do Padre Amaro* de Carlos Carrera (2002) e *Má educação* de Pedro Almodóvar (2004).

Se essa relação não é nova, talvez o que resulte interessante sublinhar é que, no contexto brasileiro, a junção religião, cinema e circuito multimidiático encontra no fenômeno Pe. Marcelo um novo exemplo contemporâneo. Parceria que se dá entre a Globo Filmes e a proposta evangelizadora e reinstitucionalizadora da Igreja católica, via seu padre-ator, num contexto sociorreligioso de disputa hegemônica, tornando mais instigante ainda a relação mídia e religião.

Mais ainda ao se consolidar o *status* midiático, proposto por Guy Debord, no qual o próximo-distante da celebridade religiosa Pe. Marcelo torna-se cada vez mais distante e inalcançável, por estar no topo das celebridades. Realidade de consagração que o meio cinematográfico lhe permite, trazendo, uma vez mais, o dilema de "Não quero ser confundido com uma estrela de cinema";[359] porém, todos os seus passos encaminham-no para o mundo do espetáculo.

Nesse processo de inserção do Pe. Marcelo no mundo das estrelas, mais um aspecto pode ser percebido: seu *estar na mídia sem ser da mídia*, do mesmo modo que se dá nos outros meios. Realidade que no lançamento de *Maria* foi captada pelo repórter quando perguntou ao clérigo:

> "Como lida com o fato de 'Maria' ser fruto de uma estratégia mercadológica de investir em temas espirituais e de contar com uma megaoperação de marketing". O presbítero respondeu: "O meu objetivo é evangelizar. Se vai ser bom para eles, esse problema não é o meu".[360]

---

[359] O Estado de S. Paulo, 10 out. 2003, p. D-9.
[360] Folha de S. Paulo, 28 set. 2003, p. E-3.

Sem dúvida está-se diante de um fenômeno original, por ser o primeiro sacerdote católico, dentro do catolicismo midiático e entre seus pares religiosos, a alcançar o palco dos astros do cinema, de se inserir religiosamente na "sociedade do espetáculo", epicentro do culto às celebridades, que pulsa em todas partes e em todos os imaginários, alastrando o cortejo de seus fãs às salas de cinema. Se as celebridades sempre existiram, hoje sua novidade parece estar na sofisticação de seu culto ao serem magnificadas *ad infinitum* por circular em todas as mídias, possíveis e imagináveis. É essa "aura" midiática que permitiu e configurou a celebridade-personalidade religiosa que fez de Marcelo Rossi Mendonça o sacerdote de todas as mídias, que de forma suficientemente longínqua suscita admiração e de forma suficientemente próxima alastra fiéis-fãs, concretizando o sonho da neocristandade: a presença da Igreja em tudo e em todos, aspirando à totalidade, até nas mídias.

Realidade que no Brasil vem ao encontro da aposta que a Rede Globo fez na personagem midiática Pe. Marcelo Rossi, que ela mesma ajudou a construir quando, por meio da Globo Filmes, projetou o sacerdote e a Igreja católica. Opção que vai além do investimento econômico com retorno seguro, dimensão fundamental para a empresa, sem dúvida, mas que desvela uma outra realidade: a escolha da Globo insere-se num contexto mais amplo, que diz respeito a uma dupla disputa hegemônica.

Enfim, a mídia parece configurar-se no "lugar-comum" e privilegiado do pentecostalismo, católico e protestante, para agilizar seus conteúdos, transmitir seu legado simbólico e doutrinal e, sobretudo, configurar novas sociabilidades e sensibilidades, afinadas com o indivíduo e a individuação moderna. Nela esses setores religiosos apostam para provocar a readesão de seus fiéis e reinstitucionalizá-los, fazendo da mídia brasileira a arena da disputa de interesses políticos e econômicos, o *locus* da procura de almas, a mediação de imaginários, como vem se assinalando nos outros meios.

Estar na mídia sem ser da mídia

A mensagem religiosa e as iniciativas religiosas possam estar presentes em todas as mídias: na imprensa de informação audiovisual, na criação cinematográfica... em todas as produções dos mass media... oferecidas pela difusão...[361]

Essa visão de totalidade da presença cristã em todos os meios de comunicação é a que impulsionou a meteórica ascensão do padre Marcelo Rossi na mídia brasileira. Totalidade que oferece certo espírito messiânico no uso dos meios tecnológicos, transformados em meios que veiculam propostas as quais tentam recuperar a utopia institucionalista: o catolicismo intransigente que se propõe fazer de todas as manifestações culturais a cultura cristã.

Se na primeira parte deste texto assinalou-se a maneira como a mídia se apropriou da religião, criando uma versão espetacularizada de um de seus representantes, nesta segunda parte do texto acompanhou-se o movimento inverso, isto é, como a religião se apropria da mídia e dos mecanismos que utiliza para veicular sua mensagem. Simultaneamente, observou-se no fenômeno Pe. Marcelo Rossi que a participação em todas as mídias lhe confere certa competência comunicativa com sua respectiva acumulação de capital de linguagem.

O esforço de se apropriar da mídia, ora com gerenciamento próprio, ora em parceria, parece não alcançar um dos objetivos previstos: atrair os afastados e os inalcançáveis. Como foi alertado, os programas religiosos veiculados, tanto no rádio quanto na televisão e na participação no chat de Pe. Marcelo, denotam que esses programas têm mais um impacto confirmatório dos fiéis que já participam na Igreja do que o de ampliar a incursão entre os afastados, ou seja, atraem ainda mais os que já estão dentro. Realidade que parece atingir, também, os esforços dos neopentecostais. Daí que os programas parecem ser de católicos para católicos, de neopentecostais para neopentecostais.

---

[361] JOÃO PAULO II, 1989, § 7.

Mesmo que os produtores religiosos não atinjam seus objetivos, tudo indica que esses programas confirmatórios cumprem outra função. Para os neopentecostais, ampliar seu teto social, permitindo-lhes sair da histórica minoridade religiosa. Para o catolicismo midiático, renovar, criativamente, os estoques simbólicos da Igreja e propor-se a cotidianizar as ofertas reinstitucionalizadoras da mesma, a tempo que demonstrem socialmente sua ainda maioria religiosa. Consequentemente, ambos os setores religiosos beneficiam-se do regime de existência social e política que os meios de comunicação de massa outorgam ao veicular suas propostas doutrinais e simbólicas neles.

Entretanto, se de um lado é rejeitada a cultura midiática, pois ela se erige como adversária ontológica da missão eclesial, do outro lado, é utilizada pela Igreja como um mero instrumento "neutro", a serviço de fins religiosos. Porém, essa postura pragmática, que ofusca a falsa neutralidade dos meios, apenas camufla o dilema que dilacera a Igreja nesse uso, pois ela está na mídia, usufruindo dela, de suas vantagens difusoras, mas se nega, na teoria, a participar de sua lógica cultural.

Enfim, estar na mídia sem ser da mídia, modernizar sem modernidade, evangelizar por todos os meios "sem contudo perder o conteúdo, a doutrina da Santa Igreja" parecem ser muitas exigências, para uma relação atravessada por tantas ambiguidades, dilemas e paradoxos. Gravitar em torno de uma outra instituição, negando sua natureza cultural, mas utilizando-se dela e com isso afirmando na "forma" e no "modo" seus valores, e ainda pretender sair dessa relação ilesa, parece ser uma tarefa de titãs, própria de uma outra instituição milenar que se acomoda aos sinais dos tempos para continuar a ser a mesma.

Cabe agora mudar de direção, colocando a mira no impacto que, *ad intra* Igreja católica no Brasil, trouxe a ascensão midiática do fenômeno Pe. Marcelo. Nessa inflexão pretende-se mostrar a reação polifônica que provocou o aparente rejuvenescimento eclesial entre os pares religiosos. Numa breve aproximação às entranhas da Instituição, será percebida a arte de negociar conflitos que a Igreja tem, quando em seu interior colidem modelos eclesiais diversos. Nessa abordagem, sugere-se vislumbrar os embates que o catolicismo do século XXI pode vir a enfrentar, caso continue a apostar maciçamente na mídia como sua tábua de salvação, perante a curva demográfica declinante que sofre. Situação que parece condenar a Igreja à perda acelerada de seus fiéis e, portanto, de sua hegemonia social e cultural.

8

A FORÇA DA UTOPIA CONSERVADORA

Sabe-se que na modernidade a maior ruptura que sofre a instituição religiosa, católica ou evangélica, é a perda de controle sobre o conjunto de valores que informam os sistemas de socialização primária das gerações. Ao se registrar dissonância entre os valores que regem a realização pessoal, as formas de lazer, a busca por justiça social, anseios e prazeres e os parâmetros sugeridos pelas instituições religiosas, verifica-se que as próprias igrejas perdem força de integração e plausibilidade. No sentir institucional a modernidade abriu uma brecha intransponível, metamorfoseando numa colcha de retalhos os valores tradicionais; consequentemente, dá-se uma separação entre a Igreja e a religiosidade individual com a respectiva perda de sentido de pertença. A partir daí, a função do cristianismo institucional será a de ser uma referência de modelos religiosos apropriados de forma pessoal. Abandonado o valor normativo institucional estabelece-se na Igreja uma dinâmica interna que desemboca na constituição de um sistema social específico.

Karl Gabriel sugere a compreensão desse processo a partir de uma modernização amalgamada, conceito que permite dividir por instâncias sociológicas os efeitos da secularização dentro da Igreja e compreender como numa mesma instituição convivem contrários, num jogo de forças e tensão permanentes. Em outras palavras, no momento em que se favorece culturalmente a escolha pessoal, entre os diversos sistemas de significância, as instituições religiosas sofrem a quebra de seus modelos tradicionais, realidade que numa ótica de modernização amalgamada acontece de forma descompassada. Os indivíduos libertam-se das ligações primárias, experimentam-se como autorresponsáveis, substituem regras tradicionais por um conjunto de mecanismos formalizados. Diante disso, pensar a modernidade como amálgama permite, segundo o autor, apreender o cruzamento de estruturas modelares, sejam pré-modernas ou modernas, sejam tradicionais, as quais acarretam uma série de descompassos temporais e espaciais experimentados individual e institucionalmente.[362]

A religiosidade cristã passa a ser individual e vivida de forma ocasional e informal, abrindo-se a brecha entre o que a instituição propõe e o que a religiosidade vivida pessoalmente incorpora. A religião torna-se mais indefinida, insegura, um conjunto de modelos individuais; portanto, as igrejas sentem a perda de sua influência e veem, com perplexidade, esmorecer sua base social. A essa redução de lugar, o cristianismo moderno reage criando uma morfologia social própria dentro da sociedade, com formulações filosóficas e teológicas à margem dos processos de modernização, dentro da modernidade.

O catolicismo, então, modifica sua forma social propondo um sistema de significado fechado e contradistinto dos outros, caracterizado pela atualização da linguagem nos discursos, burocratização dos fluxos institucionais, crescente centralização das estruturas eclesiásticas, sacralização das formas de organização e a criação de um "meio católico compacto com suas instituições, cosmovisão e ritualização do cotidiano".[363]

Essa gestão da forma social católica dá-se na instância institucional, na aspiração a criar um meio cultural próprio e no controle das formas de piedade religiosa. De modo que a Igreja, como uma imensa instituição, ten-

---

[362] GABRIEL,1994, p. 263-267.
[363] GABRIEL,1994, p. 266.

de a administrar seu debate com a modernidade num duplo movimento: o societal, que diz respeito a suas relações "extra" eclesiais (com o "mundo"), e o institucional, referido ao reflexo que a modernidade traz para as estruturas organizativas da Igreja. Ambos os movimentos são costurados por um mesmo fio: a atitude reativa da Igreja perante a iminente descristianização e descatolização, obrigando toda a geografia eclesial a procurar novas formas de manter sua hegemonia cultural, política e espiritual no mundo contemporâneo.

Nesse quadro interpretativo, delineado por essas dimensões e pelos embates institucionais, é que se encontra a emergência do fenômeno midiático Pe. Marcelo Rossi. O investimento numa reinstitucionalização do catolicismo, liderado pela hierarquia, constitui-se numa das respostas locais que inserem o sacerdote num espírito universal: a implantação de um novo catolicismo social, que continue a ser numeroso, com significativa visibilidade pública, sustente efetiva e simbolicamente um forte aparelho eclesiástico e difunda seu magistério ético, tudo sob a legitimação do papado de João Paulo II, que se consolidou midiaticamente. Mas, como se vem sugerindo ao longo deste texto, essa iniciativa não é, *ad intra* muros eclesiais brasileiros, totalmente aceita, pois em sua "forma" e "conteúdo" repõe no seio hierárquico a própria concepção do que é evangelizar "em tempos modernos".

Para capturar qual é o "lugar eclesial" em que se insere a empreitada de evangelizar "por todos os meios", para atingir os *afastados*, a partir do catolicismo intransigente, faz-se absolutamente necessário contextualizar as origens históricas que consolidaram esse modelo eclesial. Deve-se, também, retomar a força do pontificado de João Paulo II, que legitima a ação do catolicismo midiático com gestos e palavras paradoxais. Bem como dizer uma palavra sobre alguns dos "catolicismos" que compartilham com Pe. Marcelo o vasto campo eclesial brasileiro.

Retrospectiva do instransigentismo contemporâneo

A trajetória da implantação da neocristandade como ideologia, que permeia as atuais ações da Igreja católica, tem sua origem histórica num processo de reinstitucionalização cujas bases podem ser esboçadas num tríplice movimento: o esforço da romanização, a proposta do catolicismo social e a criação de movimentos eclesiais. Tripé que consolida o cristianismo institucional na sociedade burguesa, constituída no lapso de cem anos, metade do século XIX até a metade do XX.

Para Gabriel, as raízes ideológicas que nutrem esses três movimentos institucionais do catolicismo encontram-se na guerra das investiduras da Alta Idade Média, na qual se defendia a autonomia da esfera espiritual, a superação do cesaropapismo e a hierocracia. Para o autor, a sociedade industrial burguesa repõe esses ideários, pois ela não apaga a tradição, antes a desloca, forçando a instituição a criar uma "forma social própria dentro de tal sociedade burguesa com sua formulação filosófico-teológica neo-escolástica entre a tradição e a modernidade".[364]

Esse vaivém da tradição à modernidade, que perdura até hoje, pode ser identificado no primeiro elemento do tripé, a romanização. No interrompido Concílio Vaticano I (1870), destaca-se a relevância que o papado adquire no âmbito eclesial, face à substituição paulatina que a mediação papal tinha sofrido perante a afirmação do sacerdócio de todos os fiéis e a justificação só pela fé, promulgada pela Reforma Protestante, do século XVI. A esse deslocamento soma-se o dogma da infalibilidade pontifícia e o fomento à veneração da pessoa do Papa, fazendo-o uma personagem objeto de audiências, bênçãos e peregrinações.

No plano administrativo a romanização da Igreja, espalhada por todas as dioceses e regiões do planeta, configurou uma crescente centralização em Roma, interferindo nas decisões e nomeações referentes a seus territórios,

---

[364] GABRIEL,1994, p. 266.

ao mesmo tempo em que aumentou as medidas doutrinais e disciplinares, sobretudo no que se refere ao clero, impelido a ser mais obediente. De todos é sabido que o problema não é o papa em si, mas a concentração de poder na Cúria romana, pois enquanto estrutura real do ofício pontifício, exercido de forma monárquica absolutista, fusionou o ministério de Pedro com a função papal.

O primeiro relaciona-se com a unidade cristã e interreligiosa, conciliação intraeclesial (instância de resolução de conflitos locais das igrejas), difusão da caridade e do *kerigma* (anúncio do Evangelho). Já o segundo, a função de governar e de administrar, exerce-se a partir de um único epicentro. A concentração de ambas as funções na Cúria favoreceu a estratégia de decidir tudo a partir desse modelo, de forma que os processos burocráticos passarão a ser exponencialmente valorizados.[365]

O reflexo dessa "modernização" ultramontana, promovida por Pio IX (1846-1878), traduziu-se na época no Brasil, segundo Roger Bastide, na "transição do catolicismo colonial ao catolicismo universalista, com total rigidez doutrinária e moral".[366] Benedetti acrescenta mais alguns elementos:

> a afirmação da autoridade institucional (papa e bispos) como única legítima sobre todas as formas de catolicismo, inclusive as populares; Formação de um clero virtuoso, sábio, correto e sobretudo obediente, capaz de controlar a fé (doutrina), as instituições, e a moral do laicato.[367]

Junto aos impactos administrativos da romanização, tem-se a implementação da pastoral tridentina alicerçada na escola de teologia romana que projetava uma forte articulação da causa da fé, ou seja, o fortalecimento do dogma, frente às incertezas do mundo moderno, das heresias protestantes e das posições ultramontanas. Essa eclesiologia teria como baluarte:

---

[365] A partir dessa política surge a "capelanocracia", isto é, o bispo e o capelão serão convertidos em "simples funcionários do poder curial central (ROMANO, 1979, p. 90).
[366] BENEDETTI, 1984, p. 108.
[367] BENEDETTI, 1984, p. 108.

as forças do inferno não prevalecerão, distanciando-se dos processos sociais e fermentando um modelo que conduziria, inexoravelmente, ao integrismo católico.[368] O resultado, lógico mais que cronológico, foi o estranhamento com a sociedade que a Igreja institucional desencadeou.

Essa maneira de reagir explica-se pelo contexto de pressões de grupos secularizantes e laicizantes que içaram a bandeira do pluralismo religioso, resultando na quebra de quaisquer monopólios e na possibilidade de pensar em outros processos civilizatórios fora do imaginário cristão católico. Assim, a Igreja é reduzida à condição de "minoridade", relegando sua função religiosa à esfera da vida privada, daí que o combate tenha de ser a partir de dentro, a partir de onde deveriam ser ditadas as normas e regras de convivência social. Esses parecem ser alguns dos ingredientes que engrossaram o caldo cultural em que se dá a retomada institucional do processo romanizador como resposta à iminente descatolização, temor que assombrou, e assombra, os corredores do Vaticano.

O segundo movimento do tripé que deflagrou a neocristandade, *o catolicismo social*, encontra seu marco na Encíclica *Rerum Novarum* (1891), proclamada por Leão XIII, que previa uma nova organização da base social da Igreja, nos moldes de corporações trabalhistas e camponesas. Sob a premissa de que o ideário civilizador católico deveria estar presente em todas as estruturas da sociedade, camuflaram-se as aspirações eclesiásticas de continuar ditando as normas de convivência social e a pretensão de retomar seu poder político, alhures definhado por extensos acontecimentos históricos.

Não mais centrado na utopia da ressacralização do mundo ao estilo medieval, mas com uma utopia de cristandade profana, vislumbra-se no catolicismo social um novo papel da Igreja. O que equivale a dizer que, de outra maneira, a Igreja realiza plenamente sua missão salvífica, agora humanitária, num rol entendido estritamente como religioso, penetrando

---

[368] CALIMAN, 1998, p. 236.

todas as relações e estruturas sociais. Porém, essa procura de neocristandade, sob forma de uma sociedade inteiramente cristã, esbarra no obstáculo de um mundo cada vez mais plural e culturalmente diverso.

Para viabilizar essas propostas do catolicismo social, a hierarquia investirá no terceiro elemento da recatolização: os movimentos eclesiais. Herdeiros da utopia de um catolicismo intransigente, centrados no ideal da cristandade como civilização, os movimentos eclesiais converteram-se em grandes laboratórios de pensamento, de mobilização e de ação social para a Igreja, encaminhando-se para uma utopia globalizante e radical de reconciliação cristã com o mundo. À sombra dessa proposta, nasceram inúmeros movimentos formados essencialmente por leigos (intelectuais, estudantes, operários), com ampla mobilidade internacional e agilidade de penetração nas estruturas temporais.

Mesmo incentivados, estruturados e controlados a partir de uma dependência hierárquica, os movimentos leigos passaram a mostrar consciência crítica, revelando a dicotomia entre sua autonomia de ação e de pensamento e as posições oficiais da Igreja. O pivô do confronto interno entre os membros e a hierarquia dar-se-á, de um lado, pela independência das opções dos membros, fruto da própria formação recebida e, do outro lado, pelos desdobramentos do engajamento social ao qual se viam impelidos pelos próprios discursos oficiais. Coloca-se, então, no centro da relação, a crise que a estrutura da divisão do trabalho religioso sofre, ao se confrontarem a hierarquia e o laicato no terreno missionário, a ação temporal e a ação cristã. A maneira como a Igreja seleciona, forma e controla seus quadros leigos não necessariamente corresponde à ação que procura desencadear através deles.

Essa reviravolta na história do catolicismo brasileiro tem exemplaridade argumentativa. Tidos como movimentos clericalizados, segundo Ralph Della Cava, a Juventude Universitária Católica (JUC) e a Juventude Operária Católica (JOC) foram cooptados em sua raiz política quando controlados pela hierarquia. Entretanto, o autor reconhece que, no momento em que algumas vozes dissonantes no interior dessas organizações começaram a criar pensamento próprio e a reivindicar independência ideológica e estrutural, o clero discordou delas, acabando por desarticulá-las, por irem contra seus interesses monopolistas de poder. Ceifados na base, esses e outros movimentos leigos sofreram as consequências do rolo compressor da ideologia do catolicismo romanizado, o que levou, em menos de uma década, a hierarquia da Igreja a abandonar esse tipo de organização leiga.[369]

Refazendo o percurso histórico do catolicismo no Brasil, Luiz Alberto Gómez de Souza alerta para o fato de que a organização laical sempre esteve polarizada, desde o Movimento de Educação de Base (MEB) e Ação Católica até a Cruzada Rosário em Família, posterior Tradição, Família e Propriedade (TFP), e o integrismo de Jackson Figueiredo; portanto, para o autor, os cristãos divididos ideologicamente sempre caminharam juntos.[370]

Dessa perspectiva, a situação de resistência e coexistência de contrários forma parte da dinâmica que no interior da própria Igreja provocou a avassaladora reinstitucionalização romana. Durante quase um século o catolicismo, leigos e clero, se debateria numa bipolaridade ideológica, oscilando entre aceitar a ordem da modernidade, acomodando-se a ela, ou recusá-la visceralmente. Dois tipos de catolicismo fermentariam os confrontos: o intransigente e o liberal.

Este último formado por um mosaico mais amplo, entre os quais se incluíam os católicos conservadores, que propunham uma visão de conciliação com os avanços da modernidade. Os católicos liberais, por sua parte, partiam do princípio da autonomia do indivíduo e sua própria consciência, mas tentavam reduzir ao máximo as ideias laicas e republicanas que afetassem o foro interno dos fiéis. No meio dessa tensão, emergia uma mentalidade diferente, que se augurava como a resposta certa à nova ordem política e social do mundo, fora das propostas políticas "profanas". Isto é, nem direita, nem esquerda, mas democracia cristã, ou seja, um novo socialismo

---

[369] Cf. DELLA CAVA, 1975, p.45; SOUZA, 1984, p. 209-212.
[370] SOUZA, 2004, p. 82-83.

combinado com um clericalismo e um papismo que respondesse à utopia democrática, só realizável dentro de um mundo religioso.

Essa mesma representação move o catolicismo integrista, no qual os católicos esclarecidos aceitam seu tempo como fato, mas nele se situam como transformadores. Aceitam o Estado como está, embora tendam a transformar seu conteúdo, informados pela ideia de acreditar que todo fazer religioso é político e todo fazer político é religioso, portanto, cabia ao papa estabelecer os limites morais de toda relação social. Consequentemente, ao não ser reconhecida a autonomia funcional da sociedade, tinha-se uma visão antimodernista da mesma. De certa forma, a utopia reinstitucionalizadora, intransigente, não era mais do que o apelo para o mito da cristandade, da saudosa idade de ouro, na qual a ordem das coisas se fundamentava num controle orgânico da sociedade, hierarquizada e organizada coerentemente em comunidades naturais, conduzidas por padres e leigos que encontravam sua legitimidade na autoridade divina dentro do mundo. Entretanto, esse resgate ideal só camuflava a crítica que a acelerada industrialização trazia para a sociedade tradicional, na qual seus laços políticos, sociais e consanguíneos foram esfarelados.[371]

No plano moral, doutrinal e dogmático, as bandeiras do catolicismo intransigente seriam içadas em defesa das verdades cristãs, na crítica à emergente sociedade de consumo, condenada pela iminente "permissividade" que nela se vislumbrava. A pretensão da vivência do catolicismo intransigente será a de uma unidade totalizante de certezas de fé, de atitudes morais e sociais, representadas pela instituição religiosa, colocando em marcha todos os mecanismos possíveis de ressocialização religiosa: catequese, pastorais, sacramentos, liturgias etc.

---

[371] Hervieu-Léger alerta para o significado sociológico que esse processo representa. No momento em que a ação dos grupos extrapolou social e simbolicamente as previsões de investimento doutrinal e eclesiástico, segundo a autora, gera-se uma crise de plausibilidade que afeta o próprio projeto de reinstitucionalização católica. Com isso, a modernidade está dentro das próprias fileiras da Igreja (HERVIEU-LÉGER, 1986, p. 315).

Quando, em 1962, eclode o Vaticano II, sob a frase emblemática "abrir as portas da Igreja ao mundo" de João XXIII, pretendia-se revisar as "diversas formas de presença da Igreja na sociedade moderna". Mas o que realmente se estava mostrando era o grau de polêmica que o diálogo entre Igreja e modernidade tinha alcançado, *intra* e *extra* muros. O Vaticano II reconheceria a inadequação cultural e social da Igreja e a insuficiência da linguagem teológica; no entanto, continuaria a afirmar a imutabilidade da fé. Ao mesmo tempo, à luz do Concílio, das iniciativas episcopais das Conferências de Medellin (1968) e de Puebla (1979), consolidar-se-ia uma outra configuração interna na Igreja, que desaguou no setor progressista, com seus postulados sociorreligiosos de transformação social, a partir da opção preferencial pelos pobres.

Algumas mudanças visíveis se verificariam a partir do Concílio, sobretudo nos discursos oficiais sobre a relação Igreja e sociedade, a reforma litúrgica, as práticas pastorais e sacramentais; no estilo e na diminuição das pompas vaticanas; nas práticas simbólicas papais mais sóbrias etc. Porém, no que se refere ao programa de recusa à modernidade, esse continuou a estar latente e sem maiores provas de mutações profundas. Após o surto de progressismo de João XXIII e durante a breve fase do papado de Paulo VI, a natureza conservadora do catolicismo intransigente parece voltar, ao que tudo indica, com mais força e revigorada no papado de João Paulo II.

Não é difícil perceber que os desdobramentos do processo de neocristandade deflagrado no século XIX, por meio da romanização, do catolicismo social e da emergência dos movimentos eclesiais, constituem-se num amplo e vasto universo, impossível de ser abarcado neste brevíssimo esboço histórico. Para efeito desta discussão interessa reter que a acomodação da instituição aos novos processos sociais demandou uma incorporação seletiva de elementos associativos (propostos pela *Rerum Novarum*) e uma urgente reformulação institucional que permitisse assimilar elementos da modernidade que não podiam mais ser negados.

Por isso, sob pretexto de refundar de maneira cristã a sociedade, os leigos serão incentivados a organizarem-se em movimentos e a inserirem-se nas estruturas do mundo, cristianizando-as. Tudo isso sob uma crescente centralização do poder na Cúria romana, na fiscalização dos recursos humanos e econômicos no Vaticano e no insistente discurso da responsabilidade da Igreja como uma instituição total, capaz de significar e resignificar as ações humanas e sociais do mundo moderno. Processo que não se dará sem conflito, repondo-se no interior da própria Igreja os dilemas que ela queria combater "fora".

O ritmo histórico será marcado pela tensão entre retomar o poder político e cultural ou reconhecer a autonomia das esferas; ditar normas de convivência social ou admitir a defasagem das linguagens com o mundo moderno; reconstituir o território no plano moral e espiritual, atraindo os fiéis perante uma iminente descatolização, ou assumir a condição de "minoridade" diante de outras manifestações religiosas. São esses alguns dos dilemas que o pontificado de João Paulo II encontra em sua mesa de trabalho e que, de alguma maneira, informam a configuração do catolicismo atual, sendo a ação paradigmática do Papa o farol e expressão máxima das ações dos setores conservadores da Igreja.

A seguir será perfilada a investida neoconservadora que as dinâmicas institucionalizadoras da Cúria Romana deflagraram no pontificado de João Paulo II, focalizando os mecanismos, as ambiguidades e contradições que pautaram as últimas três décadas do catolicismo.

Modernização antimoderna

O longo papado de João Paulo II, sem dúvida, marcou os rumos das igrejas locais nos últimos vinte e cinco anos. Portador da agenda de recristianização contemporânea, o catolicismo intransigente que caracterizou suas diretrizes retoma, por meios modernos, o mito da cristandade, impondo-se, ora nas linhas doutrinais (mais preocupação com a orientação moral da sociedade moderna, menos com as orientações éticas de determinados sistemas econômicos hegemônicos), ora nas imagens de modernidade que circulam na mídia internacional, reforçando determinados imaginários eclesiais, como foi analisado anteriormente.

José Casanova pergunta-se como compreender a religião num mundo globalizado, sem necessariamente recorrer a uma visão de mercado religioso, que permita lastrear o impacto que, nas instituições complexas, têm suas estruturas e ideários. Para isso, o autor sugere pensar o catolicismo como um sistema cultural que outrora desenvolveu sua face territorializada de igreja-nação, mas que hoje parece ter sido superado por uma série de ações paradigmáticas, tanto da Cúria Romana, quanto do papa João Paulo II, espalhando o conservadorismo em escala global. Para o autor, na globalização o catolicismo é lido como uma grande instituição *transnacional*, cujas diretrizes emanadas diretamente de uma "filial" central, Roma, incidem diretamente nas igrejas locais, pois tidas como "subsistemas culturais" estabelecem conexões entre os diversos grupos (leigos e hierarquia) que as efetivam.[372]

Assim sendo, Casanova assinala três características dessa imensa multinacional em que se constitui a Igreja, retomando seu papel de cultura cristã. A primeira é a universalização que acontece quando Roma reúne todas as igrejas locais, ou nacionais, e as transforma numa só, simbólica e politicamente.[373] A segunda constitui-se na centralização na figura do papado, adequada aos sinais dos tempos, numa linguagem universalizante, pautada na defesa dos direitos humanos, fazendo do Papa uma figura de relevância mundial, capaz de fundir, de forma bastante persuasiva, os paradoxos mo-

---

[372] CASANOVA, 2001[b], p. 1-35.

[373] Para Antônio Flávio Pierucci, quando a Igreja na modernidade reivindica universalidade na verdade acaba por montar uma armadilha para si, "uma espécie de quadratura do círculo, ao conferir à identidade 'católica' dos católicos um caráter adscrito de herança cultural coletiva, e esta não pode ser senão particular, de certos povos, 'católicos por natureza', 'católicos desde a origem', católicos na raiz" (PIERUCCI, 2005 [b]).

rais e doutrinais que o acompanham.³⁷⁴ Por último, a internacionalização do catolicismo, que acontece por meio da valorização do clero nativo, o que implica na quebra da hegemonia italiana e na aproximação do clero latino-americano da Cúria Romana.

Ralph Della Cava, discorrendo sobre as mudanças do catolicismo brasileiro, vê essa internacionalização como fruto de sua natureza transnacional, romana e ortodoxa. Em termos religiosos, o autor compreende como transnacional a capacidade de organizar e fazer circular estruturas, ideias, recursos e lideranças através dos sistemas estatais e no mundo econômico capitalista. Por várias razões a Igreja católica pode ser comparada a uma transnacional, entre elas: por ter um centro gerador de ideias como universidades, escolas, corpo doutrinal emanado do episcopado; por contar com um grande número de lideranças, que mostram ampla mobilidade social (missionários); por estabelecer canais de cooperação internacional que viabilizam suas atividades promocionais e assistenciais; e por formular políticas locais de gerenciamento dos recursos humanos, financeiros e físicos.³⁷⁵

Retoma-se os elementos da romanização contemporânea: universalização, centralização, internacionalização e transnacionalização, que, no contexto latino-americano, adquiriu feições locais. Segundo Catalina Romero, as exigências de Roma fazem-se sentir nessas igrejas em primeiro lugar no setor progressista, quando o Vaticano pretende espalhar uma ideologia em que se valorizam as lutas contra a injustiça como algo historicamente valioso, porém do passado. Conforme a autora, isso deslegitima o presente com as atuais propostas que esse setor vem fazendo diante do sistema neoliberal. Mais ainda,

---

[374] Como se sabe, o avanço da sociedade civil na América Latina dá-se na medida em que se amplia a noção de direitos humanos. Direitos que já eram discutidos, dentro da Igreja, desde o século XVI, com Sepúlveda e Bartolomeu de Las Casas, que expressaram como as identidades nativas foram negociadas, já no terreno dos direitos.

[375] DELLA CAVA, 2001, p. 3.

essa realocação discursiva constitui-se numa fina estratégia intelectual que mina, ideologicamente, a fragilidade eclesial da ala progressista na última década, no continente, perante o avanço dos movimentos conservadores da Igreja.[376]

Segundo Hervieu-Léger o pontificado de João Paulo II realizou um redirecionamento ideológico, deslocando a discussão entre marxismo e liberalismo para o consumismo e o resgate da moralidade, da intervenção direta nas estruturas sociais, procurando transformá-las, para o mundo cultural, percebido sempre como ameaça. Com isso, a recristianização tomou um peso maior do que a preocupação com o social, constitui-se em marca da construção histórico-filosófica de seu mandato.[377]

Compreende-se, então, que a crítica romana ao mundo plural e cada vez mais disperso, dentro e fora de sua competência institucional, acelerou a marcha forçada para a unidade intelectual da Igreja, em todas as direções. No que se refere ao campo teológico, ditaram-se as diretrizes que devem orientar o fazer do teólogo (*Instrução sobre a vocação eclesial do teólogo*, 1990; encíclica *Fides et Ratio*, 1998), bem como se tomaram medidas disciplinares contra aqueles que demonstrassem dissidência à linha do Vaticano, o que gerou uma dificuldade de diálogo intrainstitucional.

No intuito de subordinar a doutrina à unidade institucional elaboram-se as orientações à formação sacerdotal e aos seminários (Exortação apostólica pós-sinodal *Pastores dabo vobis*, 1992), que delineiam o clero disciplinado e virtuoso e encontram seu complemento na sobrevalorização do sacerdócio até tomar a feição de sacralidade, alimentada por certas tendências a fazer dos leigos uma corte afetiva que, por sua vez, mantém uma postura de subordinação e serventia.[378]

---

[376] ROMERO, 2001, p. 1-25.
[377] HERVIEU-LÉGER, 1986, p. 297.
[378] Cf. ROMERO, 2001; LIBÂNIO, 2004, p. 55-75.

Na linha de ditar as normas *ad extra*, é no último pontificado que se publica o *Novo catecismo da Igreja católica* (1993), retomando-se as bases doutrinais que tendem a homogeneizar realidades tão diversas da geografia católica, para reforçar o ideal de uniformização na unidade disciplinar. A essa perspectiva de controle total na unidade doutrinária soma-se a encíclica *Veritatis Splendor* (1993), sobre o ensino moral da Igreja, condenando os métodos contraceptivos artificiais, o aborto, o homossexualismo e o adultério. Dois anos depois, numa outra encíclica, *Evangelium Vitae* (1995), condena-se novamente o aborto, a eutanásia, o uso de preservativos como método de contracepção e de prevenção da aids.

Esses últimos documentos e os discursos proferidos pelo Papa, na mesma linha, representam o difícil diálogo entre a Igreja e a cultura moderna – que se constitui em ameaça com suas novas formas de construção da subjetividade –, bem como o diálogo sobre a experiência religiosa individual e o comportamento sexual das futuras gerações. Assim, as preocupações éticas e sexuais da cúpula eclesiástica acenam para a contramão das problemáticas da maioria de seus fiéis e dos contemporâneos em geral.

Conforme destacado com frequência, a volta à grande disciplina, reação defensiva da Igreja, não só repõe o antimodernismo da Cúria romana, como ainda retoma a estabilidade doutrinal sem qualquer compromisso com as exigências da racionalidade moderna, os quais, junto à afirmação do primado da autoridade romana, parecem ser o binômio inseparável que acompanhou o final do século XX e do papado de João Paulo II. Elementos fundamentais para a reconstituição da totalidade, estrutural e doutrinal, e que se complementam com a investida ética e moral.

Entretanto, há na linha vaticana mais uma frente que João Paulo II abriu com seu discurso universalizante de defesa dos direitos humanos, adequado aos sinais dos tempos. Numa linguagem desterritorializada, de humanidade global, sugere-se a unidade referencial no papado e em seu representante como o cidadão universal. Casanova chega a sugerir certo ceticismo sobre esse discurso, se comparado aos documentos que tratam sobre questões sexuais e religiosas dirigidas a esse mesmo público.[379]

A crítica à modernidade como recusa defensiva continua latente e endossada pelo mais intransigente cristianismo, que se propõe a reestruturar o espírito de unidade orgânica natural, com alcance social e cultural totalizantes. A colocação dessa crítica revitaliza a imagem interna desse catolicismo, afirmando o papado como resposta religiosa aos problemas sociais; por isso, a defesa das causas e direitos sociais, como cruzada pontifícia, tornaram o Papa popular entre jovens, intelectuais e intermediários culturais, que também se alinham à crítica da racionalidade instrumental, embora com outros pressupostos. Essa crítica ao progresso contemporâneo, mesmo com a dimensão de totalidade que nela vem embutida, parece ser um dos elementos que fazem o catolicismo intransigente não parecer retrógrado e anacrônico. Isso porque o discurso pontifício encontra fora da égide religiosa afinidade com outros setores sociais que, por sua vez, criticam os rumos da racionalidade técnica.

Um outro aspecto que parece atualizar o catolicismo intransigente, sem parecer arcaico, é a capacidade da Igreja de propor sistemas alternativos àqueles que vigoram. Se nos anos 70 e 80 oferecia espaços de mobilização política transformadora, com o refluxo dos movimentos sociais essa possibilidade recuou e hoje a oferta alternativa dá-se na linha espiritual. Ancorada nas microrrealizações cotidianas, a Igreja apela para a conversão pessoal, para uma espiritualidade performática, na qual o "eu" constitui-se no centro, a emoção do catolicismo de massa. Todavia, se essa espiritualidade representa uma recusa do mundo, cria no interior da própria Igreja formas de convivência sociorreligiosas que se pretendem totalizantes, uma sociedade dentro da sociedade; entretanto, ela não deixa de ser uma proposta alternativa para os contemporâneos, como já assinalado na primeira parte deste texto.

---

[379] CASANOVA, 2001.

Um terceiro aspecto pode ser acrescentado a essa atualização social e espiritual, qual seja o impacto positivo que o discurso doutrinal e disciplinar do catolicismo intransigente possa vir a ter num mundo marcado pela insegurança que o pluralismo de escolhas provoca no indivíduo moderno. Ou seja, a rigidez moral proposta por Roma encontra eco em pessoas e grupos que procuram um mundo ordenado, com imperativos éticos e morais que lhes proporcionem o conforto de não estar refletindo a todo momento sobre o que deve ou não ser feito ou as decisões a serem tomadas; a disciplina e normatividade substituem sua capacidade de risco e reflexividade.[380]

Mesmo com certa plausibilidade e aceitação em alguns setores da sociedade moderna, o catolicismo intransigente coloca a instituição numa direção de exculturação. Categoria proposta por Hervieu-Léger para compreender a dinâmica de acomodação institucional que a hierarquia desenvolve, provocada por certo "mal-estar" perante as mutações da paisagem religiosa e cultural. A exculturação responde, de acordo com a autora, a uma série de mecanismos que colocam a Igreja à margem das demandas, das lógicas e dos processos sociais, gerando ações pastorais ambíguas e conflitos dilacerantes *ad intra ecclesia*, o que sugere pensar a instituição em estado permanente de implosão sistêmica.[381]

Assim, no momento em que a Igreja é confrontada culturalmente para dar respostas significativas a seus seguidores (a partir da própria realidade cultural) e com a iminente descatolização (falta de adesão das novas gerações e evasão dos fiéis), a instituição incorpora em seus discursos teológi-

---

[380] Linha que o novo papado de Bento XVI está dando claras mostras de continuar fomentando, pois com sua homília, que precedeu o Conclave, colocou-se na direção de "ter uma fé clara, de acordo com o Credo da Igreja, muitas vezes foi rotulado como fundamentalista. Enquanto o relativismo, que se 'deixa arrastar para cá e para lá pelos ventos doutrinários', parece ser o único sistema aplicável aos tempos modernos. Vai-se constituindo uma ditadura do relativismo, que não reconhece nada como definitivo (....) Nós, em lugar disso, tomamos como norma uma outra medida..." (RATZINGER, 2005).

[381] HERVIEU-LÉGER, 2003, p. 90-131.

cos as demandas de participação, cooperação, igualdade, legitimidade que a desafiam perante a sociedade. De tal maneira que a exculturação diminui o corpo social da Igreja e sua capacidade efetiva de interferir nos processos sociais, mesmo que pareça aumentar pelo catolicismo carismático e pelas ações paradigmáticas do papado.[382]

O que se está afirmando é que a modernização da utopia do catolicismo intransigente, com seus discursos teológicos, medidas disciplinares e propostas pastorais, encontra um caldo cultural que a favorece, o que, em grande medida, explica certa adesão. De mais a mais, ele não só centraliza todos os problemas institucionais e as soluções pastorais, mas ao mesmo tempo promove um processo de exculturação que evidencia a ambiguidade nas relações entre Igreja e modernidade.

Paradoxo intrínseco que acompanhou o pontificado de João Paulo II. Sua pessoa ora mostrava belíssimos gestos simbólicos de acolhida da diversidade cultural (espalhados nas centenas de viagens pelo mundo afora), ora a neocristandade (como estrutura e ideologia) o sustentava. De forma bastante persuasiva a pessoa-personagem do Papa disseminava por toda a capilaridade eclesial um neoconservadorismo global e globalizante, expressão do catolicismo intransigente, que, no dizer de Hans Küng, será um grito agônico da Igreja na contramão da sociedade contemporânea.[383]

Realidades que mostram a contradição presente nesse pontificado, em que "há um nítido descompasso entre a teologia implícita dos gestos do Papa e a teologia explícita dos documentos oficiais e da prática intraeclesial".[384] É esse grande marco que informa as igrejas locais, percorrendo liquidamente tanto o pensamento teórico que informa a referida tradição intransigente, quanto as práticas pastorais com suas contradições, ambiguidades, conflitos e desafios.

---

[382] HERVIEU-LÉGER, 2003, p.115.
[383] KÜNG, 2004, p. 99.
[384] LIBÂNIO, 2004, p. 65.

A seguir, esboça-se o contexto do catolicismo do fim de século que ajude na compreensão das reações entre certos setores da hierarquia, perante a tendência desse modelo reinstitucionalizador consolidar-se como hegemônico.

Catolicismos brasileiros

Uma visão retrospectiva da década de 90, que parece ser, de acordo com Alberto Antoniazzi, um divisor de águas, ao começar a marcar a hegemonia de novas tendências dentro da Igreja no Brasil, pautadas pela nítida preocupação com o avanço neopentecostal. Três são os aspectos destacados pelo autor: a conjuntura social, o enfraquecimento institucional e a consolidação dos movimentos religiosos internacionais que vem elaborando a tessitura do catolicismo neste início de século.[385]

No plano sociopolítico, primeiro aspecto salientado por Antoniazzi, destaca que um novo redesenho das forças eclesiais fermentaria com a abertura do processo redemocratizador do país (Diretas Já, 1985; Nova Constituição da República, 1988), a eleição direta do presidente Fernando Collor, que orientaria a política econômica para o neoliberalismo, e a era Fernando Henrique Cardoso, que a consolidaria; diante dessa conjuntura, tanto o setor progressista quanto os movimentos sociais passariam a ter um novo papel. No caso da Igreja, seu papel passará do de ser voz dos processos sociais democráticos para ser uma voz supletiva com discursos de defesa dos Direitos Humanos e de promoção da democratização. Embora a validade reivindicativa das ações do catolicismo progressista não perca sua importância, enquanto função social ela fica diminuída ao emergirem outras forças sociais.

O segundo aspecto a ser levado em conta, segundo Antoniazzi, é a problemática do sério enfraquecimento institucional, sobretudo no que se

---

[385] ANTONIAZZI, 2003, p. 1-16.

refere à autorreprodução dos quadros funcionais, verificado na diminuição de vocações sacerdotais e religiosas. Também são assinalados os impasses que a Conferência Nacional dos Bispos do Brasil (CNBB) enfrenta com relação a seu posicionamento sobre questões sociais, bem como certo recuo em sua interferência (na linha progressista), evidenciando um episcopado fragilizado sem projeto institucional nessa área.

Entretanto, aqui se afirma que não significa que a hierarquia tenha abandonado sua atuação na esfera do poder político, mas ela foi redirecionada para outros alvos. Assim, com a finalidade de garantir seus privilégios e defender suas bandeiras ético-morais, duas ações ilustram, emblematicamente, esse deslocamento: a obtenção de concessões de meios de comunicação de massa e a pressão política sobre o Poder Legislativo no caso das questões pró-vida.

No terceiro e último aspecto, sempre no terreno episcopal, dois movimentos podem ser detectados no que se refere às organizações leigas e movimentos internacionais, de acordo com Antoniazzi. De um lado, o apoio implícito e explícito de amplos setores dos bispos brasileiros à Renovação Carismática Católica (RCC), que vai movimentando a vida das dioceses, apelando de forma exacerbada para a emoção das pessoas ao mesmo tempo em que configura subjetividades nutridas com imaginários demoníacos e as correspondentes consequências no âmbito social. Do outro lado, a deferência dessa mesma hierarquia aos Movimentos Eclesiais internacionais, entre os quais nomeiam-se: Opus Dei, fundado nos anos vinte, por Mons. Escrivá de Balaguer, sacerdote espanhol;[386] Caminho ou Neocatecumenato, nascido em Madri, Espanha, em 1964, sob a inspiração de Kiko Arguello e Carmen Fernández; Focolare, emergido na cidade de Trento, Itália, nos anos 40, das mãos de Chiara Lubich; da mesma região italiana, na cidade de Milão surge, como reação à contracultura

---

[386] TAMAYO-ACOSTA, 2005, p. 8.

dos anos 70, Comunhão e Libertação, guiado por D. Giussani, cujos seguidores ficaram conhecidos como "Lacaios de Wojtyla" e "Samurais de Cristo", e "Stalinistas de Deus".[387]

Vale a pena centrar a atenção nesses movimentos, visto que são neles que setores do catolicismo intransigente apostam como a resposta "certa" às necessidades de evangelização, o revigoramento eclesiástico e espiritual que faltava à Igreja, tanto para os leigos (classe média) quanto para o clero. É bom ressalvar que esses movimentos se informam do mesmo espírito organicista que inspirou a Ação Católica dos anos 50, porém, estruturaram-se na direção oposta à quebra de conceitos estáticos e hierarquizantes da Igreja; seus frutos são da ordem do reformismo social, além de focalizar seu recrutamento em segmentos seletos do laicato mais que em atingir o "povo de Deus", a massa católica.[388]

A partir de uma detalhada anatomia dos principais movimentos internacionais da Igreja Gordon Urquhart, perfila o que seriam seus traços, apontando algumas dinâmicas internas que os colocam na linha de "seitas católicas", tidas como fundamentalistas e "perigosamente poderosas", consolidadas nos últimos vinte e cinco anos sob a missão de atrair os que estão "*lontani*" da Igreja.[389] Dentre algumas das características sugeridas pelo autor, destacam-se:

---

[387] URQUHART, 2002, p. 13. Segundo o autor, são os movimentos como Focolare e Opus Dei que sustentaram a logística das viagens de João Paulo II. O primeiro convocando milhares de jovens para os encontros multitudinários, o segundo estabelecendo as redes de articulação política e econômica que viabilizaram os encontros de massa, realizados nos países visitados pelo Pontífice.

[388] Dada a dificuldade de integração eclesial que alguns movimentos representam nas dioceses, em 1997 os bispos brasileiros solicitaram à Comissão Episcopal de Doutrina que fizesse um estudo da teologia dos movimentos. O estudo fez o levantamento do histórico, das linhas doutrinais, dos aspectos positivos e negativos daqueles que consideravam mais importantes, os quais foram elencados no corpo deste texto. Na conclusão a comissão aponta uma preocupação tácita: "esses movimentos parecem ser uma igreja paralela em potencial, fechados em si mesmos e interligados internacionalmente entre si e com Roma" (CNBB, 1997).

[389] URQUHART, 2002, p. 17.

> ...uma centralização e organização interna competente; obediência ao Papa (extensiva a tudo o que emana do Vaticano); agilidade para disseminar os membros pela geografia do movimento; um trabalho molecular, penetrando todos os ambientes seculares; investimento maciço no trabalho vocacional, atraindo corpo a corpo os jovens; acompanhamento pedagógico, formação, mostrando "zelo apostólico" para controlar social e moralmente seus membros; ruptura temporal da biografia do membro, passando a ser lida sua vida a partir do momento em que ingressou na "obra"; fomento de relacionamentos circulares, pois no próprio movimento o membro encontra oportunidades de lazer, relacionamento afetivo, possibilidades de trabalho, ambientes reconfortantes, quase uma instituição total, absorvendo o tempo e a afetividade da pessoa; rigidez disciplinar, austeridade, emocionalismo, como princípios básicos de espiritualidade que se tornam epicentro do estilo de vida do membro. Em seu conjunto, essas características transformam os movimentos em grupos capazes de produzir um "autoabastecimento", quase que uma igreja dentro de outra...[390]

Conforme Antoniazzi, esses movimentos representam uma séria dificuldade para as igrejas locais, por não se integrarem às pastorais; porém, recebem grande apoio da Santa Sé, que os identifica como primavera da Igreja. Coincidindo com essa miragem, Urquhart confirma que os movimentos se constituem em autênticas "estruturas paralelas" dentro da Igreja ao formarem seu próprio clero; portanto, não são apenas grupos excêntricos de leigos fazendo suas próprias coisas, mas verdadeiros exércitos colocados à disposição de uma ideologia restauradora:

> Eles estão formando grupos de padres, 'fiéis' postos à disposição da Igreja, e que podem vir a ser bispos, cardeais e, até mesmo, os papas do próximo século (...) fenômeno de castas de padres que vêm crescendo nas fileiras dos movimentos (...) para quem advoga que a única resposta para a carência de vocações é abolir a lei do celibato (...) ou talvez permitir a ordenação de mulheres (...) o Papa tem uma outra resposta prática: Comunhão e Libertação, os focolarini, e, acima de tudo, Neocatecumenato...[391]

---

[390] URQUHART, 2002, p. 70.
[391] URQUHART, 2002, p. 194.

Ao tomar para si a responsabilidade de implantar, por meio da presença profissional, a "civilização do amor", os movimentos denunciam o relativismo e permissivismo moral do mundo moderno, constituindo-se em redomas de sentido, respostas organizacionais, num "mundo sem sentido", refúgios espirituais no meio profano. Para Libânio, os movimentos provocam:

> ... o deslocamento de uma Igreja com movimentos para o modelo de uma Igreja configurada pelos movimentos. Eles se transformam numa constelação de 'dioceses flutuantes' ao estilo da prelazia pessoal do Opus Dei. Cada um deles se considera único, total, exclusivo (...) Aumenta a distância entre o católico normal paroquial e o dos Novos Movimentos Religiosos, entre as celebrações numa paróquia tradicional e as dos e nos movimentos. Opõe-se ao anonimato do púlpito a dinâmica do seguimento fervoroso.[392]

Novos rumos dos movimentos eclesiais

Desse "catolicismo de movimentos" do cenário dos anos noventa no Brasil, dois grupos valem a pena destacar, Arautos do Evangelho e Toca de Assis, os quais chamam a atenção pela capacidade de agregar seguidores com propostas conservadoras, comportamentos anacrônicos e por serem tão distintos entre si, porém informados por um mesmo ideário reestruturador eclesial.

Assim, da Associação de Direito Pontifício Arautos do Evangelho sabe-se que foi aprovada por João Paulo II, em fevereiro de 2001, que se encontra presente em mais de 50 países (com representação canônica em 25 dioceses da América Latina) e está integrada por mais de 30 mil membros, entre solteiros profissionais (célibes), religiosos, religiosas, sacerdotes e casais. As origens da Associação remontam à década de 50, quando o advo-

---

[392] LIBÂNIO, 2004, p. 61.

gado e militar João Scognamiglio Clá Dias congregou em torno da música jovens dissidentes do movimento TFP, de São Paulo, para se dedicarem à música e à evangelização dos afastados da política.[393]

O movimento focaliza seus esforços na formação da juventude e da família, sob a proposta de fazer do lar uma "igreja doméstica"; sua tríade espiritual recupera elementos identitários do catolicismo: eucaristia, devoção à Maria e obediência ao Papa, a quem devotam uma especial atenção, segundo afirmam: "Os Arautos do Evangelho, a partir desse momento [aprovação pontifícia], passaram a ser instrumentos vivos da Sagrada Hierarquia a serviço da Nova Evangelização".[394] Ao priorizar o revigoramento paroquial e a "sacralização do mundo", os Arautos disponibilizam uma ampla infraestrutura, que vai desde um Colégio e Faculdade (Granja Viana, São Paulo, com 11 prédios interligados em 200 mil metros quadrados de construção) até mais de 200 casas de formação para jovens, dentro e fora do Brasil, além da publicação mensal de uma revista com tiragem de 600 mil exemplares.[395]

É nesse tipo de divulgação que pode ser lastreado seu ideário ultraconservador, com sentenças como:

> estamos ao serviço do Papa, nossas armas não são a política mas a religião (...) Queremos resgatar os valores tradicionais, a moral, a religiosidade (...) também os valores da beleza e bondade que se perderam na sociedade atual (...) precisamos resgatar os antigos ritos...[396]

Informados por esse pensamento e a lógica dos Movimentos Eclesiais, os Arautos se espalham nas diversas dioceses do país, firmando

---

[393] Folheto de divulgação, ago. 2004. Desde 1998, existe uma luta judiciária entre João Clá e a diretoria do TFP, envolvendo questões de prestígio, sucessão do fundador da TFP, doutor Plínio Corrêa de Oliveira, e muito dinheiro (Revista AOL, ano 2, n. 63, mar. 2005).

[394] Folheto de divulgação, maio 2004.

[395] Folheto de divulgação, out. 2004.

[396] Folheto de divulgação, maio de 2004; O Estado de S. Paulo, 29 fev. 2004, p. A-1.

uma postura antimoderna e atraindo com força milhares de seguidores, sobretudo jovens (80% do movimento), os quais são congregados em torno de grupos musicais. Outro elemento distintivo desse movimento é seu figurino medieval, cujas vestes excêntricas são utilizadas em rituais privados ou participações em cerimônias públicas (túnicas que lembram o estilo da Ordem dos Templários).

Do lado da simplicidade e ambiente social encontra-se a Toca de Assis, fundada em Campinas, São Paulo, em 1994, por Roberto Lettieri, conhecido como Casagrande. Esse movimento cresceu assustadoramente em menos de uma década e aos poucos povoou a geografia diocesana do Brasil. O carisma evangelizador da Toca centra-se na assistência a moradores de rua, obediência à hierarquia e vivência comunitária da pobreza, material e espiritual. O grupo é fundamentalmente integrado por jovens, advindos da classe média baixa e popular e por alguns moradores de rua "recuperados" que manifestem vocação, sendo atualmente um grupo de 1.200 membros, entre 18 e 25 anos, distribuídos em 86 casas de formação, além de um amplo grupo de leigos benfeitores de todos os segmentos sociais.[397]

Os membros desse agrupamento religioso são conhecidos no meio eclesial e social da cidade de Campinas como "toqueros", cujas vestes, femininas e masculinas, consistem em longas túnicas marrons, amarradas na cintura com um cordão branco. Descalços ou com chinelo de dedo, os homens com corte de cabelo estilo tosera e barba comprida ou por fazer, as mulheres quando noviças com cabeça raspada, já consagradas colocam

---

[397] Acompanho com atenção a Toca de Assis desde sua fundação. Certa vez, conversando com o padre Roberto, ele disse-me: "aspiro que a Toca seja reconhecida canonicamente em Roma, talvez, como Movimento ou como Congregação Religiosa, ainda não sei." Diante dessa situação, sabendo que o andamento do processo burocrático de aprovação é longo e que a Toca concentra algumas das características que enunciei nos Movimentos Eclesiais, resolvi neste texto alocá-la entre eles. Entretanto, essa posição aleatória está sujeita à contestação por parte do próprio grupo, ou quando de sua aprovação canônica.

véu preto na cabeça.[398] Andando de dois em dois ou em pequenos grupos mistos, os jovens toqueros perambulam pela cidade interagindo com a população carente, lembrando com suas vestes e performances os antigos seguidores de São Francisco de Assis (século XII) e se distinguindo esteticamente do resto dos religiosos.

A Toca de Assis tem sua ascendência espiritual na RCC, o padre Roberto é pregador oficial de Cenáculos e Rebanhões organizados nas diversas dioceses, e os toqueros podem ser encontrados em todos esses eventos. Da mesma maneira que nas Comunidades de Aliança, o celeiro vocacional da Toca são os grupos de jovens e os grupos de oração da RCC. Pelas características de organização interna, por enquanto pouco estruturada, os toqueros não representam uma estrutura paralela à Arquidiocese campineira, estando sempre presente em todas as atividades propostas por ela e nas diversas pastorais. O trabalho assistencial da Toca inclui festas nas praças do centro da cidade, sendo reconhecido, civilmente, como um grupo sociocaritativo, o que lhes permite angariar recursos para a sobrevivência do grupo e de suas obras, além de contar com a simpatia de inúmeros benfeitores, recrutados nos setores de classe A e B.

Da mesma maneira que os Arautos do Evangelho, a Toca de Assis oferece uma espiritualidade performática, consegue adesão entre os jovens, diferencia-se socialmente pelas roupas *sui generis*, reminiscências de épocas remotas, espalhando-se capilarmente pela geografia eclesial. Talvez a diferença entre ambos os agrupamentos religiosos esteja no fato de recrutarem seus membros de segmentos sociais diversos, além da infra-

---

[398] Tive a oportunidade de acompanhar pessoalmente o caso de uma jovem universitária, do último ano da faculdade de enfermagem da PUC-Campinas, que abandonou a Universidade porque a responsável do noviciado – outra moça não mais velha do que ela - lhe disse que havia recebido uma revelação na qual a vocacionada teria de abandonar tudo e seguir Jesus, como prova de sua vocação ela deveria desistir dos estudos. Mesmo quando insisti, argumentando que formada ela poderia ajudar melhor os pobres e moradores de rua, ela desistiu da bolsa integral que tinha, abandonou a faculdade, raspou a cabeça e entrou na Toca.

estrutura que os Arautos têm, fruto de uma vida mais longa. No entanto, ambos os grupos parecem representar as duas faces de uma moeda só: o intransigentismo católico, à moda brasileira.

Como se disse, esse catolicismo tem relativo êxito entre grupos e pessoas que se sentem inseguras perante o pluralismo cultural e religioso que o mundo moderno oferece, com suas múltiplas escolhas. Assim, grupos que pregam o retorno à tradição, invocam elementos identitários, como meios diferenciadores de pertença, oferecem mecanismos disciplinares e devocionais, incorporam seus membros em "instituições totais" talvez estejam encetando para outras reestruturações religiosas que, sob moldes reativos à sociedade de consumo e expressões fundamentalistas, se constituem em espiritualidades alternativas nos meios urbanos, com aparente sucesso; sobretudo, com as novas gerações, avançando junto com outros movimentos eclesiais, sob a olhar complacente de setores conservadores da hierarquia, que se sentem reconfortados pelo "florescer vocacional na igreja".

Os outros catolicismos

No outro extremo dessa proposta religiosa expressa no catolicismo de movimentos encontra-se o catolicismo progressista, que, como se disse, na última década parece ter perdido visibilidade perante a ascensão midiática da RCC, a conjuntura social da esquerda e o esvaziamento ideológico que os setores conservadores vêm realizando sistematicamente, condenando-o a uma "caminhada silenciosa".

Situação à que se refere Pierucci, comentando os dados censitários de 2000, da seguinte maneira:

> É um evento [a fuga de fiéis] das duas últimas décadas. Particularmente dos anos 90. Fica por isso impossível dissociar do pontificado de João Paulo II esse aprofundamento das perdas, essa intensificação do esboroamento numérico do catolicismo no Brasil. De

que terá adiantado então, me pergunto, frear a igreja progressista, ferir de morte a esquerda católica e sufocar a igreja popular dos anos 70? Que vantagem Maria levou...?[399]

Mesmo com sérias dificuldades de renovação de quadros, desentendimentos pastorais, tendências paroquializantes, cooptação de lideranças pela hierarquia, as Comunidades Eclesiais de Bases (CEBs) se consideram, no dizer de seus membros, uma alternativa na Igreja, um modo de ser Igreja. Neste momento, pode-se afirmar que as CEBs avançam discretamente pela paisagem católica brasileira, despertando certa expectativa de ressurgimento e visibilidade social em alguns setores intelectuais da esquerda brasileira para os quais elas sobrevivem, resistindo como "minorias abraâmicas".[400]

Nas imediações desse catolicismo progressista encontra-se o catolicismo paroquial, aquele que sobrevive com os esforços da hierarquia e de seus leigos católicos internalizados, isto é, nos termos de Cândido Procópio, dos fiéis que se engajam nas propostas institucionais, assumindo seus projetos como forma de se integrar à Igreja e maneira de vivenciar uma experiência religiosa pessoal. Nesse catolicismo as dioceses e suas paróquias, com seus bispos, padres e leigos, debatem-se entre responder a projetos de evangelização pensados e desenhados a partir de órgãos e setores da CNBB e múltiplas atividades com o propósito de manterem uma unidade orgânica, por meio de planos pastorais.

É esse catolicismo paroquial o que mais recebe, no dia a dia, as pressões reinstitucionalizantes do catolicismo midiático e dos movimentos eclesiais, os quais se inserem nas paróquias, alimentando um imaginário de pastorais de massas. Por pouco que façam os agentes pastorais, encontram-se, permanentemente, dilacerados entre não poder mudar as velhas estruturas, embora os dados de migração religiosa as sinalizem como modelos falidos, e ceder à tentação de um catolicismo massivo que se propõe

---

[399] PIERUCCI, 2002, p. 7.
[400] SOUZA, 2004, p. 92.

ao arrebanhamento de fiéis, que enche as igrejas, permite uma maior visibilidade de seu trabalho e proporciona vocações de autorreprodução do modelo institucional.

Do grande rebanho dos inalcançáveis, que flutua em torno das paróquias, às vezes usufruindo dos serviços religiosos quase clientelista, encontra-se o catolicismo popular ou vivido, que se apresenta, aparentemente, autônomo da hierarquia, como um grande sistema para-religioso. Conforme Carlos Rodrigues Brandão, esse catolicismo tem tantos matizes quantas são as culturas em que vivem as pessoas reais e nele:

> ... estão tanto as crenças populares e alguns costumes patrimoniais, como sistemas sociais de trocas de atos, de símbolos e de significados que, em seu todo, recobrem quase tudo o que uma pessoa necessita para sentir-se de uma religião ou servir-se de seus bens e serviços [401]

Dessa grande massa dos católicos "nominais" alimentam-se os outros catolicismos, que nutrem a esperança de os converter e trazer para dentro da Igreja, por isso ele é seu grande alvo de evangelização, o objeto e razão de ser dos trabalhos pastorais. É esse segmento de fiéis, os "católicos culturais", que fica na mira dos esforços do catolicismo carismático e midiático, ao acionar por todos os meios, programas radiofônicos e televisivos, cinema, megaeventos, showmissas, a religiosidade popular que se constitui na matriz cultural do catolicismo brasileiro. O catolicismo popular direciona as iniciativas do catolicismo midiático, mantendo vivas as espectativas de atrair os "afastados" da Igreja. O catolicismo vivido converte-se no "público" que faz do catolicismo midiático um catolicismo de massas para as massas.

No meio disso, o catolicismo midiático ergue-se em zeloso guardião do intransigentismo, ou melhor dizendo, ele é a face modernizadora do catolicismo intransigente, responsabilizando-se por dar uma resposta "certa" às preocupações dos processos de descatolização, sofridos pela

---

[401] BRANDÃO, 2004, p. 268; 1996; 1986.

Igreja, nas últimas décadas. Preocupados com as catedrais dos neopentecostais, em franca concorrência com as catedrais católicas, o catolicismo midiático expande suas ações em direção a conquistar, por todos os meios de comunicação de massa, a maioria semântica e demográfica do país mais católico do mundo. Nessa empreitada encontra, da mesma forma que o catolicismo de movimentos, o apoio de setores conservadores do clero e do episcopado, que convertem a força articuladora desse catolicismo nas mãos que operacionalizam sua penetração nas estruturas de poder, tentando segurar alguns privilégios, minguados pelas mudanças sociopolíticas dos últimos anos.

Alicerçado na espiritualidade performática carismática, o catolicismo midiático se estrutura a partir de todas as instâncias da RCC (Cenáculos, Rebanhões, Congressos, Cristotecas, Barzinhos de Jesus) e de suas formas organizativas estruturais (grupos de oração, Comunidades de Aliança e Vida, Congregações religiosas). Mais ainda, seus dirigentes acreditam ser a "resposta necessária" perante a descatolização que assola a Igreja, daí que exortam por meio de sua figura emblemática, Pe. Marcelo, a que todos os "catolicismos" adiram a ela.

Contudo, parece que o catolicismo midiático condensa algumas das setas que direcionaram modelos reinstitucionalizantes traçados como percurso da Igreja conservadora nesta última década. Ele recoloca a preocupação com a reprodução dos quadros hierárquicos, desenvolvendo estratégias que "despertem os vocacionados" e os sensibilizem para esse modelo eclesial conservador; coloca-se à inteira disposição para retomar a incidência institucional da Igreja na esfera pública (política) e cultural (meios de comunicação de massa); constitui-se no bálsamo da igreja conservadora, assombrada com o iminente avanço pentecostal, ao concorrer com as mesmas armas midiáticas em todos os meios de comunicação de massa; propõe-se a ser fiel à utopia intransigente, disseminando capilarmente por toda a geografia católica mecanismos de socialização e experiências religiosas que se constituam numa totalidade da cultura cristã. De modo que parece "revitalizar" e rejuvenescer a Igreja, redesenhando o catolicismo brasileiro nos últimos anos ao se pretender impor, simbolicamente, como o modelo eclesial certo "em tempos de descatolização".

Mas essa pretensão incomoda a não poucos setores da Igreja, mesmo conservadora, dando sérias amostras de desacordo, quer por motivos que dizem respeito ao modo como avança, quer por motivos que levantam suspeitas sobre sua forma e conteúdo. Nas próximas páginas serão analisadas as repercussões que o catolicismo midiático teve entre a hierarquia, assinalando-se os questionamentos explícitos que o clero se faz sobre sua própria identidade e os temores que apresenta diante da possibilidade de se tornar o "estilo marceliano" um modelo sacerdotal hegemônico.

9

GUERRA DE POSIÇÕES, GUERRA DE IMAGENS

O modelo do catolicismo midiático intransigente pretende-se impor, real e simbolicamente, por meio da norma, do discurso teológico, como o modelo identificador único de valores. Sob essa ótica, evidencia-se uma realidade mais profunda: a inversão do processo eclesial, vivenciado nos últimos anos na Igreja, no qual se verifica uma verticalização institucional que desce de Roma para os bispos, dos bispos para os padres, dos padres para os leigos. Com isso, não só o modelo organizacional entra em crise, mas, também, o modelo sacerdotal. Este último, questionado *ad extra* pela sociedade que lhe imputa um *status* defasado profissionalmente, *ad intra* sua identidade, centrada na vocação, vê-se atravessado por exigências funcionais que podem converter o sacerdote em "funcionário" de Roma.

Uma preocupação a mais parece estar no horizonte do presbitério brasileiro, a da reprodução de si nesses moldes sugeridos pelo catolicismo intransigente. Embora nem todas as vertentes sacerdotais, em seu amplo espectro ideológico, que vai dos progressistas até os conservadores, discordem da utopia totalizadora da neocristandade nem se oponham a seus princípios doutrinais. Mas quando se trata de "certas" concretizações, performáticas e litúrgicas, nos emblemas reinstitucionalizadores do catolicismo midiático, isto é, o fenômeno Pe. Marcelo, as vozes tornam-se dissonantes.

Emergem, então, os debates semânticos que revelam algo mais que disputas teológicas ou discordâncias linguísticas e de sensibilidades, esses embates mostram a profundidade da divisão nos modelos eclesiais e as identidades sacerdotais que conflitam entre si, a tempo que assinalam as dinâmicas internas de transformação institucional. Nessa instigante arena de resistências entre pares, percebe-se como a secular instituição, chamada Igreja, negocia, acomoda e assimila seus conflitos.

A seguir serão apresentadas as linhas que traçam esse "mal-estar entre irmãos", quais as questões levantadas pelos próprios sacerdotes e suas preocupações com a formação dos seminaristas, que começam a dar indícios de simpatia e adesão ao estilo padre midiático.

Entre pares

> Quantas pessoas, Jesus, que ainda não compreenderam a minha presença em todos os meios...Toca, Jesus, nelas para que enxerguem que eu sou teu instrumento, que estou evangelizando aqui, no filme, em todo lugar (...) Cura, Senhor, toda inveja, rancor, mágoa contra teu instrumento...[402]

Com o intuito de esboçar quais as razões que levam a esse "estado de espírito" de rejeição ao trabalho do catolicismo midiático, sondou-se, por meio da aplicação de um questionário, a opinião dos sacerdotes reunidos no X Encontro Nacional de Presbíteros, em Itaici, Indaiatuba, São Paulo, de 4 a 6 de fevereiro de 2004.[403]

Em linhas gerais três dimensões foram pesquisadas entre o clero: o uso dos meios de comunicação social para fins religiosos, o impacto litúrgico que a experiência midiática dos padres cantores e apresentadores de pro-

---

[402] Pe. Marcelo, Programa de Rádio *Momento de Fé*, 27 out. 2003.

[403] Ao evento compareceram 366 sacerdotes delegados, desse total 328 responderam, às 9 perguntas do questionário.

gramas religiosos trazem para a Igreja e a interferência desse catolicismo midiático nos processos formativos e vocacionais dos novos quadros sacerdotais. São os resultados desse *survey* que a seguir serão comentados, a título de reforço da argumentação sobre as tendências hegemônicas que o catolicismo midiático traz para Igreja.[404]

A primeira pergunta solicitou tomar posição sobre o valor que os meios de comunicação têm na tarefa evangelizadora: *No atual contexto religioso, considera que para evangelizar os meios de comunicação são eficientes?* A percentagem de padres que considera que os *mass media* são eficientes para a evangelização é de 56,71%. Na leitura de suas justificativas percebe-se a visão que os sacerdotes têm sobre a função que a mídia cumpre em relação a seu uso religioso. A tendência desse grupo, como a da Igreja oficial em geral, foi a de positivisar o uso do meios de comunicação por sua natureza difusora, retransmissora e informativa, de tal forma que a mídia é "boa" porque "penetra em todos os lares, está onde a Igreja não consegue ir, visibiliza a Igreja, dá identidade perante o povo, chega até o afastado".

Também se reconhece sua utilidade porque permite veicular conteúdos que podem "levar um reforço moral que se contraponha à pornografia, é o bom conteúdo que evangeliza". Há os que identificam o uso da mídia como um meio de modernização da Igreja: por isso "devemos estar na mídia, porque é a linguagem moderna, é uma exigência dos tempos, a igreja não pode fazer vista grossa aos meios de comunicação, um desafio para a paróquia global".

Aqueles que consideram que os meios de comunicação não são eficientes (40,55%) chamam a atenção para vários aspectos. Na lógica do mercado a mídia religiosa "só quer audiência, se não dá ibope não serve, há privilégios e favores que têm que ser feitos para estar no mercado, só seduz e convence pelo lúdico, é um meio manipulado". Alega-se que se é

---

[404] Para ver mais detalhes sobre essa pesquisa, sua metodologia, os quadros estatísticos gerados e seus anexos, consultar minha tese de doutorado na biblioteca digital da Universidade Estadual de Campinas. Disponível em: <http://libdigi.unicamp.br/document/?code=vtls000373145>. Acesso em: 07 jul. 2009.

ineficiente por falta de preparo no uso dos meios, faz-se uso amador do instrumento, falta regionalização, a programação é pobre, sem linguagem adequada, falta investimento no meio, o meio não oferece contato pessoal, a mídia faz concorrentes, não irmãos, usa-se o meio de forma catequética". Sinaliza-se, frequentemente, a velha disputa entre o meio de comunicação que aliena e não permite um engajamento social e o compromisso com a realidade do povo.

O que entrelinhas se denuncia nos comentários é a dificuldade que a mídia religiosa criou ao impor um modelo hierárquico, no qual padre e bispo têm a voz e a palavra. Ao mesmo tempo, alguns que acreditam que é o conteúdo que evangeliza, então, sugerem: "na hora que a programação refletir a realidade do povo, então eles vão evangelizar". Em momento nenhum aparece algum indício nos entrevistados de que percebem que a própria Igreja faz uma separação entre cultura midiática e apropriação do meio para justificar seu uso. Observe-se a divisão interna que o próprio clero tem com respeito à utilização da mídia pela Igreja, dado que se repete na segunda pergunta, quando questionados sobre o modo como são usados, especificamente na televisão.

Sobre a televisão inquiriu-se se consideram adequado seu uso para fins religiosos. Os 51,52% que consideram inadequado esse uso, concentram suas observações no fato de a televisão ter-se convertido numa ponte para o vedetismo, o estrelato, um meio de promoção pessoal dos sacerdotes, um prolongamento da hierarquia, centralização da figura do padre. Nas críticas, o alvo são as performances e programas carismáticos indicando que eles colocam no centro a emoção, pautam-se pela audiência, oferecem um único modelo de Igreja, se impõem com seu carismatismo. Registram-se críticas na direção de a televisão ser um meio de alienação do "povo", que não produz engajamento, não cria comunidade; fala-se também da distância entre o conteúdo e a mensagem, assim como retoma-se a crítica de ser um meio submetido às leis do mercado, devendo a Igreja ficar afastada dele.

Dos que consideram adequado o uso da televisão religiosa, 43,60% estimam que é um excelente meio de se chegar aos velhos, doentes, os que estão longe e não conseguem ir à missa ou rezar o terço. Outros consideram que é uma forma de criar identidade perante o pentecostalismo. Dispensa comentários a visão paroquializante que o uso da televisão cumpre na opinião desses entrevistados.

Embora as duas perguntas anteriores revelem certa resistência a que a Igreja, como instituição, utilize-se dos meios de comunicação para evangelizar, curiosamente quando os presbíteros foram questionados: *se tivesse oportunidade participaria, pessoalmente, da mídia televisiva?* Os que participariam somam 60,98% e os que não o fariam 36,59%. Quando lidas as razões destes últimos, elas não se direcionam para confirmar ou completar as alegações sobre a inadequação e ineficiência do meio, mas os sacerdotes centram os motivos para não participar em não ter preparo técnico ou carecer de dom, vocação; porém, se pudessem, participariam. Há quem diga que tem vocação, jeito, carisma, mas que falta incentivo de seu bispo ou aceitação de seus pares nas dioceses. Poucos foram os comentários direcionados para o fato de que o sacerdote deve ocupar-se de outras coisas mais interessantes, urgentes, engajadas, estar do lado do povo, ficar fora do mercado.

A maior percentagem de sacerdotes que participaria da televisão, em seus comentários, registra que o fariam para ter a oportunidade de mudar o que já se tem por aí ou para dar visibilidade à verdadeira Igreja de Cristo. Há quem declare: "quero ser padre na mídia, não padre da mídia", além dos que confessaram que já estão participando de alguma maneira dos programas de televisão de suas dioceses e aqueles que declararam: "sou apaixonado por tevê, de certo modo estou me preparando, presto atenção em como fazem Pe. Jonas e Pe. Marcelo". Veja-se como a pergunta termina por controlar as respostas anteriores, indicando a ambivalência vivenciada no interior do próprio clero acerca da interação mídia e religião, pois, em geral, as justificativas revelam uma "vontade" de estar na televisão, independentemente das motivações que a nutram.

Os sacerdotes foram indagados sobre o valor que a televisão tem para o serviço evangelizador quando utilizada por eles, perguntou-se: *considera que o uso da mídia televisiva por sacerdotes deveria ser: a) incentivado pelo episcopado; b) regulamentado pelo episcopado; c) proibido pelo episcopado; d) não deve ser preocupação episcopal.* Para 36,63% dos entrevistados esse uso não só deve ser incentivado como acompanhado, oferecendo os meios para desenvolver o dom que alguns padres têm, já que a mídia é um meio de santificação. Um outro sacerdote expressa: "deve ser incentivado, porque no passado se tinha aula de oratória, por que não agora de mídia?"

Os 45,12% de entrevistados que solicitam regulamentação justificam os mecanismos normativos para evitar estrelismos, vedetismos, bobagens, monopólios, desequilíbrios, abusos litúrgicos, personalismos, banalidades, "avacalhações da imagem da igreja. Também há quem o peça para racionalizar excessos, direcionar pastoralmente, estar em sintonia com Roma, velar pela doutrina e liturgia, procurar unidade, exigir qualidade. Comenta-se também que se deve regulamentar, não só padres, mas também bispos, que falam bobagem na tevê, e para reagir contra qualquer modelo único de padre. Essa procura de regulamentação recai, insistentemente, na Conferência Nacional dos Bispos do Brasil (CNBB), a qual, para a maioria dos que se pronunciaram em favor dela, é urgente, pois na visão dos entrevistados não está fazendo nada e os carismáticos estão soltos.

Como é fácil deduzir, segundo o analisado e exposto na segunda parte deste texto, os sacerdotes entrevistados compartilham da mesma visão funcionalista no uso dos meios de comunicação de massa que a Igreja oficial tem. Embora um número significativo dos comentaristas manifeste descontentamento com a inadequação do meio técnico e critique a linguagem imagética empobrecida deste, eles creditam esse fator ao uso inadequado para a evangelização; portanto, percebe-se a mesma dificuldade, observada anteriormente, de associar a natureza dos veículos à cultura midiática que lhes corresponde.

Nos depoimentos dos padres, observa-se que, de maneira geral, o valor que a mídia cumpre para os fins da evangelização está subordinado à função do regime de visibilidade que a própria mídia fornece à Igreja, perante a sociedade e o campo religioso. De modo que estar na mídia é uma maneira de se firmar como Igreja, "moderna" e "modernizada", e é uma forma de existir, ampliando o discurso confirmatório de identidade eclesial.

Esse regime de existência social também informa o desejo dos presbíteros de participar pessoalmente nos *mass media*, mesmo que seja para mudar os conteúdos e/ou paroquializar o meio. Entretanto, se é para participar a maioria dos presbíteros "exige" uma regulamentação, a qual garanta o uso "adequado" dos meios de comunicação de massa e, de certa forma, controle a sinergia midiática que colide com a imagem institucional. Mais ainda, essa proposta de tutelar a participação, por parte do clero na mídia, encobre o temor de que essa exponha publicamente as diferenças e conflitos vivenciados no interior do próprio clero, ou seja, as concorrências internas entre os pares ficam mais explícitas quando colocadas na esteira midiática.

Em grau menor, uma parcela manifesta sua inconformidade com o "excesso" de recursos que são alocados pela Igreja na apropriação dos meios de comunicação de massa, retomando os velhos dilemas das décadas de 70 e 80 nos modelos de gerenciamento dos mesmos. No entanto, em seu conjunto, o clero entrevistado reconhece a lógica midiática, que atrela o sucesso de quem nela participa a seus interesses mercadológicos, mas revela que é de certa forma um mal necessário e um preço a ser pago pela modernização da Igreja. Com isso, alguém terá de ser o pioneiro, neste caso os emblemas e personificações do catolicismo midiático constituem-se no epicentro da discussão. Veja-se o que se diz acerca deles.

Pergunta-se: *o fenômeno Pe. Marcelo Rossi e os padres cantores, em sua opinião, representam para a Igreja: a) um modelo bem-sucedido no uso dos meios de comunicação para a evangelização; b) um modelo relativamente bom; c) um problema no uso dos meios de comunicação para a evangelização.* As respostas revelam que para 58,23% dos entrevistados o fenômeno é um problema como modelo por várias razões, tais como a falta de solidez teológica, pastoral, litúrgica e de conteúdo, que atinge não só os programas da mídia, mas também as atividades promovidas pelo Pe. Marcelo e padres cantores. Mais de uma vez aparecem expressões do estilo "nunca o vi [padre Marcelo] fazendo uma homília".

Registram-se, também, os comentários que acusam o modelo de ser alienado à realidade social, de pregar um mundo intimista, de faltar com compromisso, de anestesiar socialmente, de não formar para consciência crítica, de não se sintonizar com as necessidades do povo. Encontraram-se várias declarações do tipo "quando o vejo [Pe. Marcelo] sinto vergonha"; "ele [padre Marcelo] faz qualquer aliança com os poderosos para se manter no Ibope". Outros comentários apontam que o grande problema que se encontra nesse modelo é a imagem de sacerdócio que se transmite, pois "aparece só o padre, não a Igreja", é um modelo "centralizado na pessoa, o que acontecerá quando ele [pe. Marcelo] envelhecer?"; "fala para o mundo católico, mídia católica para um tipo de católicos, é uma liturgia descarnada". Alguns indicaram que "há uma igreja paralela formando-se, os padres cantores são um projeto pessoal e financeiro, e a Igreja deve tomar providências, dar diretrizes".

O número de entrevistados que considera o modelo midiático relativamente bem-sucedido é de 26,83%, acreditando que o sucesso depende do carisma pessoal que o fez merecedor do acerto, pois "Marcelo tem seu valor, só precisa ser purificado de alguns vícios; entrou na grande mídia, quem até agora conseguiu?" Outros creditam o êxito ao fato de ser modelo jovem e moderno para a igreja, por isso tem atraído os católicos. Nesse positivamento do modelo o que mais se destaca é o fato de considerar que é um modelo que trouxe para a igreja certo rejuvenescimento litúrgico. Os comentários dos 3,66% que acreditam que é um modelo bem-sucedido vão, também, na mesma direção: o sucesso acontece porque Pe. Marcelo tem dom, carisma, inspiração, apoio da hierarquia. Não faltou quem indicasse que embora seja um mal necessário deve reconhecer-se o talento, "ele abriu caminho, mostrou novas trilhas, os que o criticam o fazem porque o invejam".

Tanto os que consideram que é um problema como os que manifestam que é um modelo bem-sucedido, em seus comentários, deixam entrever o dilema que está colocado na própria ascensão midiática do fenômeno Pe. Marcelo. De um lado, os presbíteros consideram que o modelo é um mal necessário, contra o neopentecostalismo; de outro, reconhecem que a transformação em celebridade-personalidade do padre Marcelo trouxe problemas para a imagem sacerdotal.

Ao serem questionados: *o impacto que o fenômeno Pe. Marcelo e os padres cantores representaram para a Igreja católica foi: a) uma resposta eficaz diante do avanço pentecostal; b) uma resposta inadequada diante do avanço pentecostal, c) um problema diante do avanço pentecostal,* 42,07% dos sacerdotes responderam que esse impacto não representa uma resposta eficaz ao problema do avanço pentecostal. A crítica mais insistente gira em torno de que o catolicismo midiático coloca a Igreja em concorrência; pior ainda, não se diferencia dos pentecostais; utiliza as mesmas "armas do inimigo"; são mais pentecostais que os pentecostais; fomenta o fanatismo; coloca o catolicismo no mesmo patamar, dificultando o ecumenismo. Para muitos dos comentaristas é um modelo errado de Igreja, produz crise de identidade nela.

A essa porcentagem somam-se os 20,43% que escolheram a opção nenhuma das anteriores e os 12,50% que consideram explicitamente que o fenômeno midiático é um problema para a Igreja. Das razões assinaladas por ambos os grupos, elas concentraram-se na seguinte direção: não adianta investir nessa linha, pois os números do censo mostram que não é um meio eficaz e que os únicos que saem fortalecidos [nos investimentos da hierarquia] são os carismáticos. Com isso, tem-se que mais de 75% do universo entrevistado coincide em que o fenômeno midiático é, de certa forma, um problema para a Igreja, mais que uma solução perante a iminente descatolização, quando atribuída ao pentecostalismo.

Quando se observam as razões dos 19,21% que consideram os padres cantores e o fenômeno Pe. Marcelo uma resposta eficaz ao avanço pentecostal, confirma-se a preocupação identitária e institucional de certa parcela do presbitério católico. De acordo com os entrevistados, Pe. Marcelo: "*deu uma nova cara à Igreja porque o povo estava precisando de algo psicológico, temos mais leigos comprometidos na Igreja, lotam as atividades da igreja, dão visibilidade à Igreja, têm mérito, porque ele despertou o povo adormecido".*

Não é difícil deduzir os conflitos que contracenam nas críticas realizadas pelos padres entrevistados, e as resistências que o modelo midiático desencadeia. Além de serem apontadas as dificuldades doutrinais e teológicas que o emblema Pe. Marcelo traz, o que se percebe é uma forte rejeição à espiritualidade performática, da qual o modelo do catolicismo midiático é portador. O questionário permite sinalizar os nós que estrangulam o modelo sacerdotal: a disputa entre os padres engajados, "encarnados" na realidade social, e os carismáticos que visam "só o espiritual"; a possível emergência de um paralelismo estrutural; a preocupação com o maquiavelismo midiático que se perfila como relação com a sociedade, justificada sob o imperativo de evangelizar; a crise de identidade, eclesial e sacerdotal, que o catolicismo intransigente coloca ao assemelhar-se ao neopentecostalismo, ao tempo em que se verifica que esse modelo não é o muro de contenção da Igreja, quando se trata da fuga dos fiéis.

Mesmo representando esse modelo eclesial um sério problema, item no qual uma grande maioria dos padres coincide, observa-se que existe um "fermento na massa" que valoriza não só a ascensão do Pe. Marcelo, mas, também, os "tempos e espaços fortes" que o modelo midiático oferece como estilo evangelizador, permitindo a reinstitucionalização dos afastados e a visibilidade social da Igreja; e, por que não, dos próprios sacerdotes.

De mais a mais, expressa-se admiração pelo sucesso dos padres midiáticos, e aqueles que se manifestam mostram certa convicção de que é um modelo a ser incentivado pela própria hierarquia, para "responder aos tempos modernos". Com isso, infere-se que não são poucos os setores eclesiais que, com matizes e graus diversos, aderem à proposta da utopia do catolicismo intransigente e modernizador em curso, espelhados nas diretrizes de Roma.

Cabe uma observação geral após a leitura dos comentários dessa amostra significativa de sacerdotes entrevistados, reunidos enquanto delegados representantes de todo o Brasil. O que eles revelam nas entrelinhas é a consciência de estarem sendo problematizados em sua identidade sacerdotal. Ou seja, ao serem questionados sobre um fenômeno que de forma transversal percorre a vida eclesial, esses padres manifestam de diversas formas que o que acontece é sintoma de uma crise profunda no "modo" de cumprir sua missão religiosa e de "ser" sacerdote, crise cujas raízes se deitam em solos sociais mais abrangentes, como será logo depois discutido, quando abordados os modelos identitários e eclesiais.

Mesmo com a consciência da crise e dos sintomas que afetam a dinâmica do corpo sacerdotal, os dilemas e os conflitos se ampliam, abarcando mais duas dimensões que serão discutidas imediatamente, a começar pela suspeita sobre o destino dos rendimentos econômicos do padre Marcelo e, logo, sobre o estranhamento com sua pregação capsular e a reposição criativa do imaginário demoníaco.

Vozes dissonantes

A sustentabilidade econômica é um drama que a resistência à aceitação do fenômeno Marcelo, na verdade, só evidencia. Os bispos reconhecem essa situação quando declaram:

> Preocupa-nos a situação de muitos presbíteros na maioria de nossas Igrejas particulares, em razão de *reconhecidas desigualdades* no que diz respeito a sua sustentação e assistência médica. (...) Em decorrência desse estado de coisas, encontramos, em diversas dioceses, presbíteros que têm *gasto precioso tempo na busca da própria manutenção, comprometendo a qualidade do exercício de seu ministério*. Muitos assim procedem porque se deixaram levar pelos anseios da sociedade consumista.[405]

Os sentimentos de insegurança e incerteza sobre o futuro constituem um problema latente no clero, agudizado por falta de políticas e diretrizes

---

[405] CARTA AOS PRESBÍTEROS, 2004, § 35, grifos meus.

gerais sobre o tema. Até o que se sabe, não existe na Igreja católica do Brasil uma política salarial única entre o clero diocesano, estando muitos sacerdotes sujeitos a viver do salário estipulado segundo as condições econômicas de cada paróquia. Às vezes, numa mesma diocese a diferença é tão grande que é possível encontrar sacerdotes que sobrevivem com um ou dois salários mínimos, como é o caso de muitos no interior do Brasil e nas periferias urbanas, até padres que têm diversas fontes de ingressos advindos de *outras* tarefas, não necessariamente eclesiais, que lhes permitem um status social, muitas vezes incongruente a sua condição sacerdotal.

Sendo um tema espinhoso que não se esgota, fica no âmbito da constatação e diagnóstico nos documentos oficiais, como o citado acima, no entanto os documentos muitas vezes resolvem teoricamente o que na prática as instituições não conseguem resolver. Nesse contexto não é difícil imaginar que o tema econômico no fenômeno Pe. Marcelo seja um aspecto pontual na avaliação entre seus pares, porém comentado nas entrelinhas ou nos bastidores e motivo de queixas na surdina.

O talento administrativo que se revela na consolidação do pequeno império midiático sob a logomarca Terço Bizantino, sem dúvida, incomoda o clero. Entretanto, padre Marcelo e dom Fernando não cessam de esclarecer, publicamente, sobre o destino final dos ganhos econômicos da atividade empresarial e do gerenciamento da fama do padre-cantor, insistindo na versão oficial que se repete a cada vez que é levantado o assunto:

> Todo o dinheiro que ganho vai para as obras diocesanas. Eu não tenho nada. Nem sei se vou ficar aqui nesse Santuário. Não posso pegar nada desse dinheiro, ele já tem destino. Não tenho nada, nem um tostão.[406]

> Tudo o que se arrecada em nome da Terço Bizantino vai para a Mitra diocesana (...) Tudo para as obras sociais, criação de 20 paróquias, compra dos terrenos para expandir a presença da Igreja na periferia (...)

---
[406] Jornal do Brasil, 25 dez.1999, p. A-12.

eu sou responsável pelo que se arrecada no Santuário e pelos extras que vierem dos Cd´s e dos livros.[407]

O dinheiro é canalizado em duas direções: para atividades sociocaritativas e para a formação dos futuros sacerdotes.

> Todo um apoio é dado aos seminaristas e aos conventos da Diocese de Santo Amaro (...) O material doado compõe-se de alimentos, cestas básicas, roupas, agasalhos, cobertores, sapatos e utensílios diversos. São doações espontâneas que refletem o coração generoso e fraterno do povo que frequenta o Santuário...[408]

Mesmo com todas essas explicações, nem a mídia fica convencida, nem os próprios sacerdotes cessam de levantar suspeitas sobre o destino dos rendimentos econômicos da fama do padre Marcelo; não obstante ambos silenciam, redirecionando, publicamente, as críticas que se referem à economia do profissional religioso para os neopentecostais protestantes.

A outra dimensão latente no conflito entre o clero e o Pe. Marcelo é a redução a discurso midiático a que os conteúdos doutrinais foram submetidos. Isto é, a elaboração de frases de impacto publicitário da fé cristã, sendo distribuídas em expressões curtas e condensadas como: "Facilite a sua vida. Acredite em Deus"; "Invista no que dá certo: Deus"; "Acredite, Jesus é o melhor investimento"; "Cristo cura, acredite". Linguagem que, de um lado, é própria da espiritualidade performática e, do outro lado, necessária para a acomodação no marketing religioso.

Na visão dos presbíteros, entretanto, é com essa acomodação que se corre o risco de diluir as propostas ético-religiosas da própria mensagem. Modelos de linguagem que são incorporados na fala ordinária do sacerdote, que chega até a sugerir uma fórmula para se medir a validade de um ser-

---

[407] Dom Fernando Figueiredo, Revista IstoÉ, 16 dez. 1998, p. 122.
[408] Revista Terço Bizantino, ago. 2002, p. 13.

mão: "se durar 5 minutos, é Deus que está falando; se durar dez minutos, quem fala é o homem; se passar dos quinze, cuidado!"

A direção doutrinal e catequética, a oferta de serviços religiosos pouco convencionais, como a oração pelos antepassados, traz às vezes certo estranhamento. Mais ainda, algumas orações, de que já se fez menção, aproximam-se ao imaginário neopentecostal presente no campo religioso, um dos nós que o catolicismo midiático apresenta para o presbitério.

Todos esses aspectos, até aqui, analisados como motivo de tensão entre o clero e o emblema do catolicismo midiático, remetem para a outra preocupação que o clero brasileiro manifesta e que um dos teólogos progressistas expressa:

> A imagem pública desses presbíteros *pop star* deve mexer com a cabeça de muito seminarista e induzir à imitação (...) No futuro, certamente não teremos apenas presbíteros "carismáticos", mas é possível que esse modelo, entre outros, vá se afirmando dentro do clero nos próximos anos, pelo menos como um dos "modelos" possíveis. (...) Ora, o imperativo de que o novo surto "midiático" da Igreja Católica desdobre, a partir de dentro, a dimensão sociotransformadora da fé, não pode passar desapercebida...[409]

Há essa preocupação com o "modelo midiático" que se dissemina entre os jovens aspirantes à vida sacerdotal e o possível surto "vocacional" nesse estilo, que parece acontecer a partir da incisiva investida do catolicismo intransigente dos últimos anos, sendo objeto de discussão das próximas páginas.

Pastores de rebanhos midiáticos

Em 1994, na Diocese de Santo Amaro, São Paulo, havia 38 paróquias e cinco seminaristas. Após o *boom* do padre-cantor e suas showmissas as paróquias passaram a ser 68 e na data desta reportagem se registram 115 seminaristas.[410]

---

[409] BOFF, 1999, p. 3.
[410] Revista Veja, 10 nov. 1999.

Padre Marcelo e dom Fernando orgulham-se do retorno de seu esforço evangelizador medido, segundo suas próprias palavras, no "número de seminaristas [que] saltou de 3 mil para 8 mil. As noviças, das congregações religiosas, passaram de mil e poucas para 3 mil. Há um surto, um despertar religioso".[411] Um olhar retrospectivo ajudará a avaliar, dentro da evolução que o clero sofreu ao longo dos últimos anos, o otimismo do bispo e do padre-cantor e, ao mesmo tempo, ponderar melhor suas afirmações e, o que é mais importante, contextualizar a direção que esse *boom* toma e as preocupações que desperta entre o corpo sacerdotal.

Nos anos 60 tinha-se, como ideal na Europa, um padre para cada mil habitantes, no Brasil era 1 para cada 6.200. Em 1962, o Plano de Emergência apresentara um diagnóstico cuidadoso e matizado da situação do clero, propondo uma série de medidas para a renovação do ministério presbiteral.[412] Uma década mais tarde, segundo os dados do anuário católico, os números não tinham mudado tanto, o total de sacerdotes no Brasil é de 13.092, enquanto que três décadas depois, no ano 2000, esse número é de 16.772.[413] Esse quadro leva a afirmar que "o clero no Brasil se tornou, nos últimos 30 anos, mais diocesano, mais brasileiro (sobretudo entre os religiosos) e mais jovem (sobretudo entre os diocesanos), mas também menos numeroso relativamente à população".[414]

Porém, o Documento de Estudos número 74 da CNBB, em 1995, indicava que o número de seminaristas estava estagnado. Mesmo que tenha havido um aumento de padres de 1980 até 1995, esse número não acompanhou o crescimento demográfico do país. Tanto o clero quanto os seminaristas talvez apresentem um aumento sensível, mas em relação ao crescimento populacional e em relação à expansão do pentecostalismo continua se evidenciando uma crise crônica, haja vista que nos anos noventa se registra 1 padre para cada 7.114 habitantes.

---

[411] Jornal do Brasil, 25 dez. 1999.
[412] ANTONIAZZI, 2002, p. 4.
[413] CERIS, 2001 [b], p. 70-90.
[414] ANTONIAZZI, 2002, p. 5.

Admitida a hipótese que esteja havendo um *boom* vocacional, resta a pergunta: o que atrai tanta juventude a somar-se aos quadros hierárquicos da Igreja católica? Se há um aumento real de seminaristas, por causa da atração que é o fenômeno Pe. Marcelo e da Renovação Carismática Católica (RCC), por enquanto não se tem dados oficiais, entretanto, há um exemplo concreto que mostra a influência deles no recrutamento interno da Igreja, ligações objetivas e subjetivas que podem ilustrar algumas arguições aqui formuladas. Veja-se:

> Sabia que estava procurando alguma coisa, mas não sabia o quê. Comecei a frequentar o grupo de oração da minha paróquia e a participar dos Cenáculos, depois adorei conhecer padre Marcelo, um dia que fomos na missa no Santuário (...) Entrei no site e comecei a procurar para onde Deus estava me chamando (...) encontrei os javistas (...) entrei em contato e, como diz o profeta..., "Eis-me aqui, Senhor"...[415]

A vinte minutos, de carro, do Santuário Bizantino, em Parelheiros, São Paulo, encontra-se o Seminário Nossa Senhora de Pentecostes da Fraternidade Javé é o Senhor. Fundada em 1993 pelo Pe. Gilberto Maria Defina e reconhecida pelo bispo diocesano de Santo Amaro, São Paulo, Dom Fernando Figueiredo, a fraternidade Javé é o Senhor é uma congregação religiosa que conta com um ramo feminino e outro masculino. Através da Associação Providência Santíssima, fundada em 1997, um grupo de sócios-benfeitores, chamados de padrinhos, colaboram com campanhas de arrecadação econômica para a manutenção do Seminário,[416] que, como todos os seminários, cobre os gastos de moradia, estudos, transporte e pessoais dos seminaristas. Cada padrinho, ao tornar-se sócio-benfeitor, passa a ser membro da família javista recebendo em troca oração e intercessão espiritual permanente.

---

[415] Entrevista, JPM. Parelheiros, 2 nov. 2002.
[416] No momento da pesquisa de campo contava com 70 seminaristas.

Num folheto de divulgação da Fraternidade Javé é o Senhor se lê:

> O carisma de nosso Instituto é o Louvor de Deus, sob todas as suas formas – a litúrgica, em primeiro lugar – e, como consequência desse Louvor de Deus, a santificação pessoal e comunitária. Sob o lema: "No mínimo, devemos dar a Deus o máximo".

A especificidade da Fraternidade é zelar pela divulgação dos dons do Espírito Santo, animar os grupos de oração (infantil e adulto) e divulgar as práticas da RCC. Para isso, os seminaristas e futuros sacerdotes especializam-se na intercessão, no falar em línguas, na cura, no repouso no Espírito além de assistir as pessoas nos eventos da RCC.[417] Mas, de acordo com os próprios vocacionados, sua originalidade encontra-se na formação específica e qualificada que os seminaristas recebem para a prática de exorcismos, curas e libertação.[418] Como todos os religiosos, os javistas fazem os votos dos conselhos evangélicos (pobreza, castidade e obediência) e, da mesma forma que os jesuítas, um voto a mais: fidelidade ao Sumo Pontífice, o papa.

Ao que tudo indica, a Congregação dos javistas nasce inspirada na Renovação Carismática e para sua difusão, de acordo com o depoimento de um jovem noviço da Fraternidade:

> O nosso fundador, era nos anos 90 diretor do Instituto Assunção, SP, ele tinha convivência com os seminaristas e começou a sentir o drama de certos seminaristas que queriam viver a espiritualidade da Renova-

---

[417] Vale a pena recordar que a RCC tem, no centro da sua espiritualidade, a vivência dos dons do Espírito Santo, fruto da experiência de Pentecostes narrada na Bíblia (Atos dos Apóstolos). Seus membros empenham-se em que sejam esses dons uma vivência mística proporcionada, fundamentalmente, nos grupos de oração ou nos eventos massivos como cenáculos (CARRANZA, 1998, p. 3-39).

[418] As normas sobre exorcismo na Igreja datavam de 1614, sendo revisadas no documento *Exorcismu et Supplicationibus Quibusdam* [A propósito de todo o tipo de exorcismo e súplicas] de 1999. O Ateneu Pontifício Regina Apostolorum, da universidade vaticana, realizou o primeiro curso de exorcismo em março-abril de 2005, com aulas sobre contexto histórico-bíblico do satanismo e possessão diabólica. Disponível em: <www.zenit.org>. Acesso em: 14 maio 2005.

ção Carismática, mas que eram incompreendidos por certos reitores (…) começou fundando um grupo de oração no próprio escritório dele, no Instituto, e pouco a pouco se foi ampliando o grupo (…) pediu para dom Fernando Figueiredo para ajudá-lo a fundar um seminário com jovens carismáticos (…) vivemos da Providência Divina, estamos em 8 anos de fundação com 70 seminaristas e 10 padres.[419]

A formação dos futuros padres, segundo um dos reitores do Seminário, deve ser:

> Tanto teórica quanto prática, sobre o que é a Renovação Carismática, seu carisma, suas origens, o que representa para a Igreja, o que os papas e o que João Paulo II pensa sobre ela e o que se espera dela. Porque não é à toa que ela surgiu, o Espírito vai trazendo o que se necessita. Eles, [os seminaristas] também, têm uma formação específica de cura e libertação, por ser uma área própria da RCC.[420]

Além dos conteúdos normais, previstos canonicamente, os javistas incluem na rotina do seminário aulas sobre: exorcismo, possessão e intercessão. Assim, a mística do grupo gira em torno da "formação nos carismas, que complementa a Teologia (…) e a formação de total submissão à hierarquia".[421]

São esses os elementos estruturantes da Congregação que a identificam com a RCC, além da procedência dos membros, que responde por 90% dos vocacionados. De acordo com o Reitor, esse contato se converte num pré-requisito de ingresso ao Seminário, visto que "se eles [os seminaristas] não tiveram contato com a RCC estranham a formação específica sobre demônios, cura, libertação que aqui recebem".[422]

Além disso, a presença do Pe. Marcelo no imaginário dos jovens seminaristas javistas revela-se, pois:

---

[419] Entrevista RTP, Parelheiros, 1 nov. 2002.
[420] Entrevista SRO, Parelheiros, 1 nov. 2002.
[421] Entrevista FES, Parelheiros, 1 nov. 2002.
[422] Entrevista Pe. AP, Parelheiros, 1 nov. 2002.

O Pe. Marcelo para nós é um ícone, um exemplo, um mestre, um modelo de instrumento de Deus para atrair multidões, através dos meios de comunicação. O carisma do Pe. Marcelo é atrair as pessoas a Jesus, trazer para elas a graça, a cura, a libertação. Ele é o homem das multidões, mas não para ele, para Deus.[423]

Evidente que a figura do Pe. Marcelo se converte em referência tanto no discurso quanto no imaginário desses jovens seminaristas, apontando para um modelo sacerdotal sintonizado "com o espírito dos tempos". Espírito que se traduz em saber chegar às multidões modernas, isto é, atrair pela espetacularidade e pela linguagem midiática, que, como se sabe, se caracteriza pela proximidade, simplicidade e capacidade de estabelecer nexos de intimidade. Surge assim, nos cânones midiáticos, um modelo que atrai as multidões para as showmissas, o qual é, de certa forma, uma personificação dos princípios institucionais, um emblema e porta-voz sedutor dos mesmos.

É essa personificação midiática, de discursos arcaicos por meios modernos, é esse tomar parte de uma espécie de *star system* religioso, com sua corte afetiva de fiéis-fãs, que projeta o padre-astro nos jovens seminaristas; e, como modelo sacerdotal, esses vocacionados projetam-se no padre-ator. Por isso:

> Gosto tanto do padre Marcelo, que nem tenho o que dizer. Ele é um padre mesmo e não tem medo de dizê-lo. Nós elogiamos o padre Marcelo nesse sentido e por essas novas formas de evangelização. Nós queremos louvar a Deus com a dança, com a música, com todas as maneiras que nós formos encontrando e que nós achamos coerentes com as coisas de Deus, porque é Deus, é alegria, por isso nós elogiamos o padre Marcelo...[424]

Ainda que, como nem tudo são ressonâncias positivas, no mesmo grupo de javistas encontre-se quem resista a essa influência:

---

[423] Entrevista L.S.S, Parelheiros, 1 nov. 2002.
[424] Entrevista JPM, Parelheiros, 1 nov. 2002.

Dentro do nosso meio existem alguns seminaristas que não simpatizam com o padre Marcelo. Eles dizem que o padre Marcelo não sabe pregar, que ele não tem o dom da homilia. Criticam mesmo nesse sentido. Mas são poucos. Eu acho isso até uma falta de respeito, porque a pregação do padre Marcelo vai muito além do que a pregação do púlpito; numa igreja pequena, quem sabe funcione, mas para muitos não, porque ele deve atingir a televisão, o rádio, toda a mídia...[425]

Da mesma maneira que a linguagem midiática sintonizou com os fiéis-fãs, a proximidade do Pe. Marcelo cativa os seminaristas, a atração de multidões os convence e o êxito na mídia os seduz. Para esses jovens, educados na sensibilidade performático-carismática, pois muitos deles foram militantes da RCC, como explicou o Reitor, nada mais natural que encontrar no Pe. Marcelo o caminho a ser percorrido.

Esse "caminho" é o ponto nevrálgrico expressado pelo presbitério do questionário de Itaici, que reage quando perguntado: *em sua experiência ministerial considera que o fenômeno Pe. Marcelo está interferindo na opção vocacional dos novos seminaristas, constituindo-se em possível modelo sacerdotal? Sim; Não; Justifique sua resposta.* Uma parcela de padres, 23,78%, acha que o fenômeno Pe. Marcelo não está interferindo na opção vocacional dos jovens seminaristas. Vale a pena destacar que desse total 9,41% tem a responsabilidade da formação e 14,29% não.

Os comentários dessa parcela encaminharam-se na direção de indicar que "no início foi muito difícil segurar a meninada, mas parece que está melhorando; acho que os jovens têm seu próprio caminho, ele [padre Marcelo] é uma moda que está passando; as dioceses não precisam se preocupar porque a formação é boa". Há quem afirme que "na verdade é mais preocupação de alguns bispos e padres que não admitem ter perdido o poder". Não poucos manifestaram sua afinidade confessando que "não acho um problema, ele está dando soluções; quero ver quem trabalha tanto e ajuda os seminários como ele faz; ele está fazendo sua parte, e nós?"

---

[425] Entrevista PJC, Parelheiros, 1 nov. 2002.

Mas para a maior parte (70,12%) dos entrevistados, padre Marcelo está interferindo nas escolhas vocacionais dos futuros sacerdotes, dessa porcentagem 26,30% são formadores e 39,61% não. Ressalve-se que é na resposta a essa pergunta do questionário que se encontra o mais alto índice de convergência e de arrazoados.

Dentre as múltiplas justificativas que os padres dão, encontram-se afirmações do tipo: converteu-se em modelo, até mais que Jesus Cristo; é um modelo burguês, de padre *light* no modo de vestir; os seminaristas se espelham nele, em seus gestos; na minha paróquia a meninada se acha Pe. Marcelo, basta visitar os quartos dos seminaristas; mostra um padre de sucesso; aparece como projeto pessoal de fama, mais que pastoral. Algumas críticas são endereçadas ao fato de ser um modelo que passou a supervalorizar a mídia; um modelo que faz a exigência ministerial ir à mídia; está provocando problemas de identidade, porque quem não tem o dom da mídia fica frustrado; para muitos jovens ser padre é a possibilidde de ser famoso; alguns almejam *status*, bajulação, dinheiro que a mídia dá; muitos sonham com ser famosos; descaracteriza o clero; é uma vida fora da realidade como *pop star*.

Um outro grupo manifesta preocupações em torno dos seguidores, que se transformaram em "marcelitos e marcelitas", que não querem saber de pobres; apresenta um modelo sacerdotal que exclui a pobreza, doença, vida dura do povo; acabou com o interesse pelo social; acham que o modelo "marceliano" garante emprego; Puebla e Medellin são muito distantes da formação dos seminaristas. Um outro grupo de comentários aborda temas como: esse modelo despertou interesse pelo carreirismo; ajudou os jovens a se preocupar com a estética, o clerigman, batina, roupas; é um modelo clericalista.

Não poucos entrevistados comentaram sua preocupação não só com o Pe. Marcelo Rossi, "mas tem, também, o Pe. Jonas Abib; A Canção Nova, ninguém lembra, mas seria bom que o episcopado proibisse o Renasce [encontro nacional promovido anualmente para todos os seminaristas da

RCC], que tem contribuído muito mal para essas práticas no ministério vocacional; esse modelo só veio confirmar o modelo carismático que está tomando conta da Igreja".

A essas vozes se unem as dos representantes do IX Encontro Nacional de Presbíteros, que em sua mensagem final declaram:

> Queremos destacar a questão da "mídia católica" e de certos padres "midiáticos". Não podemos *continuar fazendo vista grossa* a certos programas e pregações que são a *negação visível da Igreja* Povo de Deus, a apologia da massificação, a violação de orientações litúrgicas elementares, *a proposta de um modelo de presbítero* em contraste com os mais recentes documentos eclesiais e, em certos casos, uma demonstração de falta de ética pública do padre.[426]

Além dos presbíteros, o episcopado brasileiro manifesta certa consciência do andamento da formação dos atuais seminaristas, colocando no horizonte de suas preocupações alguns traços que parecem estar se esboçando nesse processo. Assim, se dirigem para os presbíteros em sua mensagem de 2004:

> Compartilhando as *inquietações que muitos de vocês têm manifestado*, pedimos: ajudem-nos a trabalhar para que o *processo formativo fortaleça* as dimensões humano-afetiva, espiritual, pastoral, comunitária e intelectual e *não contribua para a formação de padres acomodados, "burgueses", "meros funcionários da instituição"*.[427]

Os dados e comentários do questionário de Itaici, as mensagens dos presbíteros e dos bispos parecem esboçar um leque de tendências interpretativas do que representa o fenômeno Pe. Marcelo e o catolicismo midiático nos interstícios hierárquicos da Igreja. Entre essas tendências encontram-se os questionamentos sobre um modelo sacerdotal inspirado na relação com a mídia, retomam-se as preocupações do setor progressista, desvenda-se o

---

[426] MENSAGEM IX ENCONTRO NACIONAL DE PRESBÍTEROS, 2002, p. 380, grifos meus.

[427] CARTA AOS PRESBÍTEROS, 2004, §34.

temor de se estar diante de um fenômeno localizado, mas que ultrapassa o padre-cantor, estendendo-se a outros setores que resistem a serem enquadrados, e constata-se que, como modelo inspirador dos jovens seminaristas, constituiu-se num problema.

Segundo o exposto acredita-se que, atualmente, há um desacordo com um modelo identitário que, aos poucos se impõe, em contraposição a outros que se pretendem legítimos. O que se oculta, nos discursos, mas revela-se nos sintomas elencados, é a luta conflitante entre os modelos eclesiais contemporâneos, sincrônica e diacronicamente, vivenciados por um mesmo corpo sacerdotal, único no ideal institucional e plural em sua realidade social. Modelos identitários, de padres e seminaristas, e modelos eclesiais colocados em questão, perante uma sociedade que encontrou outras referências religiosas, prescindindo dos serviços de seus porta-vozes.

Contudo, catolicismo midiático é uma frente ampla de batalha que repõe no interior da Igreja inúmeros temas, dilemas, conflitos entre seus membros, dilacerando-os no esforço de legitimar modelos identitários hegemônicos. Compreender os desconfortos, impasses, preocupações – que mais parecem batalhas de posições táticas numa guerra de imagens institucionais –, inserindo-os num contexto sociocultural mais amplo, é o que a seguir será feito.

Modelos e identidades conflitantes

Nas últimas décadas converteu-se em lugar comum atribuir o processo de descatolização da Igreja à secularização e ao setor progressista, fatores que se fizeram extensivos para a realidade de retração vocacional, vivenciado dentro do clero. Culpar a ala progressista pela crise de identidade do clero e pela evasão dos fiéis repousa numa leitura ideológica e, até, mecanicista, que atribui ao engajamento político a responsabilidade pela perda do elemento religioso específico da cristandade.

Por isso, na contramão, sobrepor a liturgia, a espiritualidade, à sociologia, ao político, é uma forma de valorizar o modelo embutido na proposta carismática que, por sua vez, responde ao ideário da restauração iniciada pelo pontificado de João Paulo II. No entanto, ambos os modelos, o político e o espiritual, em disputa pela hegemonia identitária dentro da hierarquia, veem-se afetados pelas mutações culturais que, por sua vez, afetaram a sociedade como um todo, interferindo de cheio na formação dos seminaristas e na consolidação do novo papel social e religioso do sacerdote, independentemente da tendência a que pertença.

Em retrospectiva recorda-se que o modelo progressista, nas décadas de 70-90, exigia da preparação do "novo padre engajado" diversos ingredientes tais como: formação profissional competente, espiritualidade de "encarnação", instrumentos de análise social, atitude de diálogo e de incerteza nas respostas ao mundo moderno, postura plural, consciência revolucionária, entre outros. Mais que espaços totalizantes, seminários, se propunham pequenas comunidades no meio do "povo" como lugares de formação sacerdotal. A reação a essa proposta se fez sentir, imediatamente, na ofensiva da volta à grande disciplina proposta por Roma, cujas exigências incluiam a volta ao seminário, retomada das pastorais tradicionais, investimento na "sólida" formação das verdades teológicas, resgate da imagem sacra do padre. Era o enquadramento do novo clero, alinhando-o à utopia reinstitucionalizadora da neocristandade, que, sedutoramente, vinha a caminho na persuasão midiática de João Paulo II.[428]

Verificou-se que na última década o engajamento social, como aspiração missionária, deslocou-se, de acordo com Antonio Manzatto, diretor da faculdade de Teologia da Assunção, São Paulo, para a preocupação espiritual, pois:

---

[428] Esses sinais de reconversão eclesial serão lidos, por José Comblin, como o início da noite escura da igreja, pois "o processo de restauração continua num ritmo que nada pode parar: um golpe depois de outro e um retorno às estruturas antigas depois de cada golpe (...) a imensa popularidade pessoal de João Paulo II ou o triunfalismo artificial do jubileu servem apenas para esconder o real processo de esvaziamento, cuja fonte está na involução da Igreja em si mesma e sobre si mesma" (COMBLIN, 2003, p. 1).

"O seminarista de hoje se interessa mais pela vida espiritual, religiosa. A partir desta ele pensa como deve ser a vida social".[429] Com isso, a subjetividade das novas gerações de padres, seminaristas, são perfiladas por outros sinais.

De modo que os traços identitários definem-se, segundo Benedetti, a partir da volta ao passado, ao modo de ser tradicional, à postura conservadora, configurando um "espírito de casta" alicerçado num modelo único de valores, imposto pela norma, nas palavras do autor:

> ... os presbíteros tendem cada vez mais a um clericalismo exacerbado. Sua preocupação é mais com a afirmação de seu poder – aquilo que os distingue dos leigos – do que um diálogo sério, competente e honesto com o homem de hoje e uma presença significativa com a sociedade.[430]

Nessa mesma direção, que incorpora o fator social como condicionante da escolha e identidade dos candidatos ao sacerdócio, Hervieu-Léger constata que os jovens que procuravam os mosteiros nos anos 80 o faziam na esperança de encontrar espaços seguros, de autorrealização pessoal, ambientes alternativos à vida cotidiana, e até por razões terapêuticas, em contraposição à vida instável, insegura e caótica das grandes cidades. A autora verifica que os aspirantes à vida religiosa são incentivados mais por razões emocionais do que éticas.[431]

A missão que procuram realizar é mais expressão de um projeto pessoal do que um anseio de protesto social, ligado a uma transformação da ordem que pode ser expressa em termos religiosos. Assim, essa nova geração é herdeira de um outro lado da cultura moderna, aquela que incorpora os valores de autonomia pessoal, independência, bem-estar, mobilidade social e geográfica, a traduz religiosamente, convertendo-se no cerne de sua opção vocacional. As aspirações, anseios, motivações que informam as escolhas dos novos quadros de renovação sacerdotal traduzem, no fundo,

---

[429] Folha de S. Paulo, C-Mais, 11 abr. 2004, p. 9.
[430] BENEDETTI, 1999, p. 100.
[431] HERVIEU-LÉGER, 1986, p. 13-17; 68-70.

uma crise mais profunda de identidade, que perpassa, não só os seminaristas, mas também o clero, perante as mutações socioculturais da própria sociedade.

De acordo com Borras, está-se frente a uma mudança de mentalidade que afeta as relações intrainstitucionais, a identidade pessoal e eclesial dos padres.[432] O autor vê, com desconfiança, o destaque exacerbado do sujeito que os tempos modernos trazem, provando nos termos de Giddens que a hiperindividualização e a centralidade do eu refletem-se na tendência a uma acomodação individualista e na pouca disponibilidade para tarefas que exigem menos conforto.

Isso faz com que o trabalho do profissional religioso perca certo *status*, ele é compartilhado com outros portadores de significância social, vide o caso dos gurus nas espiritualidades difusas. A imagem do sacerdote não é mais a de única voz do sagrado, ele passa a ser uma voz a mais entre as múltiples vozes dos gerenciadores do simbólico. Os padres, agora, não só concorrem, no mundo urbano, com seus pares pastores, parceiros no cristianismo, mas com um sem-número de agentes fornecedores de serviços religiosos, sem instituição.

Mais ainda, eles entram no crivo das livres escolhas dos fiéis, os quais se deslocam, afetiva e territorialmente, em busca daquele que melhor "preencha" suas necessidades ou reúna os requisitos dos serviços que ele procura. Portanto, a mobilidade urbana também passa a fazer parte dos traços que redefinem a identidade sacerdotal.

Um outro aspecto, a sociedade em sua complexidade organizativa e relacional solicita de seus membros mais níveis de profissionalização e competência para se inserir no mundo do trabalho. Situação que se agrava com o sistema de desemprego estrutural que avança na medida em que a sociedade informacional se instala, como alerta Castells. Nesse contexto de dificuldades com a sobrevivência, o "trabalho sacerdotal" passa a ser confrontado não só pela lógica

---

[432] BORRAS, 2002, p. 122.

dos direitos sociais, que deve ser contemplada (convênios médicos, direitos trabalhistas, aposentadoria, etc.), como também pelo fato de o *status* sacerdotal não encontrar seu lugar "profissional" no mundo do trabalho. O estado de vida sacerdotal quase que passa a sofrer de certo pré-conceito de mediocridade de *status* econômico e de uma banalização da competência sacerdotal.

Mais ainda, como tantas vezes se tem insistido neste texto, a cultura religiosa na sociedade moderna perde sua capacidade de ser matriz organizativa do mundo social; com isso, os ventos secularizantes arrasam as estruturas institucionais da Igreja, provocando as mais diversas crises. Entre elas a de seus agentes ficarem "perdidos" e de sofrerem o impacto da pergunta existencial: quem ser e que fazer no mundo plural que os dispensa, tanto no campo religioso quanto no laboral. Essa realidade não deixa de ser um drama pessoal, refletindo-se coletivamente.

Em seu conjunto todas essas mudanças culturais (diversas espiritualidades, pluralismo nas escolhas, exacerbação do eu), econômicas (transformações no mundo do trabalho), sociais (mobilidade urbana) minam a dinâmica interna e a lógica institucional, precipitando-se de cheio sobre o clero. Fatores externos aos quais podem ser somadas as exigências que pesam sobre os sacerdotes, a começar pelo enquadramento institucional, peça fundamental para a dinâmica da sobrevivência institucional; a responsabilidade pelo aumento vocacional; as dificuldades do modelo de repartição territorial (paroquial); a fragilidade na formação dos seminaristas, perante a complexidade contemporânea; e a emergência de um laicato, que ora é liderança qualificada, ora constitui-se numa corte afetiva ou "clericaliza-se".

Está-se diante de um fenômeno que não diz respeito somente à diminuição do clero, mas também ao refluxo que as próprias mudanças culturais provocaram nele. A começar pelas condições que o devem legitimar, social e religiosamente, e pelo deslocamento da representação de sua função como administrador do sagrado. Logo virá a contestação de sua autoridade, visto que na sociedade plural não se aceita mais a imposição, mas se solicita coordenação. Em face disso, nem os próprios leigos se sentem atraídos ao *status* clerical – quando o são deverão ser trocados os sinais do *status* –, justifica-se, então, o desespero episcopal e a negociação de imagem que os clérigos passam a gerenciar.

Como um grande palimpsesto, todos esses elementos subjazem às crises identitárias sacerdotais que se expressam em modelos diversos, conflitando entre si. Lembra-se que cada segmento não expressa a totalidade eclesial, porém constitui-se em tendência quando consegue impôr sua voz como sendo a voz autorizada do catolicismo. Modelo que recusa a modernidade, mas se pretende modernizador, interage persuassivamente com a sociedade, mas com uma postura de exculturação, insensível aos dilemas e conflitos que atingem os homens e mulheres contemporâneos.

Um modelo sacerdotal, nessa linha, adota a concepção da verdade como única explicação possível do mundo social, provocando um refúgio artificial nas definições incontestáveis – o que não deixa de ser uma recusa da história em favor de uma visão espiritualizada da própria sociedade. Valoriza o exercício da autoridade, gerando interações verticais como formas particulares de socialização que reforçam o clericalismo e fazem do presbítero o defensor do dogma, da doutrina, da norma, da disciplina.

Ao se firmar o modelo sacerdotal da restauração, de certa forma, como já se diz, o sagrado volta como aposta do caráter ontológico do padre portador do sagrado. Assiste-se, então, à sacralização do *status* sacerdotal, a partir do religioso. Com isso os símbolos retomam seu poder, a identidade se firma nos elementos externos que a podem definir. Mais ainda, se inscreve numa espiritualidade performática que cultiva os distintivos da condição sacerdotal em práticas ostensivas de uma opção pessoal.

Se essa proposta avança entre os vocacionados, ela, também, esbarra em certa resistência entre o setor sacerdotal, como foi elucidado. Da mesma maneira, a performance e propostas litúrgicas encontram mais perguntas que adesões, como será analisado.

Liturgia como arena do poder

Manter uma unidade ritual e doutrinária nas práticas religiosas é a função da ortodoxia da Igreja, que desde tempos imemoráveis sustenta um controle rígido sobre elas, por meio de uma série de disposições em seu Magistério. É essa unicidade que consolida a tradição, mantém o caráter imutável e sagrado da Igreja e congrega o corpo sacerdotal, configurando nesse último sua identidade.

De maneira que quando surgem as liturgias midiáticas do Pe. Marcelo não se fazem esperar as mais variadas reações nos setores hierárquicos, pois elas afetam não só aspectos da unidade eclesial e a identidade sacerdotal, mas também:

> Coloca em questão a Teologia Trinitária; reduz a fé a espetáculo; tem o *risco* de se tornar uma religião baseada em índices de audiência e pesquisa de opinião; de formar *consumidores* e não cidadãos e nem cristãos; de *esquecer* do *compromisso social*.[433]

Diante disso, retoma-se a fala dos padres, entrevistados no questionário de Itaici, que acrescentam outros elementos, por meio da pergunta: *em sua experiência ministerial o fenômeno Pe. Marcelo interferiu na vida litúrgica da Igreja: a) de forma decisiva; b) de forma relativa; c) de forma negativa.*

Para 43,60% dos padres a liturgia midiática interferiu de forma negativa e 36,28% declaram que interfere de forma relativa. Ao serem confrontadas as justificativas de ambas as parcelas, elas se encaminham na mesma direção, o que permite aferir que 79,88% dos sacerdotes interpelados consideram negativamente a interferência do Pe. Marcelo na liturgia da Igreja. Os problemas que os presbíteros assinalam, de maneira geral, dizem respei-

---

[433] ANÁLISE DE CONJUNTURA, CNBB, XLII Reunião Ordinária, Brasília/DF, 24-27 de novembro de 1998, p. 1. Grifos meus.

to à dificuldade de vir a ser um modelo litúrgico, pois é superficial, de uma criatividade carnavalesca, bagunçou os símbolos; a liturgia passou a ser um entretenimento e propaganda; transfere toda a sua emoção como centro da liturgia; ele [pe. Marcelo] é o centro da liturgia, não Jesus; o grande problema é que a liturgia passou a ser questão de gosto e não de fé; o lúdico e o entretenimento passou a ser o centro das celebrações.

Há os que se preocupam com as repercussões que esse tipo de performática trouxe para a Igreja: *o povo passou a cobrar o mesmo modelo de celebração em todos os lugares; a Igreja é motivo de sátira nos meios de comunicação de massa, pegou mal para o clero; alguns padres são malsucedidos quando o imitam; gerou muita confusão entre os fiéis; o padre passa a ser supervalorizado; agora padre é mestre de cerimônias; as equipes litúrgicas paroquiais querem que imitemos seus gestos; algumas bênçãos correm riscos de fanatismos; fomenta crendices, exageros, sensacionalismo, alienação.* Muitos dos comentários salientam que *essas liturgias dificultam um modelo mais enraizado na realidade; são liturgias alegres, emotivas, mas e depois? É uma forma passageira, está na moda; são liturgias espiritualistas.*

Nesse leque de críticas e acusações, observe-se como elas recaem em certos eixos que aglutinam na liturgia assuntos como: os desdobramentos ideológicos que ela traz, no momento em que o religioso tem poder de interferir socialmente nas massas católicas convocadas para celebrações; a dimensão propriamente simbólica da liturgia performática que repõe elementos populares e mágicos; o jogo de forças entre leigo e sacerdote na ofensiva reinstitucionalizadora comandada pela hierarquia; e, finalmente, as relações ambíguas que se estabelecem entre liturgia e mídia, conectadas à cultura de massa, caracterizada pelo efêmero e o emocional, como isca de atração dos afastados.

Abordar a liturgia com a preocupação de ser puramente espiritualista, sem incidência para a transformação social, é uma das preocupações ideológicas do setor progressista, o qual contrapõe expressões de louvor a intervenções ético-religiosas na mudança das estruturas sociais. Em face disso, ao invés de eventos que "alienam", devem ser promovidas ações que provoquem intervenções diretas na sociedade, que invertam as relações sociais por meio da ética e da razão. Nessa perspectiva, o contato com a realidade, entendida como as estruturas de pobreza e exclusão social, exige uma resposta contraria à "mundanidade midiática", a seu sucesso e seus ganhos econômicos.

Algumas das matizações interpretativas sobre os conglomerados religiosos gravitam em torno da concepção de massa, na qual os participantes são vistos como objeto inerte e passivo de alienação. Persiste nessas leituras uma maneira de olhar a ação do Pe. Marcelo como outrora se olhou a da RCC, isto é, a de opor o social ao espiritual, subjacendo um confronto entre essa última e as CEBs. Deduz-se facilmente que os seguidores carismáticos, participantes dos megaeventos da RCC e do Pe. Marcelo, são alienados porque procuravam respostas puramente emocionais, enquanto as CEBs, reunidas em pequenos grupos, desenvolvem mecanismos políticos mais eficazes que permitem reverter o *status quo*.[434]

São dois modelos de Igreja, duas eclesiologias, duas formas de conceber a intervenção histórica da Igreja que marcaram o catolicismo latino-americano de final de século. Enquanto lógicas paralelas, na teoria, existem condições de se encontrarem, visto que operam com categorias epistemológicas distintas, partem de princípios diversos e desencadeiam processos sociais opostos; porém, na prática isso não é tão nitidamente separado. Não obstante, ambas as facções, a sua maneira, concebem a participação religiosa como uma forma de construir a Igreja e a privilegiam enquanto espaço de intervenção social.

Por pouco que se faça, na teoria, essa divisão entre o espiritual e o político, no cotidiano dos seguidores, parece não ter muito sentido, pois ambas as dimensões amalgamam-se nas celebrações litúrgicas.[435] Mais, as show-

---

[434] CARRANZA, 2000.

[435] Pesquisa realizada pelo Instituto Superior de Estudos da Religião – ISER/Assessoria, com as CEBs e grupos da RCC de Minas Gerais e Rio de Janeiro, constatou que nesse "caminhar silencioso do catolicismo progressista" é um fato a incorporação na experiência religiosa das CEBs de elementos da religiosidade popular e da Renovação Carismática Católica (RCC), o que se evidencia na influência de performance litúrgica, de cantos, gestos, orações (LESBAUPIN, 2004, p. 43-45).

missas e megaeventos carismáticos convertem-se em plataformas eleitorais, basta lembrar as showmissas de Finados, nas quais o palco-altar vira vitrine de autoridades e de candidatos, ou a distribuição de propagandas políticas assinadas por emblemas do catolicismo midiático e os apoios políticos para construção do novo Santuário Theotokos.

Um outro aspecto que incomoda o clero é a reposição criativa do popular e do mágico nas liturgias aeróbicas e performáticas do padre Marcelo e dos padres cantores. Três aspectos podem ser discutidos nessa crítica: a maneira como a Igreja, nos últimos anos, vem encarando a religiosidade popular e seus agentes, a inversão de funções que esses agentes sofrem com a proposta carismática e a concepção de magia que percorre as acusações às liturgias midiáticas.

A assertiva produção midiática repousa nesse arsenal simbólico do catolicismo tradicional, ativado na esteira dos meios de comunicação social. A popularização desse estilo traz para o interior da Igreja as preocupações de algumas bênçãos correrem riscos de fanatismos, de fomentar crendices, exageros, sensacionalismo, alienação. Mas com essa reapropriação vêm os frutos desejados de visibilidade eclesial e as não tão desejadas consequências do estrelismo, vedetismo, sensacionalismo, efemeridade, fazendo o clero atemorizar-se ao ver um padre *pop star*. Porém, na visão de alguns setores hierárquicos é um mal necessário.

Esse *pop star*-religioso, promovido pelo catolicismo midiático, deflagra nas liturgias mecanismos de supervalorização do presbítero, ora como estrela, ora como profeta a ser seguido e imitado, a começar pelos futuros sacerdotes. Sedutoramente, o modelo de verticalização das relações entre leigos e padres adquire novas feições. Na primeira parte deste texto demonstrou-se como são clericalizados os voluntários e fiéis-fãs ao sustentarem a infraestrutura que alavanca a ascensão midiática do Pe. Marcelo e/ou ao prestarem serviços para manutenção dos projetos que envolvem os meios de comunicação em massa no catolicismo midiático. Agora, percebe-se como, de novo, os leigos são cooptados simbolicamente, desta vez pela inversão de papéis que se registra na apropriação do catolicismo popular nas liturgias performáticas.

Nesse sentido, Prandi sugere que o fenômeno padre Marcelo "exprime uma reação da hierarquia católica contra o caráter fortemente 'leigo' do movimento carismático, originalmente voltado a práticas (grupos de oração e de cura etc.) nas quais o padre tinha papel reduzido".[436] Realidade que parece acontecer com o consentimento dos próprios leigos, pois como os mesmos clérigos apontam nas equipes litúrgicas paroquiais querem que imitemos seus gestos; os leigos querem esse modelo.

Entretanto, a criatividade ritual do catolicismo midiático, constatada na reposição dos elementos mágico-populares nas liturgias, nas *showmissas*, nas programações da tevê e do rádio, compartilha com o neopentecostalismo os mesmos recursos e estratégias que acionam os dispositivos das matrizes culturais do catolicismo popular, evidenciando suas semelhanças performáticas. É esse o receio que a hierarquia manifesta, o que a incomoda e preocupa, pois são expressões pouco litúrgicas, não canônicas, que precisam de orientação porque, às vezes, parecem missas pentecostais.

A liturgia parece ser a arena do poder da Igreja. Nela, sob a ortodoxia, procura-se a totalidade harmônica dos modelos eclesiais. Entretanto, o que se opera é uma recomposição de forças discursivas perante o conflito, embora na prática o que se observa seja uma flexibilização como estratégia de contenção, perante a evasão de fiéis, que afeta a imagem do clero como um todo. Os embates em torno da liturgia mostram, de certa forma, a dinâmica de sobrevivência que os diversos grupos sustentam no interior de uma instituição milenar *expert* em acomodar e gerenciar conflitos.

No horizonte social, em contínua mutação, é que devem ser entendidas as crises identitárias do clero e as dificuldades formativas dos seminaristas; tanto as crises quanto a formação estão referidas a contextos mais amplos quer sejam objetivos (mundo do trabalho), quer sejam subjetivos (cultura do corpo e do consumo) e religiosos (espiritualidades difusas e performáticas). Não surpreende, portanto, que as novas gerações aspirantes ao sacerdócio sintonizem com os

---

[436] Folha de S. Paulo, C-Mais, 11 abr. 2004, p. 7.

modelos midiáticos – os quais legitimam seus sonhos e aspirações de sucesso e ascensão social –, pois esses jovens, também, foram educados dentro da Igreja no gosto carismático e fora dela nos estilos de vida e de consumo ligados à realização do *self*, como epicentro de qualquer projeto pessoal e social que, porventura, venha a se concretizar na vocação sacerdotal.

É nesse espírito de época que o *status* da hierarquia se vê afetado, colocando em evidência os modelos e identidades conflitantes quando determinado projeto de reinstitucionalização luta por se legitimar, com a pretensa promessa de ser a resposta certa aos processos de descatolização crescente no país mais católico do mundo. Nesse jogo de forças parece manter-se o equilíbrio institucional, mesmo que aparente estar à beira de uma implosão sistêmica.

Resta perguntar: qual o impacto cultural que essa proposta de reorganizar a vida dos fiéis, a partir da cultura cristã, representa para a sociedade brasilera? Mais ainda, qual a possibilidade dessa tendência tornar-se hegemônica, quando comandada pela hierarquia empenhada em que seus fiéis sejam felizes por serem católicos? Pretende-se, a seguir, esboçar algumas possíveis respostas.

Sou feliz por ser católico

> Eu criei a campanha "Sou feliz por ser católico" [confessa Pe. Marcelo], porque sem identidade ninguém vive (...) eu criei os adesivos que são colados nos carros, as pessoas que se reconhecem buzinam umas para as outras e rezam uma ave-maria (...) faço as missas de libertação onde vem ônibus em caravanas do Rio, do Chile, da Argentina, que nem final de campeonato (...) Faço isso para mostrar que se pode ser católico de cara alegre (...) todos podem participar, há lugar para todos no meu coração...[437]

---

[437] Entrevista Pe. Marcelo, CD Polygram, Natal, 1998.

A campanha "Sou feliz por ser católico" é o estopim que deflagra a ascensão midiática do padre Marcelo, *ad intra ecclesia*, e consolida sua visibilidade junto à RCC, que passa a ter no jovem sacerdote uma isca a mais para aglutinar seus seguidores. Criar uma proposta identitária que revigore os "católicos adormecidos", mobilizando o arsenal simbólico tradicional da Igreja por meios performáticos modernizadores, constitui-se na marca das ações pastorais do catolicismo midiático. Mas esse esforço do padre de multidões e dos carismáticos, nestes últimos anos, não é apenas um empenho pessoal ou localizado, ele se soma, como uma pequena torrente, a uma corrente mais caudalosa, ao projeto de restauração da neocristandade que nos últimos vinte e cinco anos tomou conta da Igreja católica, firmando-se como tendência sedutora na figura afável do papa João Paulo II e nos discursos exculturados da Cúria romana, como já foi discutido.

Um olhar retrospectivo confirma que as campanhas de recatolização na Igreja, particularmente no Brasil, iniciam-se nos fins do século XIX, atravessam o XX e no início do XXI, novamente, são reencontradas. Ralph Della Cava chama a atenção para esse permanente "estar-se refazendo" internamente da Igreja, liderado por seu corpo de especialistas, ao mesmo tempo em que levanta a suspeita de ser um modelo pouco eficaz quando se trata das transformações sociais.[438] Della Cava ajuda a compreender como a hierarquia católica, em seus contínuos esforços de recatolização, não consegue implantar ações transformadoras na sociedade, dado que não é um corpo monolítico.

Atentar para as engrenagens internas da Igreja ajuda a detectar as mudanças culturais que a religião provoca em sua relação com os fiéis e com o sistema social, porque:

---

[438] DELLA CAVA, 1975, p. 5-72.

a religião, as espiritualidades e suas intercombinações estão vivas e têm atravessado os tempos da modernidade e da pós-modernidade com um vigor surpreendente (...) tais sistemas de pensar a vida e viver o pensamento recriam hoje um poder vigente de presença em todas as esferas da história e do cotidiano...[439]

No duplo movimento, do institucional para o cotidiano, do cotidiano para o identitário, o catolicismo oscila no interior de uma utopia intransigente, promovendo seu sistema civilizatório. É consenso que na vida cotidiana podem ser alterados os sistemas culturais por aqueles que se denominam e são reconhecidos como agentes religiosos e se propõem a levar em frente uma campanha política cultural.[440] De acordo com Theije, a campanha de política cultural aplicada a agentes religiosos facilita a apreensão concreta da relação entre, de um lado, a mudança prática, a ideologia e a consciência; do outro lado, a nova ordem religiosa que se estabelece quando veiculadas as ideias de que os agentes são portadores.[441]

Aceita a ideia de que o catolicismo é uma religião que luta por uma hegemonia ideológica, em qualquer terreno cultural em que se encontre, ele sempre tenderá a abranger todas as esferas da sociedade, com suas práticas proselitistas legitimadas no mandato de evangelizar a todas as gentes ou defender a vida em todas as suas manifestações. Essa ideologia, na prática, aparece em forma de doutrina, de discursos, de rituais, de regras e de atividades simbólicas e organizacionais. Os agentes religiosos, como responsáveis diretos de colocar em prática esse ideário, convertem-se em mediadores culturais, pois são as "pontes" entre a instituição e a estrutura social que pretendem mudar.

O que significa que as ações específicas, voltadas para qualquer mudança de ideologia e levadas por grupos determinados, são susceptíveis de serem vistas como campanhas político-culturais, porque são os pro-

---

[439] BRANDÃO, 2004, p. 285.
[440] THEIJE, 2002, p. 13.
[441] THEIJE, 2002, p. 70-78.

cessos de mediação cultural que recriam a cultura. É nesta mediação que os grupos resignificam suas experiências e práticas sociais, orientados por outros grupos que se convertem na referência dessa mudança. Consequentemente, a luta pela legitimação de quem tem a interpretação certa começa pelos próprios mediadores culturais, que no caso religioso são seus especialistas, os padres e os agentes de pastoral. O ganho dessa batalha depende da posição que ocupem esses mediadores na ordem simbólica afetada e na estrutura organizacional, isto é, a relação entre o carisma proferido e o poder constituído na própria Igreja.[442]

Assumido esse princípio de que toda ação religiosa sistemática incide diretamente no sistema cultural – porque interfere nos sentimentos, modos de pensar, nos imaginários dos fiéis, transformando-se em combustível que gera ações concretas –, a onipresença cotidiana do fenômeno padre Marcelo Rossi e a participação maciça nos meios de comunicação social do catolicismo midiático evocam suas ações como campanhas político-culturais e práticas pastorais.

Se é verdade que a falta de distância histórica sugere que é muito cedo para registrar, mais ainda para avaliar, como o fenômeno midiático católico trouxe mudanças culturais; entretanto, nada impede de apontar para a direção que as campanhas e as práticas pastorais sinalizam no campo social – haja vista o grau de mobilização de fiéis-fãs que ele vem provocando, ao longo da última década. Certamente, esse tipo de prática pastoral midiática envereda por trilhas de conservadorismo social e, nisso, como em outros aspectos amplamente discutidos, assemelha-se ao neopentecostalismo, de quem tanto faz questão de diferenciar-se esse catolicismo midiático, pois *se é feliz por ser católico*, emblema das bandeiras esgrimidas nas campanhas pastorais.[443]

---

[442] IRELAND, 1991, p. 205.

[443] Consideram-se, neste trabalho, como campanhas político-culturais todas as atividades deflagradas pelo sacerdote e o catolicismo midiático, cujo impacto varia conforme o público--alvo, a permanência e o êxito que elas obtiveram na adesão dos fiéis.

Do extenso repertório de atividades elencam-se as campanhas de evangelização *Enviar tijolinhos ao céu, Sou feliz por ser católico*, a campanha antipirataria das formiguinhas, as campanhas de recrutamento de voluntários para habilitar as sedes do Santuário; a organização das caravanas para o Santuário Bizantino; a realização dos megaeventos, das showmissas, dos *Carnavais de Jesus*, dos lançamentos de cds, livros, chat-shows, filmes; a participação em eventos massivos das diversas dioceses e as megacelebrações com os padres-cantores; a promoção de atividades de lazer no Santuário; as campanhas televisivas do catolicismo midiático *Seja um sócio evangelizador, Dai-me Almas, Deus proverá, Porta a Porta;* as campanhas corpo a corpo para angariar audiências televisivas e radiofônicas e recursos para manutenção dos veículos de comunicação.

Como práticas pastorais enquadram-se: a produção editorial do Pe. Marcelo, o programa de rádio Momento de Fé, a teletransmissão das missas do Santuário, a manutenção do *site* e do *chat*, a participação cinematográfica, até agora com dois filmes, as missas semanais no Santuário, as atividades assistenciais realizadas pelos voluntários... Enfim, podem ser somadas à lista toda e qualquer iniciativa sistemática que permitiu a ascensão midiática do *padre-cantor*, tomando proporções extraordinárias como campanha ou ação pastoral, ao serem amplificadas pela mídia.

Anote-se que o êxito dessas atividades foi orquestrado, de um lado, porque, como emblema do catolicismo midiático, as iniciativas do padre--performático tiveram eco em todos os meios carismáticos. De outro lado, o apoio da mídia hegemônica do país, Rede Globo, magnificaram suas práticas e campanhas. Ambos os lados alavancaram a vertiginosa ascensão aos areopágos modernos do padre-midiático; e, de certa forma, todos beneficiaram-se. O setor conservador da Igreja qualificou sua ofensiva reinstitucionalizadora, a mídia alinhou-se com a maioria religiosa do país na procura de consolidação de mercados e prestígio. Nesse pêndulo oscilatório, dos fiéis às audiências, da Rede Globo ao Pe. Marcelo, revelaram-se as campanhas e práticas pastorais como meios "eficazes" de recuperação e manutenção da hegemonia religiosa e comunicacional, ambos segmentos deram-se as mãos num só objetivo: atrair os inalcançáveis, segurar as audiências, manter o prestígio social.

No conjunto de práticas pastorais e campanhas deslanchadas pelo catolicismo midiático encontram reforço ideológico nos Movimentos Eclesiais e nas "novas comunidades" carismáticas, formando uma frente ampla de ofensiva pastoral de corte neointegrista. Neointegrismo que configura um tipo de pastoral paradoxal, ora exculturada ao sugerir discursos desqualificados socialmente, ora modernizadora por utilizar-se da cultura midiática. Porém, essa pastoral atende mais às "demandas" religiosas dos contemporâneos do que propriamente suas "necessidades" de respostas significativas, perante um mundo cada vez mais cultural e religiosamente plural, que é, ao mesmo tempo, uma sociedade estruturada na injustiça e na desigualdade social.

No meio desse espírito de época deve ser localizada a terceira onda de recatolização, frente ampliada pelo catolicismo midiático, o qual engrossa o torrente da neocristandade, ao mesmo tempo em que se soma a outras correntes da sociedade que tendem ao conservadorismo como reação à diversidade cultural e/ou como mecanismo reativo, diante das reivindicações sociais.

Nessa tentativa, ventilam-se *ad intra ecclesia* os mais diversos conflitos, configurando uma guerra de imagens e posições institucionais; quem sabe os desconfortos e incômodos produzidos por esse avanço sejam o germe do enfraquecimento da própria ofensiva que pretende abarcar a totalidade institucional. Entretanto, estar na mídia sem ser da mídia parece ganhar mais adeptos entre os fiéis, os presbíteros e o episcopado brasileiro, tendo como ímã a possibilidade de visibilidade social da Igreja num campo religioso cada vez mais plural e em galopante descatolização.

ANEXOS

ANEXO 1

IMAGENS SANTUÁRIO E PRODUÇÃO EDITORIAL INFANTIL

Editora Novo Rumo, Curitiba/PR, 2004

Fonte: Revista Terço Bizantino, Abr. 2001, p. 7

Futuras instalações Santuário Terço Bizantino em 2001

Fonte: Revista Terço Bizantino, Abr. 2001, p. 7

Santuário Terço Bizantino

Futuras instalações Santuário Terço Bizantino em 2001

ANEXO 2

ORAÇÃO PELOS ANTEPASSADOS

Tataravô | Tataravô | Tataravô | Tataravô | Tataravô | Tataravô | Tataravô | Tataravô
Tataravó | Tataravó | Tataravó | Tataravó | Tataravó | Tataravó | Tataravó | Tataravó

Bisavô | Bisavó | Bisavô | Bisavó | Bisavô | Bisavó | Bisavô | Bisavó

Avô | Avó | Avô | Avó

Pai | Mãe

Eu

Fonte: Revista Terço Bizantino, Junho/2001, Ano 1, n° 1, p. 19

ANEXO 3

PROPAGANDA POLÍTICA

CONSIDERAÇÕES FINAIS

Com um sorriso afável e entusiasmado, acenando para a imprensa, Dom Eusébio Scheid partiu na segunda-feira, 4 de abril, para Roma, onde participaria das cerimônias fúnebres do papa João Paulo II. Quando questionado pelo repórter sobre qual seria o perfil ideal do futuro líder da Igreja católica, o cardeal do Rio de Janeiro declarou: "alguém que respeite a doutrina do Evangelho, mas não fique limitado a ela, preocupe-se com as questões científicas, política e social, dê atenção especial aos jovens e seja ecumênico e, sobretudo, 'um homem da mídia'".[444]

No passado, quando o Iluminismo desafiou a Igreja a rever suas posições perante os processos de racionalização crescente que atingiam explicações existenciais do indivíduo ocidental, o embate se daria entre fé e ciência. Em seguida, a partir da perspectiva teológico-libertadora, viriam as turbulências acerca do compromisso social da Igreja: perante um sistema gerador de estruturas injustas, a batalha seria fé *versus* política. Agora parece não haver mais disputa. Iniciado o século XXI, o imperativo de evangelizar por todos os meios, com novos métodos e novo ardor missionário justifica a fé na mídia.

A opção preferencial que os setores conservadores da Igreja católica vêm fazendo pela mídia parece ser a escolha que norteiará, hegemonicamente, seu estilo evangelizador; portanto, um determinado relacionamento com a modernidade, adaptando sua mensagem e linguagem religiosa aos novos tempos dos meios de comunicação de massa. Tentou-se demonstrar neste texto, de acordo com os indicadores empíricos e teóricos disponíveis, a relação histórica da Igreja com a modernidade, axialmente percorrida por dilemas estru-

---

[444] O Estado de São Paulo, 5 abr. 2005, p. H-8.

turais e estruturantes que a fazem uma relação de "ódio e amor". O impasse que a cultura midiática traz para a pretensão de totalidade própria da Igreja obriga-a a desenvolver certa elasticidade teológica e epistemológica que lhe permita manter sua superioridade moral e, ao mesmo tempo, usufruir da mídia sem culpa. Essa possibilidade é alicerçada numa leitura conteudista, herdeira de análises funcionalistas e de uma pretensa neutralidade técnica, face ao uso dos meios comunicacionais que são "sacralizados" por meio do conteúdo que veiculam; portanto, à luz teológica os meios de comunicação social cumprem uma missão maior: a evangelização.

Embora, como instituição, a Igreja insista em desbancar a cultura midiática – dissociando os meios de comunicação de massa da lógica e sinergia em que são produzidos – por meio de discursos totalizantes, na prática as verdades religiosas ostensivamente promulgadas diluem-se. Mais ainda, às vezes parece voltar-se o feitiço contra o feiticeiro, quando, por exemplo, as aspirações de consumo, ascensão social, felicidade, próprias da cultura de massa, são sacralizadas na forma, mas desqualificadas no conteúdo. Assim a mídia espetaculariza a Igreja e ela tolera o fato, elevando a *status* midiático de personalidade de alguns de seus representantes. Com isso a hierarquia participa de todos os "benefícios" da lógica midiática, embora em seu discurso esta seja vista como consumista, a tempo que como rival, por oferecer aos fiéis e cidadãos um outro leque de opções de sentido e estilos de vida.

Há também a omissão que a Igreja faz do regime ontológico da cultura digital ao utilizar-se dela, visto que releva a morfologia dos avanços tecnológicos em sua capacidade de educar nos valores de autonomia individual e de configurar outras sensibilidades e identidades, que são, no limite, o cerne dos valores da modernidade, atacados em seus discursos e práticas pastorais. Tudo indica que a Igreja pretende uma modernização sem modernidade, o que pode ser uma saída epistêmica, mas impossível de acontecer; antes, nega a condição de instituição intermediária da cultura midiática, sua capacidade de mediação social entre o indivíduo e a sociedade. Mais ainda, camufla os dilemas que acompanham o uso evangelizador da mídia no grande projeto de restauração da utopia do catolicismo intransigente, o qual vem impondo-se nos últimos vinte e cinco anos, exortando os agentes pastorais a catolicizar, paroquializando, os meios de comunicação.

Realidade que pode ser identificada no objeto empírico desta proposta de análise: a vertiginosa ascensão do fenômeno midiático Pe. Marcelo Rossi. Favorecida pelos mecanismos sócio-culturais, acionados pela mídia, assiste-se à construção de um estereótipo cultural-religioso que atrai multidões de fiéis-fãs e está marcado pelo amálgama de ideais escatológicos com mecanismos do *star system*. Sistema de pensamento e ação que, por sua vez, responde às mutações culturais das últimas décadas, nas quais o culto ao corpo, a construção de projetos pessoais alinhavados pela autorrealização do *self* e as novas subjetividades, corporais e emocionais, perpassam, como um espírito do tempo, o imaginário de todas as camadas sociais. Expressão de sensibilidades culturais que resignificam ações, aspirações, desejos dos seguidores do padre performático, "filho de seu tempo", personal trainer espiritual, o qual inova, com sua aeróbica de Jesus, a geografia eclesial, "rejuvenescendo-a" e "modernizando-a" na linha das sociabilidades religiosas contemporâneas, sintonizadas com estilos de consumo urbanos e com as espiritualidades performáticas e difusas.

Nesse vasto campo cultural, a fama e o vedetismo alavancaram a rápida realização de inúmeras iniciativas midiáticas que se sustentam na presença do jovem padre-carismático, escritor, cantor, empresário, ator, capaz de abrir caminho para um novo *status* clerical: o de padre-midiático, "homem da mídia". Simultaneamente, atrai altos investimentos econômicos da rede de comunicação mais poderosa, a Globo, revelando as finas alianças entre os setores conservadores da sociedade civil e da Igreja, ambos na procura da tão ameaçada – pelos ventos neopentecostais – hegemonia comunicacional e religiosa do país.

Ancorado no carisma midiático de João Paulo II, o padre da mídia repõe, nas suas práticas pastorais, a força do simbólico institucional; o ser padre é a condição que na mídia se transforma numa estratégia de comunicabilidade, permitindo validar religiosamente a sua reinterpretação do passado, retradicionalizar, em tempos modernos, devoções milenares da Igreja. Nasce assim o Terço Bizantino, a partir do qual se desenvolve uma logomarca e um Santuário, esse último palco e plataforma da projeção do estandarte reinstitucionalizador dos afastados. De mais a mais, como mediador cultural o homem da mídia reinscreve, na esteira dos meios de comunicação de massa, os elementos do catolicismo mágico-popular, penetrando o imaginário religioso de seus fiéis ao acionar as matrizes culturais que permitem uma dupla adesão a seus empreendimentos: a religiosa e a culural.

De um lado, o padre de multidões visibiliza a Igreja, em franco processo de desinstitucionalização, oferecendo uma adesão ilusória – não necessariamente religiosa, entendida nos moldes de significância existencial –, o que constitui um conforto para os setores eclesiásticos que sentem orgulho evangelizador ao perceber que os templos estão cheios, revigorando-se o catolicismo de massas. De outro lado, atrai as almejadas audiências para a mídia, desencadeando a circularidade midiática que consolida seu carisma profético por estar em todas as mídias.

No entanto, a força dessa presença firma-se na fragilidade de sua efemeridade constitutiva: toda "estrela" nasce, tem seu auge e morre, até ressuscitar numa outra, renovando, assim, o ciclo das *star system*. No caso de Pe. Marcelo Rossi a naturalização de seu estilo evangelizador, o educar as sensibilidades para celebridades religiosas, tende a ser o melhor legado de sua superexposição midiática, desbravando as trilhas das futuras celebridades religiosas. Essas parecem fermentar os seminários, garantindo os necessários "homens da mídia" que alimentem o catolicismo midiático, sem o qual a reinstitucionalização católica talvez não aconteça.

Conforme destacado com frequência, estar na mídia sem ser da mídia é o dilema compartilhado entre o padre-cantor e o catolicismo midiático, novo estágio da Renovação Carismática Católica no Brasil. Ambos encontram seu modelo inspirador no uso messiânico dos meios de comunicação de massa do último pontificado e justificam-se na proposta difusora da neo-cristandade. Nesta última a Igreja investe por todos os meios, inclusive na mídia, na tentativa de sobrepor uma cultura cristã à ordem social, da qual a Igreja não é mais estruturante, razão essa de sua fragilidade institucional. Entretanto, assumir o uso maciço da mídia tem um custo institucional. É uma relação da qual o catolicismo não sai ileso, pois se vê obrigado a negociar com certo maquiavelismo midiático como preço a ser pago para evangelizar com novo ardor missionário.

De sorte que, quando a mídia cria uma versão espetacularizada da religião, por meio de suas personificações vedetizadas, transformando-as em operadoras de sentido, submete a versão e a personagem ao vaivém da lógica mercadológica, aos ditames do Ibope e aos caprichos da cultura de consumo, sempre ávida por novidades. Nessa dinâmica assiste-se à transformação dos fiéis em consumidores, dos fiéis em fãs, sinalizando para as tênues fronteiras entre espetáculo, consumo e religião, nas sociedades de massa que no atual estágio parecem convergir. O que permite questionar como no processo midiático é transmutada a substancialidade da religião – esta última entendida como a capacidade de dotar de sentido a vida e orientar eticamente os adeptos – em prol de sua funcionalidade, ou seja, a coesão social e a visibilidade institucional, complexificando-se. Mais ainda quando em tudo isso quem lidera o processo são os próprios portadores do sagrado, os guardiões da tradição e da ortodoxia: o clero.

Nessa tessitura o catolicismo midiático constitui-se numa resposta possível da instituição, a terceira onda de recatolização brasileira, cuja isca reinstitucionalizadora atrai os afastados, os católicos nominais que, transformados em alvo suscetível da migração religiosa, não deixam de assombrar o episcopado. No afã de cumprir o imperativo de cotidianizar a religião, o catolicismo midiático desdobra-se como uma imensa máquina narrativa de sentidos, seja nos meios de comunicação de massa, veiculando imaginários que espetacularizam a angústia e demonizam o cotidiano dos fiéis, transformando os programas em "agências" de teleaflição e radioatendimento, seja nas práticas pastorais, favorecendo a configuração de subjetividades pautadas pelo fundamentalismo religioso e conformismo social capazes de interferir, com gestos e palavras antimodernos, nos processos culturais e sociais.

Situação que gera uma indesejada semelhança entre os católicos midiáticos e os neopentecostais, interlocutores no campo religioso, aproximando-os tanto na forma quanto no conteúdo, na linguaguem midiática e nos recursos de comunicabilidade; aproximação que oculta, mais ainda, que provoca um clima de intolerância social. Soma-se a essa indiferenciação performática o mesmo tipo de gerenciamento dos meios de comunicação de massa, além de deflagrarem iguais estratégias de clientelismo para adquiri-los; portanto, ambas vertentes religiosas colaboram com dispositivos que perpetuam o privilégio e o favor como formas de relacionamento político, fragilizando ainda mais o sistema democrático brasileiro.

Embora semelhantes, no uso dos meios de comunicação, e concorrentes, na procura dos rebanhos midiáticos, tanto neopentecostais quanto católicos carismáticos compartilham o pouco êxito de seus onerosos empreendimentos, uma vez que produzem baixo nível de audiências e de (re) institucionalização de afastados e de inalcançáveis. A imensa investida midiático-religiosa configura-se mais como mediação para confirmar identitariamente os fiéis – atrair os que estão dentro, programas de católicos para católicos, de pentecostais para pentecostais – do que como meio para uma (re) adesão institucional. De acordo com este fato, pode-se afirmar que o empenho de salvação de todas as almas na mídia responde a uma necessidade de ampliação do teto social para os neopentecostais, publicitando suas propostas religiosas diante da sociedade, e de autoafirmação institucional para os católicos, que procuram fazer visível sua ainda maioridade demográfica. O regime de existência social, próprio da mídia, presta, dessa forma, a sua serventia mais a projetos institucionais ambiciosos, do que a fins de mera expansão proselitista, para uns, e de contenção do avanço pentecostal, para outros.

Não resta a menor dúvida de que a proposta carismático-midiática percorre a capilaridade eclesial sob o olhar condescendente dos diversos setores conservadores do episcopado brasileiro. Ela esbarra, entretanto, em severas resistências intraeclesiais, apontando para o conflito ventilado internamente. Para alguns setores da hierarquia representa "um mal necessário", diante dos alarmantes resultados sociométricos dos últimos censos, para outros suscita o receio de ser uma onda reinstitucionalizadora que traz em seu bojo campanhas e práticas pastorais neointegristas. Por pouco que esses embates venham a público, eles refletem discussões mais amplas, que repercutem diretamente na identidade presbiteral e na formação dos novos quadros de reprodução institucional, dando mostras das sérias crises que afetam a hierarquia em sua razão de "ser" e "estar" numa sociedade religiosamente plural, sendo um fator a mais que questione a validade dos serviços e dos gerenciadores do sagrado.

Numa outra direção, o catolicismo intransigente, nas suas versões midiática e de movimentos eclesias, propõe-se a fornecer espaços e tempos fortes como oportunidade de fortalecer o "nós" que identifica os fiéis e quebra a atomização trazida pelo anonimato das grandes cidades, ao mesmo tempo que cria eventos multitudinários de extraordinária sensibilização afetiva. Nesse sentido, o estilo evangelizador proposto no catolicismo midiático converte-se em verdadeiro refúgio emocional, respondendo às necessidades de contigência pessoal dos indivíduos e à capacidade de liderança da hierarquia nessas propostas. Mesmo que o intransigentismo católico seja moderno em seu estilo de convocatória, é antimoderno em sua oferta discursiva, indo na contramão das demandas e necessidades dos homens e mulheres contemporâneos.

Identifica-se mais um elemento na concepção interna do catolicismo midiático e dos movimentos eclesiais, os quais emolduram suas ações pastorais com referências autoritárias, de tal forma que suas interelações se dão de forma verticalizada, propiciando a supervalorização do padre e a subordinação dos leigos, todos submetidos a uma crescente clericalização. Consequentemente, toda e qualquer iniciativa de liderança pastoral que, por ventura, se venha a ter por parte de leigos e/ou de padres, fica ceifada de raiz; portanto, os fiéis-cidadãos tendem a reproduzir essas atitudes de autoritarismo na interação com outros âmbitos, prolongado no social a imobilidade que a pastoral neointegrista tende a fomentar.

Subjaz à própria Igreja um temor maior, qual seja o de perceber que não são poucos os setores, leigos e presbíteros que comungam com esse estilo evangelizador. Mais difícil ainda, as atitudes cultivadas por essas práticas unem-se a correntes neoconservadoras atuantes nas bases sociais, encontrando presas fáceis em indivíduos sedentos de normas, doutrinas e certezas que informem seu cotidiano e os poupem de ter que estar, a todo momento, escolhendo entre o certo e o errado, num mundo culturalmente diversificado.

Compreende-se, então, como a utopia intransigente, em sua versão brasileira, o catolicismo midiático com seu emblema Pe. Marcelo, tende a alastrar-se como um modelo eclesial, com assustador grau de adesão *ad intra* Igreja, visto que, de certa forma, encontra ressonância cultural e religiosa na própria sociedade. Constata-se assim como a proposição de universalização de valores e de fé, do projeto unilateral da neorrestauração, dissemina suas pretensões hegemônicas ao longo do tecido eclesial. Embora ele represente, na Igreja, uma involução social com seus discursos exculturados diante da sociedade, a qual estranha e rejeita o fato de uma instituição pretender ser a referência total dos comportamentos, das atitudes e da consciência dos indivíduos modernos.

Ainda que, com essa pretensão, represente um "rolo compressor", no amplo espectro social, em geral, e na comunhão eclesial, em particular, cidadãos e leigos resistem, cada um a sua maneira, aos discursos e às práticas pastorais exculturadas, sobretudo no que diz respeito à moralidade sexual e a algumas questões pró-vida. Os cidadãos descartam e/ou desqualificam essas propostas, não obstante valorizem os gestos de defesa dos direitos humanos do Papa, por exemplo. Já os leigos estabelecem relações de velada cumplicidade, aceitando aquilo que mais lhes convêm, segundo seu estilo de vida e o grau de inserção institucional – em matéria de sexualidade a escolha é de foro íntimo, por exemplo. De tal forma que a grande base social do catolicismo elabora, como sempre o fez, seus próprios arranjos interpretativos da doutrina e da ética eclesiásticas, ao mesmo tempo que satisfaz suas necessidades de vivência do sagrado e das experiências simbólicas que a Igreja lhe disponibiliza em forma de serviços religiosos.

Perante isso, no grande guarda-chuva denominado catolicismo, seus agentes pastorais veem, não sem perplexidade, os batizados (a grande maioria social da Igreja) pinçarem do legado institucional os elementos éticos, comunitários e emocionais que lhes permitam dar um suporte coerente e consistente ao que se costuma denominar de religião. Esse panorama, na leitura institucional, é visto como limitação à tarefa evangelizadora, pois a Igreja, enquanto sistema religioso, deve efetuar concessões contínuas, como único dispositivo que lhe permite manter, na teoria, o seu ideal totalizador dos sentidos e das ações humanas, e de legitimar, na prática, a ordem social, enquanto ordem natural e divina.

Como perspectiva reflexiva, este trabalho propôs-se a compreender como se dá a acomodação institucional entre o ideal e sua operacionalização, interface que mantém um relativo equilíbrio institucional. Portanto, ficou evidente que a dinâmica conflitiva percebida na hierarquia brasileira é parte da própria sobrevida histórica do catolicismo e da lógica institucional que o sustenta. A pesar de dar a impressão de estar sempre à beira de uma implosão sistêmica, cujos membros reagem sob imperativos heréticos que os mobilizam em derredor da doxia, o sistema não só não explode, como também proporciona lições na arte de gerenciar conflitos internos, acomodar diferenças, assimilar e/ou exilar tendências, resistir a pretensas hegemonias e se revigorizar.

Por isso, a aproximação ao catolicismo midiático e a um dos seus emblemas, o fenômeno Pe. Marcelo Rossi, oferece a oportunidade de lastrear as mudanças que o catolicismo brasileiro vem sofrendo nos últimos trinta anos, deslocando-se de posições bipolares – carismáticos *versus* libertadores – para posturas e projetos que ecoem as diretrizes gerais do Vaticano, acenando para o "novo lugar" que os setores conservadores ocupam.

A dimensão empírica desta pesquisa permite afirmar que a Igreja católica no Brasil encontra-se envolvida numa terceira onda reinstitucionalizadora, liderada por setores neoconservadores de sua hierarquia, os quais, junto aos leigos que aderem a suas iniciativas neointegristas, apropriam-se dos meios de comunicação em massa como veículos de visibilidade eclesial, repondo, simbolicamente, as gramáticas e semânticas culturais que fazem da Terra de Santa Cruz o país "mais católico do mundo".

Esse simples "exercício de ficção", em que se constituiu a formulação escrita da vasta pesquisa que subjaz a este texto, propôs três movimentos de leitura socioanalítica, num vaivém da esfera cultural para o campo da mídia e da cultura midiática para os processos institucionais. Em todos tentou-se uma articulação com o campo religioso brasileiro e as orientações emanadas do pontificado de João Paulo II. A partir desses eixos de interelação, alertou-se para as complexas imbricações que o catolicismo midiático estabeleceu ao concretizar, de forma regionalizada, a neocristandade e o impacto que essa empreitada trouxe *ad intra* e *ad extra ecclesia*, num ritmo centrífugo e centrípeto, na procura de impor-se, simbólica e ideologicamente, como a "resposta religiosa" em tempos de desintitucionalização.

Desentranhar a dinâmica eclesial católica, alertando para a oscilação sincrônica e diacrônica que movimenta as relações entre a Igreja e a modernidade, permitiu o livre trânsito por perspectivas mais globais, que mostraram a relevância do fenômeno religioso contemporâneo e sua profunda interação com as mutações culturais. Nesse horizonte expansivo, capturou-se a pretensa imutabilidade religiosa que nas eternas verdades promulgadas estão em contínua mudança, para responder aos sinais dos tempos. As nuanças que costuram a temporalidade e a atemporalidade religiosa constituíram-se no âmago deste texto, tentando formular, a partir de um exemplo concreto, o que está mudando na religião; mais importante ainda, como está mudando, continuando, porém, a ser a mesma. Endossa-se a sentença à Igreja católica: muda para continuar sendo a mesma.

Enfim, espera-se que outras pesquisas venham revelar a obsolescência acelarada dos dados empíricos – retirados da natureza efêmera do social – que sustentaram este trabalho, a fragilidade de alguns de seus argumentos – circunscritos a opções epistemológicas – e a limitação de algumas interpretações – todas discutíveis –, cumprindo-se, assim, a sugestão weberiana de fazer avançar a ciência como vocação à crítica e à polêmica. Abre-se então o debate...

REFERÊNCIAS

ALLEN, Robert. **Reader-oriented Criticism and Television**. *In:* Television and Contemporary Criticism: Channels of Discurse. Chapel Hill: The University of North Carolina Press, 1987. p. 74-112.

ALMEIDA, Ronaldo. **A guerra das possessões.** *In:* ORO, Ari Pedro; CORTEN, André; DOZON, Jean-Pierre (orgs). A Igreja Universal do Reino de Deus: os novos conquistadores da fé. São Paulo: Paulinas, 2003.

_____; MONTERO, Paula. **Trânsito Religioso no Brasil**. *In:* São Paulo em Perspectiva. São Paulo: Fundação SEADE, jul/set. 2001. v. 15, n. 03. p. 92-101.

AMARAL, Leila. Carnaval da Alma: comunidade, essência e sincretismo na Nova Era. Petrópolis: Vozes, 2000.

ANTONIAZZI, Alberto. **Por que o panorama religioso no Brasil mudou tanto?**. São Paulo: Paulus, 2004.

_____. **A História da OSIB e os Desafios Atuais da Formação**. *In*: 13ª Assembleia da OSIB (Organização dos Seminários e Institutos do Brasil). Belo Horizonte: 28 jan. 2003. Mimeo. p. 12.

_____. **Leitura Sócio-Pastoral da Igreja no Brasil, 1960-2000**. Encontro de padres *Fidei Donum* Itália-Brasil. Brasília: 28 jan. a 1 fev. 2002. Mimeo. p. 16.

_____. **Perspectivas pastorais a partir da pesquisa.** *In:* Desafios do catolicismo na cidade: pesquisa em regiões metropolitanas brasileiras/CERIS. São Paulo: Paulus, 2002 [b]. p. 252-267.

_____. **A Igreja católica face à expansão do pentecostalismo.** *In:* Nem Anjos, nem Demônios, et al. Petrópolis: Vozes, 1994.

ARENDT, Hannah. **A Condição Humana**. Rio de Janeiro: Forense Universitária, 1995.

ASSMANN, Hugo. **A Igreja Eletrônica e seu Impacto na América Latina**. Petrópolis: Vozes, 1986.

BAUDRILLARD, Jean. **A Sociedade de Consumo**. Lisboa: Edições 70, 1995.

_____. **À Sombra das Maiorias Silenciosas: o fim do social e o surgimento das massas**. São Paulo: Editora Brasiliense, 1993.

BAUMAN, Zygmunt. **Consequências Humanas da Globalização**. Rio de Janeiro: Jorge Zahar Editor, 1999.

BAUMAN, Zygmunt. **O Mal-estar da Pós-modernidade**. Rio de Janeiro: Jorge Zahar Editor, 1998.

_____. **Comunidade: a busca por segurança no mundo atual**. Rio de Janeiro: Jorge Zahar Editor, 2003.

BELL, Daniel. **O Advento da Sociedade Pós-Industrial: uma tentativa de previsão social**. São Paulo: Cultrix, 1973.

BENEDETTI, Luiz Roberto. **Seminário temático**. Curso de Pós Graduação de Sociologia. USP/FFLCH: ago. 1997. Mimeo.

_____. **Os santos nômades e o deus estabelecido**. São Paulo: Paulinas, 1984.

BERGER, Peter; LUCKMANN, Thomas. **Modernidade, pluralismo e crise de sentido: a orientação do homem moderno**. Petropólis: Vozes, 2004.

_____. **Protestantism and the quest for Certainty** (1998). *In:* New Statesman, Ltd. in Association with The Gale Group and LookSmart. Disponível em: <www.findarticles.com>. Acesso em: 18 jul. 2001.

_____. **O Dossel Sagrado**. São Paulo: Paulinas, 1985.

_____; LUCKMANN, Thomas. **A construção social da realidade: tratado de sociologia do conhecimento**. Petropólis: Vozes, 1974.

BIRMAN, Patrícia; LEHMANN, David. **Religion and the Media in a Battle for Ideological Hegemony: the Universal Church of the Kingdom of God an TV Globo in Brazil**. *In:* Bulletin of Latin American Research. Manchester, 1999. v. 18, n. 02. p. 145-164.

BOFF, Clodovis. **Excursus: Presbíteros "midiático-carismáticos": nova geração de presbíteros?**. *In:* Documento Preparatório para o VIII Encontro Nacional de Presbíteros, Conferência Nacional de Bispos do Brasil (CNBB). Itaici: 01 a 06 fev.1999.

BORRAS, Alphonse. **I Preti fra sacramento e pratica**. *In:* Il Regno-Documenti. Itália, 2002. Vol. 3, p. 120-128.

BOURDIEU, Pierre. **Sobre a Televisão**. Rio de Janeiro: Jorge Zahar Editor, 1997.

_____. **As Regras da Arte**. São Paulo: Companhia das Letras, 1996.

_____. **A Economia das Trocas Simbólicas**. São Paulo: Perspectiva, 1992.

BRAGA, Antônio Mendes da C. **TV Canção Nova: Providência e Compromisso, X Mercado e Consumismo**. *In:* Religião & Sociedade. Rio de Janeiro: ISER, 2004. v. 24, n. 01. p. 113-123.

BRANDÃO, Carlos. **Fronteira da fé: alguns sistemas de sentido, crenças e religiões no Brasil de hoje**. *In:* Revista Estudos Avançados da Universidade de São Paulo (USP). São Paulo, set/dez. 2004. v. 18, n. 52. p. 261-288.

BRUCE, Steve. **The Curious Case of the Unnecessary Recantatiton: Berger and secularization**. *In:* WOODHEAD, Linda; HEELAS, Paul; MARTIN, David. (orgs)

Peter Berger and a the Study of Religion. London & New York, Taylor & Francis Group, 2001.

BUCCI, Eugênio; KEHL, Maria Rita. **Videologias: ensaios sobre televisão**. São Paulo: Boitempo Editorial, 2004.

CADERNOS CERIS. **Pentecostalismo, Renovação Carismática e Comunidades Eclesiais de Base: uma análise comparada**. São Paulo: Loyola, 2001. n. 02.

CALIMAN, Cleto; ANTONIAZZI, Alberto. **Do primado da Instituição ao primado da pessoa**. *In:* Marcio Fabri dos Anjos (org). Sob os fogos do Espírito. São Paulo: Paulinas, 1998, p. 229-260.

CAMPOS, Leonildo Silveira. **Teatro, Templo e Mercado: organização e marketing de um empreendimento neopentecostal**. 2. ed. Petropólis: Vozes; São Paulo: Simpósio Editora e Universidade Metodista de São Paulo, 1999.

CAMURÇA, Marcelo. **Renovação Carismática: entre a tradição e a modernidade**. *In:* RHEMA: Revista de Filosofia e Teologia do Instituto Teológico Arquidiocesano Santo Antonio, 2001. v. 07, n. 25, p. 45-58.

CANCLINI, Nestor. **Consumidores e Cidadãos: Conflitos Multiculturais da Globalização**. 3ª ed. Rio de Janeiro: Editora UFRJ, 1997.

_____. **Culture and Power: The State of Research**. *In:* SCANNEL, P.; SCHLESINGER, P.; SPARKS, C. Culture and Power: a media, culture & society reader. London, 1988. p. 17-47.

_____. **As Culturas Populares no Capitalismo**. São Paulo: Editora Brasiliense, 1983.

_____. **Renovação Carismática Católica: origens, mudanças e tendências**. Aparecida: Santuário, 2000.

_____. **Renovação Carismática Católica: origens, mudanças e tendências**. *In.* Sob o Fogo do Espírito. Márcio Fabri dos Anjos (org.). SOTER & Paulinas. São Paulo, 1998. p. 39-60.

CASANOVA, José. **Religion, the New Millennium, and Globalization** (2001) *In:* Association for the Sociology of Religion in association with The Gale Group. Disponível em: <www.findarticles.com>. Acesso em: 26 mar. 2002.

_____. **Civil Society and Religion: retrospective reflections on Catholicism and prospective reflections on Islam** (2001) [b]. *In:* New School for Social Research in association with The Gale Group, Winter, 2001. Disponível em: <www.findarticles.com>. Acesso em: 14 jul. 2002.

_____. **Global Catholicism and the Politics of Civil Society**. *In:* Sociological Inquiry (1996). Vol. 66, p. 356-373.

CASANOVA, José. **Public Religions in the Modern World**. Chicago: University of Chicago Press, 1994.

CASTELLS, Manuel. **A Era da Informação: Economia, Sociedade e Cultura. A Sociedade em Rede**. São Paulo: Paz e Terra, 2000. Vol. 1.

CASTRO, Ana Lúcia de. **Culto ao Corpo e Sociedade: mídia, estilos de vida e cultura de consumo**. São Paulo: Annablume, 2003.

CERIS. **Perfil do Presbitério brasileiro**. Centro de Estatística Religiosa e Investigações Sociais. Relatório de Pesquisa. Rio de Janeiro, nov. 2003. Mímeo. p. 51.

_____. **Pesquisa de Meios de Comunicação Social**. (Regional Sul 1). Relatórios 1, 2 e 3. Rio de Janeiro, 2001. Disponível em: <www.ceris.org.br>. Acesso em: 1 nov. 2001.

_____. **Tendências atuais do catolicismo: Ano 2000**. Relatório Final. *In:* Centro de Estatística Religiosa e Investigações Sociais. Rio de Janeiro, 2000. v. 1-2, Mimeo.

COHEN, Lawrence. **Não há velhice na Índia: os usos da Gerontologia**. *In:* Textos didáticos. 2ª ed. IFCH/UNICAMP, jan. 1998, n. 13.

COMBLIN, José. **Custos, quid de nocte?** Belo Horizonte, 2003. Mimeo. p. 35.

_____. **A oração dos pobres**. *In:* Relatos do Peregrino Russo: A oração dos pobres. São Paulo: Paulinas, 1985.

CORTEN, André. **La Banalisation du Miracle: Analyse du Discours de L'Argumentation**. *In*: Horizontes Antropológicos/ UFRGS, IFCH. Programa de Pós-Graduação em Antropologia Social. jun. 1998. Ano IV, n. 8, p. 199-210.

_____.**Pentecôtisme et politique en Amérique Latine**. Problèmes d'Amérique Latine. jan/mar. 1997, n. 24. p. 11-32.

COX, Harvey. **Prefácio**. *In:* ORO, Ari Pedro; CORTEN, André; DOZEN, Jean-Pierre (orgs). Igreja Universal: os novos conquistadores da fé. São Paulo: Paulinas, 2003.

_____. **La religión en la ciudad secular: hacia una teologia postmoderna**. Santander: Sal e Terra, 1994.

DAMACENA, Andréa Martins. **Experiências Religiosas: um estudo sobre mística e autonomia nos discursos e práticas religiosas dos católicos e carismáticos**. 248 f. Tese de Doutorado. Programa de Pós-Graduação em Ciências Sociais da Universidade Estadual do Rio de Janeiro (UERJ), Rio de Janeiro: 2004.

DAVIE, Grace. **Global civil religion: A European perspective** (2001). *In:* Sociology of Religion, in association with the Gale Group and LookSmart. Disponível em: <www.findarticles.com> Acesso em: 26 mar. 2002.

DEBERT, Guita Grin. **A Reivenção da Velhice**. São Paulo: EDUSP & FAPESP, 1999.

DEBORD, Guy. **A Sociedade do Espetáculo: Comentários sobre a sociedade do espetáculo**. Rio de Janeiro: Contraponto, 1997.

DELLA CAVA, Ralph. **Transnational Religions: The Roman Catholic Church in Brazil & the Orthodox Church in Russia**. *In:* Sociology of Religion (2001). New School for Social Research in association with The Gale Group and LookSmart. Disponível em: <www.findarticles.com>. Acesso em: 26 mar. 2002.

_____. **Política do Vaticano 1878-1990.** *In*: SANCHIS, Pierre (org) Catolicismo: Unidade religiosa e Pluralismo Cultural. São Paulo: Loyola, 1992. p. 231-258.

_____; MONTERO, Paula. **E o verbo se faz imagem: igreja católica e os meios de comunicação no Brasil, 1962-1989**. Petrópolis: Vozes, 1991.

_____. **Igreja e Estado no Brasil do século XX: sete monografias recentes sobre catolicismo brasileiro, 1916/1964**. *In:* Estudos CEBRAP. São Paulo: Edições CEBRAP, abr/jun.1975, n. 12, p. 5-52.

DIXON, David; PEREIRA, Sérgio. **O Novo Protestantismo Latino-americano: considerando o que já sabemos e testando o que estamos aprendendo**. Religião e Sociedade, Rio de Janeiro: ago. 1997, v. 18, n. 01, p. 49-69.

DURKHEIM, Emile. **Formas Elementares da Vida Religiosa**. São Paulo: Paulinas, 1989.

_____. **Sociologia da Religião e Teoria do Conhecimento**. *In:* Durkheim. RODRIGUES, José Albertino (org). São Paulo: Ática, 1988. p. 147-165.

ELIADE, Mircea. **O Sagrado e o Profano: essência das religiões**. São Paulo: Martins Fontes, 1996.

FEATHERSTONE, Mike. **O curso da vida: corpo, cultura e imagens do processo de envelhecimento**. *In:* Textos didáticos. 2ª ed. IFCH/UNICAMP: jan.1998, n. 13.

_____. **Cultura de Consumo e Pós-Modernismo**. São Paulo: Studio Nobel, 1995.

FRIGÉRIO, Alejandro. **Discursos da Mídia e sua Construção de Imagens**. *In:* Fórum: Olhares e Diagnósticos sobre os movimentos religiosos na atualidade. IV Reunião de Antropologia do Mercosul (RAM). Curitiba: 11 a 14 nov. 2001.

FONSECA, Alexandre Brasil. **Fé na tela: características e ênfases de duas estratégias evangélicas na televisão**. *In:* Religião & Sociedade. Rio de Janeiro: ISER, 2003. v. 23, n. 02. p. 33-52.

_____. **Igreja Universal do Reino de Deus: um império midiático**. *In:* ORO, Ari Pedro; CORTEN, André; DOZON, Jean-Pierre (orgs). **Igreja Universal do Reino de Deus: os novos conquistadores da fé**. São Paulo: Paulinas, 2003 [b]. p. 259-280.

_____. **Religião e democracia no Brasil (1998-2001): um estudo sobre os principais atores evangélicos na política**. *In:* XXVI Encontro Anual de ANPOCS. Caxambú, 2002. p. 84-192.

GABRIEL, Karl. **Christentum zwischen Tradition und Postmoderne (1992)**. *In:* LIBÂNIO, João Batista. Recensões. Perspectiva Teológica XXVI, 1994. n. 69. p. 263-267.

GAUVAIN, Jean. **Introdução.** *In:* O Peregrino Russo: três relatos inéditos. São Paulo: Paulinas, 1985.

GIDDENS, Anthony. **Modernidade e Identidade**. Rio de Janeiro: Jorge Zahar Editor, 2002.

_____. **A vida em uma sociedade pós-tradicional**. *In:* BECK, Ulrich et al. Modernização Reflexiva. São Paulo: Editora UNESP, 1997.

GIORDANO, Oronzo. **Religiosidade popular en la alta Edad Media**. Madrid: Editorial Gredos, 1983.

GORSKI, Philip. **Historicinzing the Secularization Debate: Church, State, and Society in Late Medieval an Early Modern Europe, C.A. 1300 to 1700**. *In:* American Sociological Review. Feb, 2000. v. 65, n. 01. p. 138-167.

GUTWIRTH, Jacques. **Construction Médiatique Du Religieux. La Dynamique de la Télévision et la Religion des Télévangélistes**. *In:* Horizontes Antropológicos/ UFRGS, IFCH. Programa de Pós-Graduação em Antropologia Social. jun. 1998. Ano IV, n. 8. p. 213-225.

HALL, Stuart. **Da Diáspora: identidades e mediações culturais**. Liv Sovik (org). Belo Horizonte: Editora UFMG & Brasília UNESCO no Brasil, 2003.

_____. **Codage/Décodage**. Réseaux Reader CNET: Paris, 1997.

_____. **O papel dos programas culturas na televisão britânica**. *In:* Cultura e Comunicação de Massa. Rio de Janeiro: Fundação Getútilo Vargas/Serviço de Publicações, 1972.

HARVEY, David. **Condição Pós-Moderna**. São Paulo: Loyola, 1994.

HERVIEU-LÉGER, Daniele. **Catholicisme, la fin d'un monde**. Paris: Bayard, 2003.

_____. **La religion en miettes ou la question des sectes**. Paris: Calmann-Lévy, 2001.

_____. **La Religion en Mouveument: Le pélerin et le converti**. Paris: Flammarion, 1999.

_____. **La religion pour mémorie**, Paris, France, Éditions du Cerf, 1993.

_____. **Vers un nouveau christianisme?. Introduction à la sociologie du christianisme occidental**. Paris: Éditions du Cerf, 1986.

IRELAND, Rowan. **Kingdoms Come: Religion and Politics in Brazil**. Pitt latin American Series. Pittsburgh: Pittsburgh University Press, 1991.

JAMESON, Fredric. **Pós-Modernismo – A lógica cultural do capitalismo tardio**. São Paulo: Ática, 1996.

JOÃO PAULO II. **Memória e identidade: colóquios na transição do milênio**. Rio de Janeiro: Objetiva, 2005.

JUNGBLUT, Airton Luiz. **Os Evangélicos Brasileiros e a Colonização da Internet**. *In:* Ciências Sociais e Religião. Associação de Cientistas Sociais da Religião do Mercosul, out. 2002. Ano IV, n. 4. p. 149-166.

_____. **Nos Chats do Senhor: um estudo antropológico sobre a presença evangélica no ciberespaço brasileiro**. 319f. Tese de doutorado. Instituto de Filosofia e Ciências Humanas da Universidade Federal do Rio Grande do Sul (UFRGS). Porto Alegre: 2000.

KLEIN, Naomi. **Marcas globais e poder corporativo**. *In:* MORAES, Dênis de (org). Por uma outra comunicação: mídia, mundialização cultural e poder. São Paulo & Rio de Janeiro: Editora Record, 2003. p. 173-186.

KÜNG, Hans. **Por que ainda ser cristão hoje?** Carlos Almeida Pereira (trad.) Campinas: Versus Editora, 2004.

LENOIR, Remi. **Objeto sociológico e problema social**. *In:* CHAMPAGNE, Patrick; MERLLIÉ, Dominique; PINTO, Louis. Iniciação à prática sociológica. Petrópolis: Vozes, 1998.

LESBAUPIN, Ivo, et al. **As CEBs hoje**. Rio de Janeiro: ISER Assessoria & CEBI, 2004.

LÉVY, Pierre. **Cibercultura**. São Paulo: Editora 34, 1999.

LIBÂNIO, João Batista. **O próximo papa deve manter a política de João Paulo II em relação aos costumes e à ciência?**. Folha de São Paulo, São Paulo, 9 abr. 2005, Tendências/ Debates.

_____. **Conjuntura eclesial – CRB Nacional**. *In:* Palestras da XX Assembleia Geral Ordinária de Religiosos da CRB. Rio de Janeiro: Publicações CRB, 2004, p. 55-75.

_____. **Cenários da Igreja**. São Paulo: Loyola, 1999.

LIPOVETSKY, Gilles. **O Império do Efêmero: a moda e seu destino nas sociedades modernas**. São Paulo: Companhia das Letras, 2003.

LYNCH, Edward. **Reform and Religion in Latin America (religion in world affairs)**. *In:* The Gale Group, Elsevier Science Publishers. Disponível em: <www.findarticles.com>. Acesso em: 10 mar. 2002.

LÖWY, Michael. **A Guerra dos Deuses: religião e política na América Latina**. Petrópolis: Vozes, 2000.

MACHADO, Maria das Dores. **Carismáticos e Pentecostais: adesão religiosa na esfera familiar**. Campinas: Editora Autores Associados & ANPOCS, 1996.

MAFFESOLI, Michel. **A parte do Diabo: resumo da subversão pós-moderna**. Rio de Janeiro: Record, 2004.

MAFRA, Clara. **Dialética da Perseguição.** *In:* Religião & Sociedade. jun.1998. v. 19, n. 01. p. 59-84.

MAGIS, Cadernos de Fé e Cultura Especial. **Dilemas e Desafios da Pastoral Urbana.** Mapas da Filiação Religiosa no Brasil *(CD-Room)* Centro Loyola de Fé e Cultura, PUC-RIO. Rio de Janeiro: ago.2002, n. 01. p. 227.

MANNHEIM, Karl. **O significado do conservantismo.** *In:* FORACCHI, Marialice M. (org) Sociologia. Emílio Willlens, Sylvio Uliana & Cláudio Marcondes (trad.). São Paulo: Ática, 1982.

MARIANO, Ricardo. **O reino da prosperidade da Igreja Universal.** *In:* ORO, Ari Pedro; CORTEN, André; DOZON, Jean-Pierre (orgs). **Igreja Universal do Reino de Deus: os novos conquistadores da fé.** São Paulo: Paulinas, 2003. p. 237-258.

_____. **Neopentecostais: sociologia do novo pentecostalismo no Brasil.** São Paulo: Loyola, 1999.

MARIZ, Cecília Loreto. **Católicos da Libertação, Católicos Renovados e Neopentecostais.** *In:* Cadernos CERIS. Loyola, 2001. n. 02. p. 11-47.

_____. **A Teologia da Batalha Espiritual:** uma revisão da bibliografia. *In:* Boletim Informação Bibliográfica. Rio de Janeiro, 1º sem, 1999. n. 47. p. 33-48.

MARTIN, David. **The Secularization Inssue: prospect and retrospect. In: British Journal Sociology.** London School of Economics, Sep, 1991. Vol. 42, n. 03.

MARTÍN-BARBERO, Jesus. **Globalização comunicacional e transformação cultural.** *In:* MORAES, Dênis de (org). Por uma outra comunicação: mídia, mundialização cultural e poder. São Paulo & Rio de Janeiro: Record 2003. p. 57-102.

_____. **Dos Meios às Mediações: Comunicacão, cultura e hegemonia.** Rio de Janeiro: UFRJ, 1997.

_____.**Televisión y Melodrama:** géneros y lecturas de la telenovela en Colombia. Bogotá: Tercer Mundo Editores, 1992.

MARTINS, José Souza. **Karol Wojtyla, missionário de uma era de crises: parâmetros de direita e esquerda não definem a sociologia do papa-mundi.** O Estado de S. Paulo, 10 abr. 2005, Caderno Aliás. p.J5.

MATTELART, Armand. **A Globalização da Comunicação.** Bauru: EDUSC, 2000.

_____; MATTELART, Michéle. **História das teorias da comunicação.** São Paulo: Loyola, 1999.

_____. **Comunicação-mundo: história das ideias e das estratégias.** 3ª ed. Petrópolis: Vozes, 1994.

_____; DELCOURT, Xavier et MATTELART, Michélle. **Cultura contra democracia? O audiovisual na época transnacional.** Rio de Janeiro: Editora Brasiliense, 1987.

MAUÉS, Raymundo Heraldo. **Algumas técnicas corporais na Renovação Carismática Católica**. *In:* Ciências Sociais e Religião, Porto Alegre: set. 2000. Ano II, n. 02, p. 119-151.

MCLUHAN, Marshall. **La Galaxia de Gutenberg**. Barcelona: Circulo de Lectores, 1993.

MENEZES, Renata. **Saber pedir: a etiqueta do pedido aos santos**. *In:* Religião & Sociedade. Ano 2004. v. 24, n. 01. p. 46-64.

MIÉGE, Bernard. **La Societé conquiste par la communication**. França: Grenoble Prwesses Universitaires de Genoble, 1997.

MIRA, Maria Celeste. **Circo Eletrônico: Silvio Santos e o SBT**. São Paulo: Loyola & Olho D´Àgua, [s.d].

MOLES, Abraham. **O Rádio e a Televisão ao serviço da promoção sociocultural**. *In:* Televisão e Canção: linguagem da cultura de massas. VV.AA., Petrópolis: Vozes, 1973.

MONTERO, Paula. **Max Weber e os Dilemas da Secularização: o lugar da religião no mundo contemporâneo**. *In:* Novos Estudos. CEBRAP, mar. 2003, n. 65, p. 34-44.

MORIN, Edgar. **Novas correntes no estudo das comunicações de massa**. *In:* Cultura e Comunicação de Massa. Rio de Janeiro: Fundação Getulio Vargas/ Serviço de Publicações, 1972.

_____. **Cultura de Massas no Século Vinte: o Espírito do tempo**. Rio de Janeiro: Editora Forense, 1967.

OLIVEIRA, Eliane Martins de. **O mergulho no Espírito Santo: interfaces entre o catolicismo carismático e Nova Era (o caso da Comunidade de Vida no Espírito Santo Canção Nova)**. *In:* Religião & Sociedade. Rio de Janeiro: ISER, 2004. v. 24, n. 01. p.85-112.

ORO, Ari Pedro. **O "Neopentecostalismo Macumbeiro". Um estudo acerca do embate entre a Igreja Universal e as Religiões Afro-Brasileiras**. *In:* Fórum Especial de Pesquisa. XXV Reunião de Antropologia do Brasil. Recife: 12 a 15 jun. 2004. (mimeo).

_____. **Avanço Pentecostal e Reação Católica**. Petrópolis: Vozes, 1996.

PETERSON, Richard A. **Understanding Audience Segmentation from elite and massa to omnivore and univore**. *In:* Rosengren Karl Erik. Audience Research. North Holland/ University of Lund/ Sweden: Elsevier Science Publishers B.V, 1992. p. 243-259.

PIERUCCI, Antônio Flávio. **O papa paradoxal**. Folha de São Paulo, São Paulo, 13 mar. 2005, Caderno Mais. p. 4-6.

PIERUCCI, ANTÔNIO FLÁVIO. **O retrovisor polonês**. Folha de São Paulo, São Paulo, 10 abr. 2005 [b], Caderno Mais. p. 3.

PIERUCCI, Antônio Flávio."**Bye bye, Brasil**": **O declínio das religiões tradicionais no Censo 2000**. *In:* Revista Estudos Avançados da Universidade de São Paulo (USP). São Paulo: set/dez. 2004. v. 18, n. 52. p.17-28.

_____. **Encruzilhada da Fé**. Folha de São Paulo, São Paulo, 19 maio 2002, Caderno Mais: p. 4-7.

_____. **Desencantamento do mundo: os passos do conceito em Max Weber**. 229f. Tese de Livre-Docência. FFLCH-Universidade de São Paulo (USP). São Paulo: 2001 [b]. Mímeo.

PRANDI, Reginaldo. **Um Sopro do Espírito**. São Paulo: EDUSP & FAPESP, 1997.

_____; PIERUCCI, Antônio Flávio. **A Realidade Social das Religiões no Brasil**. São Paulo: Hucitec, 1996.

RAMONET, Ignacio. **O Poder Midiático**. *In:* MORAES, Dênis de (org). Por uma outra comunicação: mídia, mundialização cultural e poder. São Paulo & Rio de Janeiro: Record, 2003. p. 243-252.

RAMOS, José Mário Ortiz. **Televisão, Publicidade, e Cultura de Massa**. Petrópolis: Vozes, 1995.

RATZINGER, Joseph. **Homilia**. Folha de São Paulo, São Paulo, 20 abr. 2005. Caderno Especial. p. 4.

ROMANO, Roberto. **Brasil: Igreja contra Estado**. São Paulo: Kairós, 1979.

ROMERO, Catalina. **Globalization, civil society and religion from a Latin American standpoint. Statistical data included, 2001**. *In:* association for the Sociology of religion in Association with The Gale Group. Disponível em: <www.findarticles.com>. Acesso em: 10 mar. 2002.

ROSSI, Marcelo. **Momentos de Fé: as melhores histórias**. Curitiba: Novo Rumo, 2004.

_____. **Parábolas que transformam vidas**. Curitiba: Novo Rumo, 2003.

_____. **Eu Sou Feliz por Ser Católico**. São Paulo: Gráfica Maxi, 2000.

_____. **Rezando o Terço Bizantino: a oração simples que chega ao céu**. Petrópolis: Vozes, 1998.

_____. **Aprendendo a Dizer Sim com Maria**. Petrópolis: Vozes, 1998 [b].

_____. **Santo Antônio: amor, fé e devoção**. Petrópolis: Vozes, 1998 [c].

_____. **Sagrado Coração de Jesus: Devoção e preces**. Petrópolis: Vozes, 1998 [d].

SÁNCHEZ, José Luis Noriega. **Crítica de la seducción mediática**. Madrid: Editorial Tecnos, 1997.

SARLO, Beatriz. **Cenas da Vida Pós-Moderna: intelectuais, arte e vídeo-cultura na argentina**. Rio de Janeiro: UFRJ, 1997.

SCHILLEBEECKX, E. **Maria Mãe da Redenção**. Petrópolis: Vozes, 1968.

SLATER, DON. **Cultura de Consumo & Modernidade**. São Paulo: Nobel, 2002.

SENNETT, Richard. **A corrosão do carácter: consequências pessoais do trabalho no novo capitalismo**. 4ª ed. Rio de Janeiro: Record, 2000.

SIEPIERSKI, Carlos Tadeu. **De Bem Com A Vida: O Sagrado num Mundo em Transformação**. 182f. Tese de Doutorado. Faculdade de Filosofia e Ciências Humanas Universidade de São Paulo, 2001.

SILVA, Júlia Lúcia de Oliveira Albano da. **Rádio: oralidade mediatizada: o Spot e os elementos da linguagem radiofônica**. São Paulo: Annablume, 1999.

_____. **Let us then Return to the murmuring of everyday practices: a note on Michel de Certeau, television an everyday life**. *In:* Theory Culture & Society. London: Feb. 1989. v. 6, n. 01.

SIMMEL, George. **El Estilo de Vida**. *In:* Filosofia del Dinero. Madrid: Suc. De Vida. De Galo Sáenz,1977.

SODRÉ, Muniz. **Antropológica do Espelho: Uma teoria da comunicação linear em rede**. Petrópolis: Vozes, 2002.

SOUZA, André Ricardo. **Padres Cantores, Missas Dançantes: A opção da Igreja Católica pelo espetáculo com mídia e marketing**. Dissertação de Mestrado – Faculdade de Filosofia e Ciências Humanas. Universidade de São Paulo, 2001.

SOUZA, Luiz Alberto Gómez de. **As várias facetas da Igreja Católica**. *In:* Revista Estudos Avançados da Universidade de São Paulo (USP), São Paulo: set/dez. 2004. v. 18, n. 52. p. 70-95.

_____. **A JUC, os estudantes católicos e a política**. Petrópolis: Vozes, 1984.

STEIL, Carlos Alberto, et al. **Maria entre os vivos: reflexões teóricas e etnografias sobre as aparições marianas no Brasil**. Porto Alegre: Editora UFRGS, 2003.

_____. **A igreja dos pobres e o catolicismo no Brasil**. *In:* "Rumos da igreja dos pobres no catolicismo latino-americano", VIII Jornadas sobre Alternativas Religiosas na América Latina, mesa redonda MR09, São Paulo, 22-25 de setembro de 1998. p. 1-40 (mimeo).

_____. **Demônios modernos em rituais de poder**. *In:* Debates do NER, 1997. n. 01. p. 38-45.

TAMAYO-ACOSTA, Juan José. **O poder da Opus Dei**. Folha de São Paulo, São Paulo, 6 abr. 2005. Caderno Especial, p. 8.

TAYLOR, Charles. **As Fontes do Self**. Construção da Identidade Moderna. São Paulo: Loyola, 1997.

THEIJE, Marjo de. **Tudo o que é de Deus é Bom. Uma antropologia do catolicismo liberacionista em Garanhuns.** Fundação Joaquim Nabuco. Recife: Massangana, 2002.

THOMAZ, Keith. **A religião e o declínio da magia.** São Paulo: Companhia das Letras, 1991.

THOMPSON, John. **A mídia e a modernidade: uma teoria social da mídia.** Petrópolis: Vozes, 1999.

TOURAINE, Alain. **L'Etat des Sciences Sociales en France.** *In:* GUILLAUME, M. (org) Sociologie et sociologues. Paris: Éditions La Découverte, 1986.

TURKLE, Sherry. **La vida en la pantalla: la construcción de la identidad en la era de internet.** Buenos Aires: Paidós, 1997.

URQUHART, Gordon. **A armada do Papa: os segredos e o poder das novas seitas da Igreja católica.** São Paulo: Record, 2002.

VATTIMO, Gianni. **Vestígio do Vestígio.** *In:* DERRIDA, Jacques; VATTIMO, Gianni (orgs). A Religião São Paulo: Edições Liberdade, 2000.

WAIZBORT, Leopoldo; SIMMEL, Georg: **Sociabilidade e moderno estilo de vida.** *In:* Sociabilidades. Laboratório de Análise de Sociabilidade Contemporânea (LASC). São Paulo, 1996. p. 25-30.

WEBER, Max. **Tipos de comunidad religiosas: sociología de la religión.** Mexico: Fondo de Cultura Económica, 1992.

_____. **Ensaios de Sociologia.** Introdução de H. H. Gerth e C. Wrigth Mills (orgs) Rio de Janeiro: Zahar Editôres, 1963.

WILLIAMS, Raymond. **El Futuro de Estudios Culturales.** *In:* La Política del Modernismo: contra los nuevos conformistas. Buenos Aires: Ediciones Manantial, 1997.

_____. **Television, Tecnology and Cultural Form.** New York: Schocken Books, 1974.

WOLTON, Dominique. **Internet et Après: Une théorie critique des nouveaux médias.** Paris: Flammarion, 1999.

_____. **Penser la communication.** Paris: Flammarion, 1997.

ZUMTHOR, Paul. **Introdução a poesia oral.** São Paulo: Hucitec, 1997.

_____. **A letra e a voz: a literatura medieval.** São Paulo: Companhia das Letras, 1993.

Documentos

ANÁLISE DE CONJUNTURA. **XLII Reunião Ordinária do Conselho Permanente.** Conferência Nacional dos Bispos do Brasil (CNBB). Brasília, 1998.

CARTA AOS PRESBÍTEROS, 42ª Assembleia Geral da CNBB. Comunidado oficial dos bispos. Itaici, Indaiatuba, SP, abril de 2004.

CNBB. Comissão Episcopal de Doutrina. **Teologia dos Movimentos.** 35ª Assembleia Geral, 9 a 18 abr. Itaici, 1997.

COMISSÃO NACIONAL DE PRESBÍTEROS (CNP) e Conferência Nacional dos Bispos do Brasil (CNBB). **O presbítero no mundo globalizado: O que vimos e ouvimos, vo-lo anunciamos.** (documento preparatório) 10º Encontro Nacional de Presbíteros 04 a 10 fev. 2004. Itaici, SP. Brasília: Scala Gráfica e Editora, 2003.

COMPÊNDIO DO VATICANO II. Constituições, decretos, declarações. Petrópolis: Vozes, 1968.

CONCLUSÕES DA CONFERÊNCIA DE MEDELLÍN – 1968. **Trinta anos depois, Medellín é ainda atual?** São Paulo: Paulinas, 1998.

CONGREGAÇÃO PARA A DOUTRINA DA FÉ. **Instrução sobre a vocação eclesial do teólogo.** São Paulo: Paulinas, 1990.

DOCUMENTOS DA CNBB 53. **Orientações Pastorais sobre a Renovação Carismática Católica.** São Paulo: Paulinas, 1994.

ESTUDOS DA CNBB 72. **Projeto Nacional de Evangelização (2004-2007). Queremos ver Jesus. Caminho, Verdade e Vida.** São Paulo: Paulinas, 2003.

ESTUDOS DA CNBB 40, **Situação e vida dos seminaristas maiores no Brasil.** São Paulo: Paulinas, 1985.

ESTUDOS DA CNBB 74. **Situação e vida dos seminaristas maiores no Brasil (II).** São Paulo: Paulus, 1995.

III CONFERÊNCIA GENERAL DEL EPISCOPADO LATINOAMERICANO. **La Evangelizacion en el presente y em el futuro de la America Latina.** Librería Parroquial de Clavería S.A. de C.V. México, 1979.

INSTRUÇÃO REDEMPTIONIS SACRAMENTUM. **Sobre alguns aspectos que se deve observar e evitar acerca da Santísima Eucaristia.** 5ª ed. Edições Paulinas, São Paulo, 2005.

INTER MIRIFICA. **Decreto sobre os meios de comunicação social.** Concílio Vaticano II, 4. dez. 1963. *In:* DARIVA, Naomi (org). Comunicação social na Igreja: Documentos Fundamentais. São Paulo: Paulinas, 2003. p. 67-79.

IV CONFERÊNCIA GERAL DO EPISCOPADO LATINO-AMERICANO (12-28 out. 1992). **Santo Domingo. Conclusões.** 7ª ed. São Paulo: Loyola, 1993.

João Paulo II. **Carta Encíclica *Veritatis Splendor*.** São Paulo: Loyola, 1993.

João Paulo II. Mensagem do Santo Padre para a celebração do 36° Dia Mundial das Comunicações Sociais. **Internet: um novo foro para a proclamação do Evangelho.** Vaticano: 24 jan.2002.

João Paulo II. Mensagem do Santo Padre para a celebração do Dia Mundial das Comunicações Sociais. **A religião nos Mass Media.** Vaticano: 24 jan. 1989.

Mensagem do Ix Encontro Nacional de Presbíteros. *In:* Revista Eclesiástica Brasileira (REB). Petrópolis: Vozes, abr. 2002. fasc. 246, p. 376-381.

Miranda Prorsus. **Carta encíclica sobre cinema, rádio e televisão.** Pio XII, 8. set. 1957. *In:* DARIVA, Naomi (org). Comunicação Social na Igreja: Documentos Fundamentais. São Paulo, Paulinas, 2003. p. 33-65.

Sagrada Congregação para Doutrina da Fé. **Instrução sobre alguns aspectos da "Teologia da Libertação".** 2ª ed. São Paulo: Paulinas, 1986.

Outras fontes utilizadas

Abib, Jonas. **Geração PHN.** São Paulo: Editora Salesiana, Editora Canção Nova, 2002.

Adorno, Theodor. **O Fetichismo da Música e a Regressão da Audição.** *In:* Textos Escolhidos, Os Pensadores. São Paulo: Editor Victor Civita, 1983.

_____; Horkheimer, Max. **A Dialética do Esclarecimento.** Rio de Janeiro: Jorge Zahar Editor, 1985.

Allen. Jr. John L. **With religion, TV misses the big picture** (1998). *In:* National Catholic Report. Association with The Gale Group. Disponível em: <www.findarticles.com>. Acesso em: 26 mar. 2002.

Antoniazzi, Alberto. **Perspectivas pastorais a partir da pesquisa.** *In:* Desafios do catolicismo na cidade: pesquisa em regiões metropolitanas brasileiras/CERIS. São Paulo: Paulus, 2002 [b] p.252-267.

Armstrong, Karen. **Em Nome de Deus: o fundamentalismo no Judaísmo, no Cristianismo e no Islamismo.** São Paulo: Companhia das Letras, 2001.

_____. **Cries of Rage and Frustration: fundamentalism.** (2001) [b] *In:* New Statesman, Ltda. Gale Group. Disponível em: <www.findarticles.com>. Acesso em: 22. jan. 2002.

Balandier, George. **As dinâmicas sociais, sentido e poder.** São Paulo & Rio de Janeiro: Difel, 1976.

Bellah, Robert. **Religion and the Shape of National Culture: the concept of the common good is more closely associated with Catholicism than with

Protestantism, as is the 'sacramental imagination' (1999). *In*: America Press. Inc. Gale Group. Disponível em: <www.findarticles.com>. Acesso em: 7 abr. 2002.

BELTRAMI, Arnaldo. **Como falar com os Meios de Comunicação da Igreja.** Petrópolis: Vozes, 1996.

BELLAH, Robert. **Religion and the Shape of National Culture: the concept of the common good is more closely associated with Catholicism than with Protestantism, as is the 'sacramental imagination' (1999).** *In*: America Press. Inc. Gale Group. Disponível em: <www.findarticles.com>. Acesso em: 7 abr. 2002.

BENEDETTI, Luiz Roberto. **O Novo Clero: arcaico ou moderno?** *In:* Revista Eclesiástica Brasileira (REB). Petrópolis: Vozes, mar.1999. Fasc. 233. p.88-126.

BENJAMIN, Walter. **A Obra de Arte na Era da sua Reprodutividade Técnica: Primeira versão.** *In:* Magia e técnica, arte e política. São Paulo: Editora Brasiliense, 1987.

BERGER, Peter. **Reflections on the Sociology of Religion Today** (2001). *In:* Association for the Sociology of Religion in association with The Gale Group and LookSmart. Disponível em: <www.findarticles.com>. Acesso em: 26. fev. 2002.

_____. **A Dessecularização do Mundo: uma visão global.** Religião e Sociedade, Rio de Janeiro: abr. 2001 [b]. n. 21, n. 01, p. 9-39.

_____. **The Desecularization of the World: Resurgent Religion an World Politics.** *In:* The Ethics and Public Policy Center/Wm. Miami: B. Edmans Publishing Company, Grand Rapids, 1999.

BERMAN, Marshall. **Tudo que é sólido desmancha no ar: a aventura da modernidade.** São Paulo: Companhia das Letras, 1994.

BERRYMAN, Philip. **Religious Politics in Latin America: Pentecostal vs. Catholic** (1999). *In:* Gale Group and LookSmart. Disponível em: <www.findarticles.com>. Acesso em: 10 mar. 2002.

BEYER, Peter. **Secularization from the Perspective of Globalization: A Response to Dobbelaere** (1999). *In:* Association for the Sociology of Religion in association with The Gale Group and LookSmart. Fall. Disponível em: <www.findarticles.com>. Acesso em: 7 abr. 2002.

_____. **A Privatização e a Influência Pública da Religião na Sociedade Global.** *In:* Mike Featherstone (org). Cultura Global, Nacionalismo, Globalização e Modernidade. Petrópolis: Vozes, 1994. p. 395-419.

BIRMAN, Patricia. **Males e Malefícios no Discurso Neopentecostal.** O mal à Brasileira. Patrícia Birman, et al (orgs). Rio de Janeiro: EDUERJ, 1997. p. 62-79.

_____. **Cultos de possessão e pentecostalismo no Brasil: passagens.** *In:* Religião & Sociedade. Rio de Janeiro: ago.1996. Vol. 17, n. 01-02. p. 90-109.

_____. **O que é umbanda.** São Paulo: Abril Cultural/ Editora Brasiliense, 1985.

BRANDÃO, Carlos. **Crença e Identidade: Campo Religioso e Mudança Cultural.** *In:* Pierre Sanchis (org). Catolicismo: Unidade Religiosa e Pluralismo Cultural. São Paulo: Loyola, 1992.

BRANDÃO, Carlos. **Os Deuses do Povo: um estudo sobre a religião popular.** São Paulo: Editora Brasiliense, 1986.

CARNEIRO, Leandro Piquet. **Participação Política entre Evangélicos.** *In:* CESAR, Rubem Fernandes (org). Novo Nascimento: os evangélicos em casa, na igreja e na política. Rio de Janeiro: MAUAD, 1998. p.181-210.

CARRANZA, Brenda. **Lógicas e desafios do contexto religioso contemporâneo.** *In:* Revista Eclesiástica Brasileira, (REB). jan. 2005. Fasc. 257. vol. 65, p. 46-63.

CARRANZA, Brenda. **Afro-brazilian religion.** In. A new way of being christian: intercultural & interreligious dialogue. Proceedings of the workshop on the interreligious dialogue, Pune, India 6-13 nov. 2004, Press Plataform of Asia Concil for Culture, Teresian Association, 2004. p. 77-88.

_____. **Catolicismo em movimento.** *In:* Religião & Sociedade. Rio de Janeiro: ISER, 2004. Vol. 24, n. 01. p. 124-146.

_____. **Agenda religiosa do século 21.** *In:* Mundo e Missão. São Paulo: jan. 2003, Ano X. n. 69, Especial, p. 21-26.

_____. **Radiografia dos dados religiosos.** *In:* Mundo e Missão. São Paulo: maio 2003, Ano X. n. 72, Especial, p. 21-26.

_____. **Fogos de pentecostalismo no Brasil contemporâneo.** *In:* Concilium, Revista Internacional de Teologia, Petrópolis: Vozes, 2002/3. n. 296, p. 94 [391] -103 [399].

CERIS. **Anuário Católico 2000.** Centro de Estatística Religiosa e Investigações Sociais (CERIS). Rio de Janeiro, 2001 [b].

CERTEAU, Michel. **A Invenção do Cotidiano.** Petrópolis: Vozes, 1994.

CHAMPION, Françoise. **La Nebuloleuse Mystique-esotrique.** *In:* De l' Emotion en Religion, Françoise Champion; Daniele Hervieu-Léger. Paris: Centurion, 1993. p. 18-69.

CHESNUT, Andrew. **Born Again in Brazil: The pentecostal boom and the pathogens of poverty.** New Brunswick: Rutgers University Press, 1997.

CHEVALIER, Jean; GHEERBRANT, Alain. **Dicionário de Símbolos: mitos, sonhos, costumes, gestos, formas, figuras, cores, números,** 18ª ed. Rio de Janeiro: José Olympio, 2003.

CRONOLOGIA DAS ARTES EM SÃO PAULO, 1975-1995: **Comunicação de Massa–Rádio e Televisão/Divisão de Pesquisas. Equipe Técnica de Pesquisas e Comunicação de Massa.** São Paulo: Centro Cultural, 1996.

DA SILVA, Vagner Gonçalves. **Entre a Gira de Fé e Jesus de Nazaré: aproximações socioestruturais entre dois campos religiosos – pentecostais e religiões afro-**

-brasileiras. *In:* Encontro Anual da ABA (Associação Brasileira de Antropologia). Ano XXIV. Olinda, 2004. Anais: Nação e Cidadania. p. 34.

DAVID, Solange Ramos Andrade. **Catolicismo Popular na REB.** *In:* Revista Eclesiástica Brasileira (REB). Petrópolis: Vozes, jul.2003. Fasc. 251. p. 601-614.

DOBBELAERE, Karel. **Towards an Integrated Perspective of the Processes Related to the Descriptive Concept of Secularization** (1999). Association for the Sociology of Religion in association with The Gale Group and LookSmart Fall, 1999. Disponível em: <www.findarticles.com>. Acesso em: 14 jul. 2002.

DOBBS, Michael. **Wojtyla e a queda pacífica do muro.** O Estado de São Paulo, São Paulo, 4 abr. 2005. O adeus ao Papa, Caderno Especial H, p. 11.

DORTIER, Jean-François. **Talcott Parsons et la grand théorie.** *In:* La Sociologie: Histoire et Idées. Paris: Éditions Sciences H

Eco, Umberto. **Sobre os Espelhos e outros ensaios.** Rio de Janeiro: Nova Fronteira, 1989.

_____. **Apocalípticos e Integrados.** São Paulo: Perspectiva, 1979.

EDGAR, Andrew; SEDGWICK, Peter. **Teoria Cultural de A a Z: Conceitos-chave para entender o mundo contemporâneo.** São Paulo: Contexto, 2003.

FARIAS, Damião Duque de. **Em defesa da Ordem: aspectos da práxis conservadora católica no meio operário em São Paulo (1930-1945).** São Paulo: Hucitec, 1998.

FABRI DOS ANJOS, Márcio (org). **Novas gerações e vida religiosa: pesquisa e análises prospectivas sobre a vida religiosa no Brasil.** Aparecida: Santuário, 2004.

FERNANDES, Rubem Cesar (org). **Novo Nascimento: Os Evangélicos em casa, na igreja e na política.** Rio de Janeiro: MAUAD, 1998.

FREI BETTO. **Querido Padre Marcelo Rossi.** Folha de São Paulo, São Paulo, 20.nov.1998. Tendências/ Debates. p. 2.

FRESTON, Paul. **Breve história do Pentecostalismo Brasileiro.** *In:* Nem Anjos, nem Demônios, et al. Petrópolis: Vozes, 1994. p. 67-159.

FABRI DOS ANJOS, Márcio (org). **Novas gerações e vida religiosa: pesquisa e análises prospectivas sobre a vida religiosa no Brasil.** Aparecida: Santuário, 2004.

FERNANDES, Rubem Cesar (org). **Novo Nascimento: Os Evangélicos em casa, na igreja e na política.** Rio de Janeiro: MAUAD, 1998.

FREI BETTO. **Querido Padre Marcelo Rossi.** Folha de São Paulo, São Paulo, 20 nov.1998. Tendências/ Debates. p. 2.

FONSECA, Alexandre Brasil. **A maior bancada evangélica.** *In:* Tempo e Presença. São Paulo: CEDI, nov/dez.1998. n. 302.

GIORGI, Liana. **Religious Involvement in a Secularized Society: an Empirical**

Confirmation of Martin's General Theory of Secularization. *In:* British Journal Sociology, London School of Economics: Dec. 1992. Vol. 43, n. 4.

GIUMBELLI, Emerson. **O fim da religião: dilemas da liberdade religiosa no Brasil e na França.** São Paulo: ATTAR Editorial, 2002.

GOHN, Maria da Glória. **Mídia, Terceiro Setor e MST: impactos sobre o futuro das cidades e do campo.** Petrópolis: Vozes, 2000.

_____. **Teorias dos Movimentos Sociais: Paradigmas clássicos e contemporâneos.** 2ª ed. São Paulo: Loyola, 2000 [b].

GUATTARI, Félix; ROLNIK, Suely. **Micropolítica: cartografias do desejo.** 2ª ed. Petrópolis: Vozes, 1986.

GURVITCH, George. **A magia, a religião e o direito.** *In:* A vocação actual da sociologia. 2ª ed. Lisboa (Santos) & Cosmos/Martins Fontes, 1968. Vol. II

HANSEN, Miriam Bratu. **Estados Unidos, Paris Alpes: Kracauer (e Benjamin) sobre o cinema e a modernidade.** *In:* CHARNEY, Leo; SCHWARTZ, Vanessa R. (orgs). O Cinema e a invenção da vida cotidiana. São Paulo: Cosac & Naify, 2001.

HARVEY, David. **A arte de lucrar: globalização, monopólio e exploração da cultura.** *In:* Por uma outra Comunicação: mídia, mundialização cultural e poder. Record, 2003. p.139-171.

KATER, Antonio Miguel. **O Marketing aplicado à Igreja católica.** São Paulo: Loyola, 1994.

KEPEL, Gilles. **A Revanche de Deus**, São Paulo: Siciliano, 1991.

KLEIN, Naomi. **Sem Logo.** Rio de Janeiro & São Paulo: Record, 2002.

KRAMER, Henrich; SPRENGER, James. **O Martelo das Feitiçeiras.**14ª ed. Rio de Janeiro: Rosa dos Tempos, 2000.

LAMBERT, Ives. **Religion in Modernity as a New Axial Age: Secularization or New Religions Forms?** (1999) *In:* Sociology of Religion and LookSmart Service. Fall. Disponível em: <www.findarticles.com>. Acesso em: 18 jul. 2001.

LASH, Scott. **A reflexividade e seus duplos: estrutura, estética, comunidade.** *In:* BECK, Ulrich et al. Modernização Reflexiva. São Paulo: Editora UNESP, 1997.

LIBÂNIO, João Batista. **A volta à grande disciplina**. São Paulo: Loyola, 1983.

LIPOVETSKY, Gilles. **O Caos Organizador.** Folha de São Paulo, São Paulo, 14 mar. 2004. Caderno Mais. p. 5-7.

LUCKMANN, Thomas. **Berger and His collaborator(s).** *In:* WOODHEAD, Linda; HEELAS, Paul; MARTIN, David. Peter Berger and the Study of Religion. London & New York: Taylor & Francis Group, 2001.

LUMEN, Instituto de Pesquisa PUC-MINAS. Pesquisa: **Comunicação na Arquidiocese de Belo Horizonte.** Relatório Quantitativo. Belo Horizonte: abr. 1998. Mimeo.

MACHADO, Maria das Dores. **Igreja Universal: uma organização providência.** *In:* ORO, Ari Pedro; CORTEN, André; DOZON, Jean-Pierre (orgs). A Igreja Universal do Reino de Deus: os novos conquistadores da fé. São Paulo: Paulinas, 2003.

MAGISTER, Sandro. **Lutando no futuro com armas do passado.** Folha de São Paulo, São Paulo, 4. abr. 2005, Caderno Especial H, p. 11.

MARIZ, Cecília Loreto. **Rainha dos anjos: aparição de Nossa Senhora em Itaipu, Niterói (RJ).** *In:* STEIL, Carlos Alberto; MARIZ, Cecília Loreto; REESINK, Mísia (orgs). Maria entre os vivos: reflexões teóricas e etnografias sobre as aparições marianas no Brasil. Porto Alegre: UFRGS, 2003. p. 235-268.

_____. **Secularização e Dessecularização: comentários a um texto de Peter Berger.** *In:* Religião e Sociedade. Rio de Janeiro: abr. 2001 [b]. Vol. 21, n. 01. p. 25-39.

_____. **Reflexões sobre a reação afro-brasileira à guerra santa.** *In:* Debates do NER, 1997. n. 01. p. 95-102.

_____. **O demônio e os pentecostais no Brasil.** *In:* BIRMAN, Patrícia et al (orgs). O mal à Brasileira. Rio de Janeiro: EDUERJ, 1997 [b]. p. 45-61.

MARTELLI, Stefano. **A Religião na Pós-Modernidade.** São Paulo: Paulinas, 1995.

MEEKS, Wayne. **Os Primeiros Cristãos Urbanos: o mundo social do apóstolo Paulo.** São Paulo: Paulinas, 1992.

MONTERO, Paula. **Magia, racionalidade e sujeitos políticos.** *In:* Revista Brasileira de Ciências Sociais. out.1994, Ano IX, n. 26. p. 72-90.

_____. **Tradição e Modernidade: João Paulo II e o problema da cultura.** *In:* Revista Brasileira de Ciências Sociais. out.1992, n. 20. p. 90-112.

MORIN, Edgar. **As estrelas: mito e sedução no cinema.** Rio de Janeiro: José Olympio, 1989.

_____; ADORNO, Theodor. **La Industria Cultural.** Buenos Aires: Editorial Galerna, 1967 [b].

NEGRÃO, Lísias. **Entre a cruz e a encruzilhada: formação do campo umbandista em São Paulo.** São Paulo: EDUSP, 1996.

NISBET, Robert. **Conservantismo** *In:* BOTTOMORE, Tom e NISBET, Robert (orgs) História da Análise Sociológica. Rio de Janeiro: Jorge Zahar Editores, 1980.

OLALQUIAGA, Celeste. **Megalópolis: Sensibilidades culturais contemporâneas.** São Paulo: Studio Nobel, 1998.

ORO, Ari; CORTEN, André; DOZON, Jean-Pierre (orgs). **Igreja Universal do Reino de Deus: os novos conquistadores da fé.** São Paulo: Paulinas, 2003.

_____. **Religião e Política nas Eleições de 2000 em Porto Alegre.** *In:* Debates do Núcleo de Estudos da Religião *(NER)*, Porto Alegre: UFRGS, set. 2001. Ano II, n. 03. p. 9-70.

ORTIZ, Renato. **A morte branca do feitiçeiro negro: umbanda e sociedade brasileira.** 2ªed. São Paulo: Editora Brasiliense, 1991.

PACE, Enzo. **Religião e Globalização.** *In:* ORO, Ari; STEIL, Carlos (orgs). Globalização e Religião. Petrópolis: Vozes, 1997. p. 25-42.

PESSOTTI, Isaias. **O manuscrito de Mediavilla.** 2ª ed. São Paulo: Editora 34, 1996.

PIERUCCI, Antônio Flávio. **A Magia.** São Paulo: Publifolha, 2001.

PRANDI, Reginaldo. **Os candomblés de São Paulo: a velha magia na metrópole nova.** São Paulo: Hucitec, 1991.

PUNTEL, Joana. **A Igreja e a Democratização da Comunicação.** São Paulo: Paulinas, 1994.

PUTERMAN, Paulo. **Indústria Cultural: a agonia de um conceito.** São Paulo: Perspectiva, 1994.

SANCHIS, Pierre. **Pesquisa: Comunicação na Arquidiocese de Belo Horizonte.** Belo Horizonte, 1998. Mimeo. p. 1-18.

SANTOS, Boaventura de Sousa. **A Igreja e uma Nova Reforma.** Folha de São Paulo, São Paulo, 27 jul. 2002. Tendências/ Debates. p. 3.

SCHAFF, Adam. **A Sociedade Informática.** São Paulo: UNESP, 1996.

SILVERSTONE, Roger. **Televisão como mito e ritual.** *In:* Comunicação e Educação, USP-Moderna, set/dez. 1994, Ano I. p. 49-55.

SOUZA, Luiz Alberto Gómez de. **A Utopia, surgindo no meio de nós.** Rio de Janeiro: Mauad, 2003.

_____; FERNÁNDES, Silvia. **Desafios do catolicismo na cidade: pesquisa em regiões metropolitanas brasileiras.** Rio de Janeiro: Ceris & São Paulo: Paulus, 2002.

STEIL, Carlos Alberto. **Pluralismo, Modernidade e Tradição: Transformações do Campo Religioso.** *In:* Ciencias Sociales y Religión/ Ciências Sociais e Religião. Porto Alegre: Oct. 2001, Año III, nº 03. p.115-129.

_____. **A igreja dos pobres: da secularização à mística.** *In:* Religião e Sociedade. Rio de Janeiro, 1999. Vol. 19, n. 02. p. 61-76.

TASCHNER, Gisela Black. **A Revolução do Consumidor.** Escola de Administração de Empresas de São Paulo. Relatório n. 43. Fundação Getúlio Vargas/ Núcleo de Pesquisas e Publicações: 1997.

TRÍAS, Eugenio. **Pensar a religião: o símbolo e o sagrado.** *In:* DERRIDA, Jacques & VATTIMO, Gianni (orgs). A Religião. São Paulo: Edições Liberdade, 2000.

TROELTSCH, Ernest. **Igrejas e seitas.** *In:* Religião e Sociedade, 14 mar.1987. p. 134-144.

VAZ, Pedro. **IBOPE no Rádio.** São Paulo: Cásper Líbero & Rádio Universitária, 2002.

WAINER, Jacques. **O paradoxo da produtividade.** *In:* RUBEM, Guilhermo, WAINER, Jacques, DWYER, Tom (orgs). Informática, Organizações e Sociedade no Brasil. São Paulo: Cortez, 2003. p. 13-55.

WERNET, Agustin. **A Igreja Paulista no século XIX.** São Paulo: Ática, 1987.

WHITE, Mimi. **Idiological Analysis and Television. In Television and Contemporary Criticism: Channels of Discurse.** Chapel Hill: The University of North Carolina Press, 1987. p. 134-171.

ZIZEK, Slavo. **O choque entre ética e realismo.** Folha de São Paulo, São Paulo, 3 abr. 2005. Caderno Especial. p. 15.

Impressão e acabamento
Gráfica e Editora Santuário
Em Sistema CTcP
Rua Pe. Claro Monteiro, 342
Fone 012 3104-2000 / Fax 012 3104-2036
12570-000 Aparecida-SP